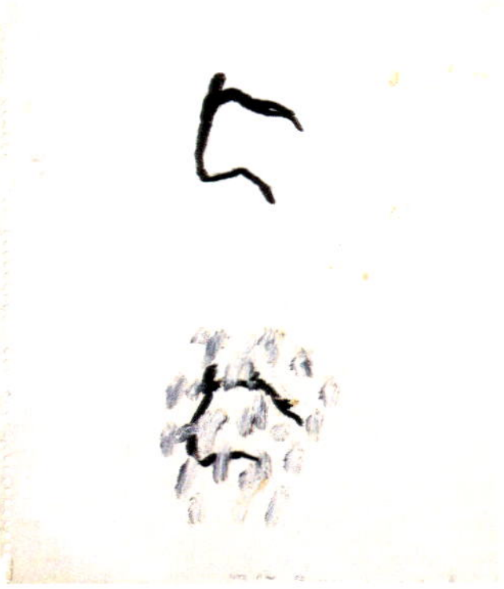

Sammlung
Mondstudio
Collection

Blasser

Schimmer

a pale gleam

Katalog wie Sammlung
widme ich Antonia, Lisa
sowie meinen Eltern

I dedicate this catalogue
and the collection to Antonia,
Lisa, and my parents

Inhalt / Contents

Ein periskopisches Experiment

A Periscopic Experiment

Dieses Sammeln ist der Versuch, aus einem gewaltigen Fundus tausender von Möglichkeiten eine Abfolge zu gestalten, einige Künstler auszuwählen unter vielen, denen ich folgende Qualitäten unterstelle: Wahrhaftigkeit, Ernsthaftigkeit, Gegenwärtigkeit, Sinnlichkeit, Spiritualität, Sensibilität, Originalität (Eigenständigkeit), Gestaltungswillen und Gestaltungskraft, kurz: die Fähigkeit zur bewussten künstlerischen Tat.

Die Aussage der unter dem Signum des Mondstudios versammelten Arbeiten wird erst durch den Katalog zum hinterfragbaren Resultat. Bestandteil jeder vorangegangenen Entscheidung war immer auch ein Ausschlussverfahren, das zu einer durchaus fragwürdigen, gewissermaßen finalen Entscheidung führen musste: Ja oder Nein. Das heißt nicht: schlecht oder gut, gut oder besser, richtig oder falsch. Dies zu entschieden maße ich mir nicht an. Bei der Auswahl der Arbeiten ging es vielmehr um ihre Zusammenstellung im Rahmen eines privilegierten, weil privaten, immer also individuellen, oft einsamen, manchmal dialektischen Diskurses. Im Hinterkopf tobte natürlich auch die eine unmögliche Frage – nach der Zeitlosigkeit, der Gültigkeit, der Werthaltigkeit von Kunstwerken. Denn die Endlichkeit selbst ist vermutlich ungefragt die Unruhe jedweder Sammlerei. Gleichzeitig aber hat sie wahrscheinlich auch wesentlichen Anteil am Ursprung aller künstlerischen Formulierungen. So sind wir also beieinander, Künstler und Sammler – Entwerfender ad infinitum auf der einen Seite, und im Nachvollzug (andächtig) Zahlender, verantwortlicher Eigentümer auf Zeit, schwärmerischer Kumpan auf der anderen Seite.

Das Wissen um die Fragwürdigkeit des eigenen Tuns im weiteren Sinn führt unsereinen, also auch mich, in Richtung Pragmatismus, zu den einfacheren Fragen. Wer mit wem? Woher kommt der eine, und wen nimmt er mit, wohin? Wer setzt sich mit dem einen oder der anderen gebührend,

This collection is an attempt to create a sequence from a mighty fund of thousands of possibilities, to select a few artists from many whom I ascribe the following qualities: truthfulness, seriousness, contemporaneousness, sensuality, spirituality, sensitivity, originality (distinctness), the will and power to create; in short, the ability to carry out a conscious artistic act.

The statement of the works collected under the aegis of the Mondstudio becomes an examinable result only with the appearance of this catalogue. A component of the decisions made beforehand was a process of omission compelled to lead to a very questionable, as it were, final decision: yes or no. That doesn't mean bad or good, good or better, right or wrong. I don't take it upon myself to decide such things. In the selection of works, rather, it was more a question of their arrangement within the framework of a privileged, since private, always individual, often lonely, sometimes dialectical discourse. Naturally, in the back of my mind raged the impossible question of the timelessness, validity, and lasting value of artworks. For the notion of impermanence is the balance spring of every act of collecting. At the same time, however, finiteness probably plays a key role in the origin of all artistic formulations. Here we are together – artist and collector: on oneside a designer ad infinitum, on the other an understanding (reverent) payer, a responsible owner for a finite period of time, an enthusiastic devotee.

Knowledge of the questionability of one's own future actions leads us, including myself,

heißt: wertschätzend, auseinander? Wo greift die jüngere Historie (Morris Lewis, Clyfford Still, Barnett Newman, Jackson Pollock, Agnes Martin, Mark Rothko) und wie artikuliert sie mein Zeitgenosse? Was hat er gesehen, was weiß er? Wie bringt er andere Haltungen, frühere, gleichzeitige, möglicherweise auch kommende, in seinem Kontext unter? Was haben die hier versammelten Künstler der Zeit vorweggenommen bzw. vorweg gegeben? Wo unterscheiden sie sich – bei allen möglichen Gemeinsamkeiten? Vor Abwägung alldessen war aber immer bloß die eine entscheidende Frage zu klären: Wie bilden diese Künstler ihr Denken ab, wo treffen sich ihre Abbildungen (und wie zufällig) mit meinen Empfindungen, meinem Verstehen, meinen Wünschen? Was kann ich sehen, was begreife ich? Was reizt meine Sinne? (Banale, aber wichtige Frage.)

Wünschenswerterweise wird bei Durchsicht des Bestandskatalogs eines klar: Trotz all der oben angeführten Possessivpronomen will diese Sammlung mehr sein als nur die Summe eigener Gelüste und Bauchentscheidungen, persönlicher Kopfentscheidungen, Augenentscheidungen, Blindheiten, Verbohrtheiten, Freiheiten und Obsessionen. Gesucht wurde der vielstimmige, multinationale, zeitgenössische Dialog unter dem Aspekt der gegenwärtigen Malerei – wobei ich aus diesem Kontext weder die Fotografie noch andere artverwandte künstlerische Äußerungen ausschließen wollte. (Für das Aufhäufen bewegter Bilder allerdings sind freundlicherweise andere zuständig.)

Eine Entscheidung für oder gegen eine Arbeit zu treffen, war oft gleichzeitig schon eine getroffene Entscheidung für oder gegen eine zweite, weitere Arbeit oder auch für die Arbeiten eines Zweiten, Dritten – und so weiter. So hat sich diese Sammlung beinahe von selbst gebildet, ergänzt, vervielfältigt und ausgebaut. Möglichst ohne Hierarchien, auch wenn sich diese zwangsläufig bilden – ich will sie nicht. Die Zusammenstellung hat sich meines Wissens unter und

toward pragmatism, to simpler questions. Who with whom? Where does the one come from, who does he take with him, whereto? Who deals suitably, that is praiseworthily, with the one or the other? Where does recent history take hold (Morris Lewis, Clyfford Still, Barnett Newman, Jackson Pollock, Agnes Martin, Mark Rothko) and how does my contemporary articulate it? What has he seen, what does he know? How does he incorporate different views – earlier, contemporaneous, perhaps even later views – into his context? What have the artists featured here anticipated or given to society? What distinguishes them, despite all their similarities? But before weighing all this up one decisive question had to be clarified: How do these artists depict their thinking, where (and how randomly) do their depictions coincide with my feelings, my understanding, my wishes? What can I see, what do I comprehend? What stimulates my senses? (A banal but important question.)

It is hoped that, when looking through the catalogue, one thing becomes clear: Despite all the possessive pronouns used above, this collection is intended to be more than merely the sum of my own desires and intuitive decisions, cerebral decisions, visual decisions, blind spots, obstinacy, freedoms, and obsessions. What I sought was a many-voiced, multinational, contemporary dialogue in relation to current painting – though I did not want to exclude photography or other, related forms of artistic expression. (Happily, however, others are in charge of collecting motion pictures.)

mit den Künstlern ergeben. Die »Artisten« sind anwesend, ihre Fragen könnten meine Fragen sein, ihre Lösungen bewundere ich, ihre Fertigkeiten genieße ich ebenso wie ihre Resultate. Ich bin weit entfernt von ihrem Können, aber nahe ihren Arbeiten. Das bringt den Genuss.

Jedes Individuum, insbesondere aber jeder Künstler, lebt – so meine ich – in einem bereits klar definierten Zusammenhang, in bewusster Auseinandersetzung mit seinem geschichtlichen Kontext, der eigenen Haltung, immer neuen Fragestellungen – und einem daraus resultierenden, möglichen Widerspruch. Es geht wohl jederzeit um Weiterentwicklungen – in Kenntnis der bereits vorhandenen, historischen Äußerungen. Vermutlich noch nie war die nacheilende

Kat. 115
Udo Koch, Vogelhaus, 1992
22 x 19 x 25 cm

Deciding for or against a work was often at the same time a decision for or against a second, additional work, or for the works of a second or third artist. Thus this collection virtually formed, complemented, multiplied, and extended itself. At best without hierarchies (though these inevitably form), I for do not want them. The compilation emerged among and with the artists. The artists are present, their questions could be my questions, I admire their solutions, I like their skills as well as the results. I'm far from possessing their skills, but close to their works. This brings pleasure.

Each individual, but especially each artist, lives, in my opinion, in a context that has already been clearly defined, in conscious confrontation with their historical context, with their own attitude, with ever-new questions – and possible contradictions arising from these. It is always a question of further developments – with a knowledge of already existing, historical statements. Presumably the hurrying participation of the collector in the innovations of the artist has never been more than, perhaps, a luxurious, albeit socially necessary, always exciting kind of participation in important, subtle, powerful, and peaceful confrontations with the states and reality of our being.

In their own way, everyone takes part of it with them on their journey to the ports of their world. In the process, nothing is certain, no route is necessarily the right one, no answer definitive, no decision without questions. The works collected here form only a sliver of the

Teilnahme des Sammlers an den innovativen Grenzgängen der Künstler mehr als eine vielleicht luxuriöse, gleichwohl gesellschaftlich notwendige, immer aufregende Teilhabe an wichtigen, subtilen, kraft- wie friedvollen Auseinandersetzungen über die Zustände und Realitäten unseres Seins.

Jeder nimmt auf seine Weise einen Teil mit auf die Reise zu den Häfen seiner Welt. Sicher ist dabei nichts, keine Route zwangsläufig richtig, keine Antwort endgültig, keine Entscheidung ohne Frage. Alle hier und jetzt versammelten Arbeiten bilden nur einen kleinen Schimmer innerhalb des soghaften Marktstrudels, einen Leuchtturmschimmer – bestenfalls. Von diesen Leuchttürmen gibt es inzwischen manche, auch manch wichtige, weiter ausstrahlende. (Nur wenige allerdings kenne ich, viele meiner Kollegen sind scheu wie Schmuggler rarer Ware, sie lassen sich in Lichtkegeln ungern blicken.)

Notwendigerweise handelt es sich bei den Sammlungen zeitgenössischer Kunst immer um ungesicherte, daher auch um immer neu zu prüfende Aussagen. Aber wer garantiert uns eigentlich, dass Museen einen besseren, qualitätsbewussteren, unbestechlicheren Blick auf die Zeitgenossen werfen als so mancher Sammler, der sich über Jahrzehnte hinweg konzentriert und möglicherweise kenntnisreich, vertieft in seinen Gegenstand, mit seinen Künstlern beschäftigt? Zeichen müssen jeweils zeitnah gesetzt werden – durchaus im Bewusstsein des Risikos, nicht bedingungslos geschätzt und verstanden zu werden, oder in mancher Frage auch zu scheitern, zu kurz gedacht, zu wenig genau geschaut zu haben. Unser Wissen ist limitiert, unser Sehen oft gefiltert, unsere Neugier kann nicht so grenzenlos sein wie unser Enthusiasmus, unsere Krakenarme greifen beständig zu kurz. Damit ist zu leben. Wie mit den schon bekannten, über Generationen hinweg bekannten Kassandra- oder Unkenrufen. Lautstark tönt beispielsweise der alte E. B., auf der Stelle treibend, immer orientierungsloser (ich

market vortex, a floating lighthouse at best. In the meantime, some such lighthouses have come into existence, some important, some illuminating. (But I know only a few; many of my colleagues are as shy as smugglers of rare goods; they don't like to look into beams of light.)

By necessity, collections of contemporary art deal with statements that are not secure and thus always have to be examined anew. But who can guarantee that museums cast a better, higher-quality, less corrupted glance at contemporary art than some collectors, who deal with their artists for decades, concentratedly and possibly with a wealth of knowledge, immersed in their subject? In each case, one has to set an example in keeping with the times – well aware of the risk of not being esteemed and understood unconditionally or of failing, in some cases, not thinking farsightedly enough, not having looked carefully enough. Our knowledge is limited, our vision often filtered, our curiosity cannot be as unlimited as our enthusiasm, our octopus arms constantly fall short of reaching far enough. We can and must live with this, as well as with the gloomy prophesies of doom that have been known through the generations. For example, the old E. B. makes a big to do, staying in the same place, with no orientation (I'm tempted to say: without the foggiest notion), in his ramshackle submarine in the Baltic Sea, as though there had not always been new things, foreign, wild things, different images, new knowledge, revised plans. My opinion on this: anyone

bin versucht zu sagen: ohne blassen Schimmer), auf seinem maroden U-Boot in der Ostsee, ganz so, als ob es nicht immer schon Neues gegeben hätte, Fremdes, Wildes, andere Bilder, neues Wissen, korrigierte Pläne. Meine Meinung dazu: Wer zu lange nur an die gewohnten Koordinaten glaubt, der hält irgendwann Amerika für Indien, oder ihn bestrafen die Gezeiten – Ebbe wie Flut.

Unsere Gewässer aber bleiben voll und wild, lebendig, mit ihren vielfarbig schlagenden Wellen an allen möglichen Stränden (dieser einen, schönen, unendlichen Welt).

Auch deshalb möchte ich sehr herzlich folgenden Kapitänen und Lotsen für die äußerst komfortable Reisebegleitung danken: dem Maler und Freund Ingo Meller, Nicola von Velsen mit Gimlet & Partner sowie Rosemarie Schwarzwälder, Rolf Ricke, Rafael Jablonka, Claes Nordenhake, Rupert Walser und Luis Campaña, den beiden Fotografen Wolfgang Günzel und Bernward Reul, meinem geschätzten Hausmeister Sami Tola, Steffi Hartel und Udo Koch, Tamara Grčić, Konstantin Grčić, dem Architekten Jürgen Willen, Alan Uglow und David Reed, Helmut Federle, Joseph Marioni, Günter Umberg und allen Beiträgern dieses Katalogs – sowie all jenen Künstlern, die mir ihre Arbeiten vertrauensvoll überlassen haben.

Viele von ihnen übten kunstvoll leise Einfluss auf meine Entscheidungen. So lässt sich einfach schließen: Ohne sie gäbe es diese Sammlung nicht, so nicht, kaum.

A. K.

who believes in the accustomed coordinates too long will at some point think America is India, or will be punished by the tides, high and low.

Our waters, however, remain full and wild, lively, with their multicolored waves beating on all possible shores (of this one, beautiful, endless world).

For their delightful companionship on my journey I wish to extend my heartfelt thanks to: the painter and my friend Ingo Meller, Nicola von Velsen with Gimlet & Partner as well as Rosemarie Schwarzwälder, Rolf Ricke, Rafael Jablonka, Claes Nordenhake, Rupert Walser, and Luis Campaña, the photographers Wolfgang Günzel and Bernward Reul, my cherished caretaker Sami Tola, Steffi Hartel and Udo Koch, Tamara Grčić, Konstantin Grčić, the architect Jürgen Willen, Alan Uglow and David Reed, Helmut Federle, Joseph Marioni, Günter Umberg, and all those who contributed to this catalogue – as well as all the other artists who have entrusted me with their works.

Many of you have exerted a subtle influence on my decisions. So let me close with the simple words: Without you this catalogue collection would not exist, certainly not in its present form.

A. K.

Beatrice von Bismarck

Erzählungen vom »*Kurz davor*«

Narrations of the "*Just Before*"

»Ich? Ich jage einem Bild nach, mehr nicht.«
Gérard de Nerval[1]

I. Wiederholen

Betritt man die Sammlung, als wäre sie ein zusammenhängender Raum, fällt der Rhythmus auf. Mehrere Rhythmen, wenn man genau ist, gebildet durch Wiederholungen, durch Rückgriffe, Verschiebungen, Modifikationen, Anverwandlungen, Variationen einzelner Themen. Sie begleiten die Solitäre, die Ausbrüche, die Vielfalt der versammelten Positionen wie ein verbindendes Band, erklären das hartnäckige Nachfassen, das Nicht-Loslassen-Wollen, die Wiederholungstäterschaft zu einem Leitmotiv. Da gibt es Reihen von Haaren, Falten, Stoffen und Hautpartien aus großer Nähe, von Umrissen, die sich in ihrem jeweiligen, durch Entfernung und Spiegelung definierten Verhältnis zu den verschiedensten Motiven voneinander unterscheiden; von körperhaft präsenten Farbsetzungen, mal dichter, mal lockerer in unterschiedlichen tonalen Konstellationen gruppiert; da gibt es das Datum eines einzelnen Tages, und davon mehrere, die Aufforderungen zum Sehen, variiert in den unterschiedlichen Bezüglichkeiten, oder jene Objekte, die das Thema der »Falle« variieren.

Die Arbeiten von Tamara Grčić, Udo Koch, Ingo Meller, On Kawara, Rémy Zaugg und Andreas Slominski sind durch Wiederholungen verbunden. Nicht um sich treu zu bleiben, um eine zusammenhängende Einheit des Œuvres zu demonstrieren, eine Handschrift zu beweisen. Die Aufmerksamkeit

[1] Gérard de Nerval, *Werke*, 3 Bde., hrsg. von Norbert Miller, München 1986–89. Zitiert nach Charles Simic, *Medici Groschengrab. Die Kunst des Joseph Cornell*, München und Wien 1999, S. 14.

"Me? I am chasing an image, nothing more."
Gérard de Nerval[1]

I. Repeating

Approaching the collection as if it were a continuous space, one is struck by its rhythm. Several rhythms, to be precise, formed by repetitions, by returns, shifts, modifications, assimilations, variations on individual themes. They accompany the solitaires, the breakouts, the variety of positions represented in the collection like a linking chain; they declare the obsessive repetition, the reluctance to let go, the recidivist recourse as a leitmotiv. There are rows of hairs, folds, fabrics, areas of skin, seen from very close up; contours distinguished by their respective relationships – defined by distance and reflection – to the most disparate motifs; physically discernible brushstrokes, sometimes grouped closely together, sometimes further apart, in varying tonal constellations; the date of a particular day– several of them, the invitations to see, varied in the most disparate relevances, or those objects that vary the "trap" theme.

The works of Tamara Grčić, Udo Koch, Ingo Meller, On Kawara, Rémy Zaugg, and Andreas Slominski share the aspect of repetition. The idea is not to remain true to themselves, to demonstrate a cohesive unity in their oeuvres, nor to affirm their handwriting. Instead, it is meant to draw attention to the differences between the works. Disparity is highlighted by what is individually specific. An object and the space between it and the next object are inex-

[1] Gérard de Nerval, *Werke*, 3 vols., ed. Norbert Miller, (Munich 1986-89). Quoted in Charles Simic, *Medici Groschengrab. Die Kunst des Joseph Cornell* (Munich and Vienna, 1999), p. 14.

soll vielmehr auf die Differenzen zwischen den Arbeiten gelenkt werden. Das jeweils Spezifische wird als das Abweichende betont. Objekt und Zwischenraum zum nächsten Objekt sind untrennbar verknüpft, erfordern zugleich, um das Moment der Verknüpfung aufrechtzuerhalten, dass es immer wieder auch ein nächstes Objekt gibt. Aus der Vielzahl der ähnlichen Bearbeitungen erhält das Thema seine Dichte und Prägnanz.

II. Annähern

Die Entstehung der Bilderserien Monets etwa oder Pissarros stand in den 1880ern in engem Zusammenhang mit der »Krise des Impressionismus«: Die Konzentration auf das Momenthafte und Flüchtige wich erneut der Suche nach überzeitlichem künstlerischem Ausdruck. Die Darstellung ein und desselben Motivs bei unterschiedlichen Bedingungen des Wetters, des Lichts oder der Jahreszeit war eine der Möglichkeiten, impressionistische Mittel mit der gewandelten Zielsetzung zu verbinden.

Aber nicht allein das Motiv erlangt in solcher Behandlung – als Objekt im Wechsel seiner Erscheinungsformen – größeres Gewicht; vor allem rückten die Aktivitäten der Künstler in den Vordergrund. So setzt Steven Z. Levine die Serien Monets in den Kontext anderer Wiederholungsmuster, die Arbeit und Leben des Künstlers kennzeichneten: die steten Referenzen an seine künstlerischen Vorbilder, die Rückkehr an immer wieder dieselben biografisch bedeutsamen Orte des Schaffens, die beständige Überarbeitung bereits gemalter Bilder.[2]

[2] Vgl. Steven Z. Levine, »Monet's Series: Repetition, Obsession«, in: *October*, Nr. 37, 1986, S. 65–75.

tricably linked, sustaining the linking factor of there always being a next object. The multitude of similar treatments is what gives the theme its dense and unique character.

II. Approaching

In the 1880s series of pictures by, say, Monet or Pissarro were closely related to the "crisis of Impressionism": concentration on the momentary and the volatile gave way to the search for supertemporal artistic expression. The representation of one and the same motif in different weather, light, or seasonal conditions was one way of coupling impressionistic means with the new goal.

As an object shown in ever-changing manifestations the motif was not the only thing to assume greater importance under such treatment. More significantly the focus shifted toward the artists' activities. Steven Z. Levine has placed Monet's series in the context of other repetitive patterns, which characterized the artist's life and work: the constant references to his admired artistic predecessors, the return to the same biographically significant locations, the steadfast reworking of pictures already painted.[2]

Proceeding from this example we observe, in the repeated artistic actions, processes aimed at forging links – with what has been lost[3] or has not yet been achieved. These processes are akin to methods of approach. The said series of works do refer to central motifs, but first and foremost they document the artists' movements toward those motifs. While the center

[2] See Steven Z. Levine, "Monet's Series: Repetition, Obsession", October, no. 37 (1986): pp. 65– 75.

Geht man von diesem Beispiel aus, so manifestieren sich in den wiederholt ausgeführten künstlerischen Handlungen Prozesse, die darauf zielen, Verbindungen – zu Verlorenem[3] oder noch nicht Erreichtem – herzustellen. Sie gleichen Annäherungsverfahren. Die genannten Reihen von Werken verweisen insofern zwar auch auf zentrale Motive; vor allem aber dokumentieren sie die Bewegungen, die die Künstler in Richtung dieser Motive vollziehen. Während dabei das Zentrum selbst ungefüllt bleibt, belebt sich der umliegende Raum durch die darauf ausgerichteten Aktivitäten. An der Peripherie spielen sich die Versuche der Aneignung ab: das Aufzeichnen und fotografische Aufnehmen, die malerische Setzung, die Beschreibungen und Umschreibungen, das Aufstellen der Falle.

Es sind Prozesse, die ihre Vorläufigkeit mitdenken, die die Annäherung um ihrer selbst Willen, unabhängig von dem Erreichen eines definitiven Ziels, betreiben. »Mich interessiert nicht das Herstellen von Dingen, sondern ihr Auffinden«, heißt es etwa bei Tamara Grčić (vgl. Abb. S. 130).[4] Das Moment des Unabgeschlossenen, die Konzentration auf den Akt des Aufspürens, des Ausfindigmachens, klingt in der Beschreibung der frühen Arbeiten Mellers als »Farbproben« ebenso nach[5] (vgl. Abb. S. 121) wie in der Ausschnitthaftigkeit von Udo Kochs »Milka«-Tapete oder seiner Entscheidung für Gips, »dem Werkmaterial des ewig Unfertigen«[6] (vgl. Abb. S. 176). Es erweist sich in jedem erneuten malerischen Akt, mit dem On Kawara eine Korrespondenz zwischen der Herstellung eines Bildes und seinem Entstehungsdatum erzeugen will, und wird spürbar

itself remains unfilled, the surrounding space is enlivened by the activities directed toward it. On the periphery, attempts at appropriation take place: noting and photographing, setting brush to canvas, describing and defining, setting traps. These processes are conscious of their temporary nature and instigate the approach for its own sake, without pursuing a definitive goal. "I am not interested in making things but in finding them", says Tamara Grčić (ill. p. 130).[4]

The element of unfinishedness, concentration on the act of tracking something down and finding it, is echoed in the description of Meller's early work as "paint samples"[5] (ill. p. 121) as it is in the fragmentary nature of Udo Koch's "Milka" wallpaper or his choice of plaster, "the material of the eternally unfinished"(ill. p. 176).[6] It is confirmed in each and every artistic action with which On Kawara aims at establishing a correspondence between the production of a picture and the date of its making, and it can be felt in the

[3] In diesem Sinne versteht Levine Monets Umgang mit der Welt, vgl. ebd., S. 75.

[3] This is Levine's interpretation of Monet's view of the world, see ibid., p. 75.

[4] Grčić im Gespräch mit Gertrud Koch am 29. Juni 1999, zitiert nach Heinz Liesbrock, »Ordnungen«, in: *Tamara Grčić*, Ausst.-Kat. Westfälischer Kunstverein, Münster 1999, S. 21.

[4] Grčić in conversation with Gertrud Koch on June 29, 1999, quoted in Heinz Liesbrock, "Ordnungen", in Tamara Grčić, exh. cat. (Münster: Westfälischer Kunstverein, 1999), p. 21.

[5] Vgl. Franz Kaiser, »Ingo Meller: Malerei als ›Ding‹ und Fragment«, in: *Ingo Meller*, Ausst.-Kat. Städtische Galerie im Museum Folkwang, Essen 1995, S. 7.

[5] See Franz Kaiser, "Ingo Meller: Painting as Object and as Fragment", in: Ingo Meller, exh. cat. (Essen: Städtische Galerie im Museum Folkwang 1995), p. 7.

[6] Vgl. Hans-Ulrich Obrist, »Von Hand zu Hand«, in: *Udo Koch*, Museum für Moderne Kunst, Darmstadt und Frankfurt/Main 1994, S. 44.

[6] See Hans-Ulrich Obrist, "Von Hand zu Hand," in: Udo Koch, (Darmstadt and Frankfurt/M.: Museum für Moderne Kunst, 1994), p. 44.

in der dauerhaften Gespanntheit der Fallen Slominskis (Abb. S. 184).

Die Entstehung solcher Werkreihen entspricht damit auch der Art und Weise, wie sie in der Sammlung zusammengetragen wurden: seriell, eines nach dem anderen, allmählich, in einem Prozess wiederholter Handlungen. In diesem Prozess erweist sich die Konzentration auf immer wieder dieselben künstlerischen Haltungen, die beständige Verfolgung einander ähnelnder Ziele. Auch hier also, im Sammeln – in der Verwandlung des Verfahrens der Produktion in eines der Zusammenstellung – vollziehen sich Annäherungen. »Jede Kunst handelt von dem Verlangen des Einen nach dem Andren. Als Waisen, die wir sind, machen wir uns unsere Geschwister selbst aus allem, was wir finden können.«[7] Charles Simic schreibt so über die Boxen des amerikanischen Surrealisten Joseph Cornell, in denen die künstlerische Arbeit das Sammeln und Zusammenstellen mit einschließt. Was für Simic auf die Kunst zutrifft, erweitert er auch auf den Umgang mit ihr. Unterscheiden sich auch die jeweils ausgeführten Handlungen voneinander, so eint sie letztlich ihre Bewegung: diejenige des Auffindens, des Umkreisens, des in ungelöster Spannung auf das Andere Bezogen-Seins.

III. Verpassen

Die Wiederholungen sprechen von dem Wunsch, dem Begehren und von der Unmöglichkeit der Erfüllung. Das Ziel zu erreichen hieße, die Wiederholung sinnlos zu

[7] Nach Charles Simic, wie Anmerkung 1, S. 72.

[7] Quoted in Charles Simic, op. cit., p. 72.

[8] Vgl. Jean Baudrillard, »The System of Collecting«, in: John Elsner/ Roger Cardinal (Hg.), *The Cultures of Collecting*, London 1994, S. 13, 23.

[8] See Jean Baudrillard, "The System of Collecting", in: John Elsner and Roger Cardinal (eds.), The Cultures of Collecting, (London 1994), pp. 13, 23.

unremitting tension of Slominski's traps (ill. p. 184).

The creation of such series of works thus corresponds with the manner in which they were brought together in the collection: serially, one by one, gradually, in a process of repeated actions. This process reflects the collector's concentration on the same artistic attitudes, the steadfast pursuit of similar goals. And so here, too, in collecting – as the procedure of production changes into one of compilation – there are approaches. "All art is about the desire of one for another. Like the orphans we are, we make our own siblings from anything we find."[7] That is what Charles Simic says about the American Surrealist Joseph Cornell's boxes, in which collecting and compiling are part and parcel of the artist's work. Simic applies what in his perception is the gist of art to its handling. The respective actions may differ, but in the final analysis their movement unites them: the movement of finding, of circling around, of relating to the Other in unresolved tension.

III. Missing the Mark

The repetitions express the wish, the desire, and the impossibility of fulfillment. To reach the goal would make repetition meaningless, just as completing a collection, says Jean Baudrillard, would deprive the activity of collecting of its legitimacy. According to him a collection transcends mere accumulation by virtue of being incomplete. The value of a possible item for a collection, a value based on its

machen, so wie die Komplettierung der Sammlung, laut Baudrillard, der Aktivität des Sammelns ihre Berechtigung nähme. Nach ihm geht die Sammlung durch das Faktum der Unvollständigkeit über die einfache Akkumulation hinaus. Dem auf Abwesenheit beruhenden Wert des möglichen Sammelobjekts entspricht, dass eine Sammlung nie mit dem Ziel ihrer Vollendung begonnen werde.[8] Zwischen der Annäherung und dem Ziel klafft, bei Sammlung und Werk gleichermaßen, ein nicht zu überbrückender Zwischenraum. Indem der Zwischenraum das Risiko betont, das sein Fehlen bedeuten könnte, garantiert er, dass das Ziel unerreichbar bleibt und die Bewegung in seine Richtung sich fortsetzen lässt.

Denn fehlte der Zwischenraum, käme es zum Zusammentreffen, käme es zur Berührung. In Grčićs Fotografien fände sie an der schutzlosesten, verwundbarsten Stelle des Körpers statt: dort, wohin der eigene Blick nie gelangt, im Nacken, zwischen den bedeckenden Schichten von Haaren und Kleidung. Was wäre, wenn die Schichten sich auseinander schöben und die dahinter liegende dann ungeschützte Halspartie freilegten, sie dem Blick, der Berührung, der möglichen Verletzung darböten? Was wäre, wenn Mellers materiell verdichteten Pinselstriche ihr fragiles, behutsames Verhältnis zu ihrem Untergrund, der ungrundiert, dinghaft wirkenden Leinwand aufgäben, wenn sie sich mit ihr vereinigten oder aber sich von ihr lösten? Und was wäre, wenn die Falle Slominskis zuschnappte, sich um ihr Opfer schlösse und es in sich aufnähme?

Unerfüllte, doch stets neu geschöpfte Erwartungen tragen die Arbeiten. Das Moment des verpassten Zusammentreffens, der nicht zustande gekommenen Berührung ist das der Ungleichzeitigkeit. On Kawaras Akt des Malens von »June 4, 1991« bringt seine eigene Verspätung zum Ausdruck, lassen sich doch die eigentlichen Momente des Aufeinandertreffens von Pinsel und Leinwand im Datum nicht fassen.

absence from that collection, corresponds with the fact that no collection was ever started with the goal of completing it.[8] Between approach and goal – and this applies equally to the collection and the work – yawns an unbridgeable gap. In accentuating the risk of its possible absence, the gap guarantees that the goal remains unreachable and that movement toward it can be continued. For if there were no gap, contact would be established. In Grčić's photographs it would occur at the most unprotected, most vulnerable part of the body: the place you yourself can never see, the nape of the neck, between the covering layers of hair and clothing. What if the layers parted to reveal the bare neck, so that it could be seen, touched, perhaps hurt? What if Meller's brushstrokes with their dense material character were to sever their fragile, delicate relationship with their carrier, the unprimed canvas with its object-like character, what if they merged with it or freed themselves from it? And what if Slominski's trap snapped shut, enclosing and engorging it's victim?

The works are borne by unfulfilled expectations, which are nevertheless constantly recreated. The moment of the missed encounter, of the unconsummated touch, is the moment of non-simultaneity. In painting *June 4, 1991*, On Kawara expresses his own belatedness, for the actual time at which brush impinged on canvas cannot be captured in the date. Rather than referring to the present[9], the "Date Paintings" fit into a series of other works couched in the past tense: *I Went, I Got Up, I Read or I*

Anstatt von Gegenwart zu sprechen[9], fügen sich die »Date Paintings« vielmehr in die Serien der anderen, eben gerade der Vergangenheit verschriebenen Arbeiten, »I Went«, »I got up«, »I read« oder »I Met«, ein – im Sinne von »I Painted«. Wahrnehmbar wird der Raum, der sich zwischen der Handlung und ihrer Aufzeichnung, zwischen dem Angestrebten und dem Gezeigten auftut.

Dieser Raum bildet die strukturelle Vorgabe für den nächsten Schritt. In ihm ereignet sich die prekäre Verbindung von Kunst und Leben, deren Verschmelzung sich mit der Kunst der 60er Jahre zwar als utopisch erwiesen hat, die sich aber umso wirksamer zu einem bewusst einsetzbaren Handlungsmotiv entwickelte, durch das die künstlerische Arbeit ein Konstrukt des Lebensablaufs anbietet.

IV. Umhüllen

Das Ausbleiben der Berührung, die stets vorenthaltene Erfüllung des Begehrens nicht als Scheitern zu werten, bedeutet, die vorgelagerten Räume, in denen die Annäherung stattfindet, als Schutz zu akzeptieren. Mit fürsorglicher Behutsamkeit umhüllen sie die potentiellen Berührungszonen und lassen ihr Fehlen anschaulich werden. Denn präsent ist allein das Äußere. Das Innere sichtbar werden zu lassen, gelingt einem dagegen, so Grčić, nie. Allerdings könne man in dem Prozess des Umkreisens manchmal mehr und manchmal weniger sehen, wobei die Form, in der man umkreist, auch als Form ihre eigene Gültigkeit besitzt.[10] Solche Formen beschreiben Ränder, Peripherien. Sie sind

[9] Als Dokumentation von Gegenwart liest etwa René Denizot die »Date Paitings«, vgl. ders., *On Kawara*, Frankfurt/Main 1991, S. 17.

[10] Vgl. Interview mit Tamara Grčić von Barbara Heinrich in: Tamara Grčić, Ausst.-Kat. Kunsthalle Fridericianum, Kassel 2000, S. 7.

Met – in the sense of *I Painted*. What we perceive is the space that opens up between the action and its registration, between what is aimed at and what is shown.

This space forms the structural preparation for the next step. It is where the tenuous bond between art and life, whose coalescence, despite having proved utopian with the art of the 1960s, developed all the more effectively into a deliberately implemented motif for action by means of which artistic activity offers a construct for life.

IV. Enveloping

To resist interpreting the lack of contact, the constantly unfulfilled desire, as failure, means accepting the intervening spaces in which approach takes place as protection. With solicitous caution they envelop potential zones of contact, rendering their absence manifest, for only the outside is present. You never succeed in revealing the inside, according to Grčić. But in the process of circling around it, she says, sometimes you see more and sometimes less, and the form in which you are circling around possesses its own validity as form.[10] Forms like these define borders, peripheries. Those are what we see: references to something unshown. Like a negative mold, they draw attention to something that is not there, but which has invested the form with its meaning and purpose. Instead of being formed by the displacement of an object, like an imprint or a track, these forms result from the processes of approaching that object. The material appear-

[9] René Denizot sees the »Date Paitings« as documentation of the present: On Kawara, Frankfurt/Main 1991, p. 17.

[10] See Barbara Heinrich's interview with Tamara Grčić in Tamara Grčić, exh. cat. (Kassel: Kunsthalle Fridericianum, 2000), p. 7.

das, was sichtbar wird: Referenzen auf etwas, das nicht zu sehen gegeben wird. Wie eine Negativform lenken sie die Aufmerksamkeit auf das Abwesende, das der Form ihre Bedeutung und ihren Sinn verliehen hat. Anstatt, wie etwa im Abdruck oder in der Spur, durch die Raumverdrängung eines Gegenstands entstanden zu sein, ergeben sich diese Formen aus den Annäherungsprozessen an diesen Gegenstand. Die materielle Erscheinungsweise dokumentiert weniger, dass etwas tatsächlich da gewesen ist, als vielmehr, dass nach etwas gesucht wurde. Der Prozess der Suche materialisiert sich zur zweiten Haut.

Eine zweite Haut aus vielen Häuten ist es, die Udo Koch um die Hand, die Blüte, die Flasche legt, die sich von ihrem Ausgangsgegenstand in immer loser werdender Verbindung zu entfernen scheint, und doch das Interesse des Betrachters für nichts so sehr entfacht, wie eben für die Hand, die Blüte oder die Flasche. Während im Feld des Sichtbaren die Peripherie zum Zentrum wird, fesselt das Unsichtbare, der nicht gezeigte Gegenstand die Aufmerksamkeit. Der ursprüngliche Umriss wird transformiert – zerteilt, gekippt, gedreht, gespiegelt, gereiht – setzt so neue, ganz eigenständige Formen zusammen, verkörpert zugleich die kontinuierliche gedankliche Bewegung, die die Rückanbindung an das Ausgangsobjekt herstellt. Ein Bewegungsfeld, das das Ausgesparte umgibt.

Bei Rémy Zaugg gerät der Prozess der Suche zu einer zweiten Haut, die von den Bedingungen des Bildhaften spricht, von den Blickverhältnissen, die konstitutiv für die Rollen und Positionen von Bild und Betrachter sind. »REGARDE,/ JE TE/ REGARDE/ ET TOI TU/ DEVIENS./ REGARDE«. Erst durch den vom Bild zum Betrachter zurückgeworfenen Blick wird dieser zum Betrachter, so wie auch das Bild erst zum Bild im betrachtenden Blick wird:»REGARDE,/ TOI LE MONDE/ TU ME/ REGARDES/ ET MOI/ LE TABLEAU/ JE DEVIENS,/ REGARDE.« Der Text der

ance documents less that something was there than that something was being looked for. The search-process materializes into a second skin. It is the second of many skins in which Udo Koch encases a hand, a flower, a bottle. This second skin seems to move further and further away from the original object, their connection increasingly frail, but whetting the viewer's interest for nothing so much as for that hand, flower, or bottle. While the periphery becomes the center of the field of vision, the invisible, unshown object captures our attention. The original contour is transformed – sectioned, tilted, rotated, reflected, aligned – thereby reassembling into new, quite independent forms, at the same time embodying the continuous mental movement that forges the link back to the initial object: a field of movement surrounding what was left open.

In the case of Rémy Zaugg the search-process becomes a second skin that expresses the conditions of the pictorial, of the visual relationships constitutive for the roles and positions of painting and beholder. "REGARDE,/ JE TE/ REGARDE/ ET TOI TU/ DEVIENS./ REGARDE". Only when the gaze bounces back from the painting to the beholder does the beholder behold, just as the painting only becomes a painting when beheld: "REGARDE,/ TOI LE MONDE/ TU ME/ REGARDES/ ET MOI/ LE TABLEAU/ JE DEVIENS,/ REGARDE." The text of Zaugg's paintings describes what is going on in front of them (ill. p. 167). It focuses on the space between the viewer and the work of art, the

Bilder Zauggs beschreibt, was sich vor dem Bild abspielt (Abb. S. 167). Er fokussiert den Raum zwischen Betrachtenden und Kunstwerk, den Raum der beiderseitigen Annäherung an- und formenden Ausrichtung aufeinander. Das Objekt »Bild« dagegen scheint sich in einem Raum hinter dem Text zu befinden, als ob die direkte Ansprache des Betrachters zu einer Schutzzone für das Nicht-Ausgesprochene werden könnte. Die wechselseitigen Verbindungen zwischen Bild und Betrachter treten umhüllend an die Stelle eines Werks, das im Verlust seines Autonomiestatus unsicher und verletzlich geworden ist.

So verletzlich, wie es auch der Autor in der Funktion für sein Werk wurde. Ihn umhüllt On Kawara. Die Aufzeichnung von Aktivitäten – Gehen, Lesen, Aufstehen, sich Treffen oder Malen – fügt er, in ihrem verspäteten Verhältnis, um die eigentlichen Aktivitäten, die er ausführte, herum. Und diese wiederum umlagern ihn selbst als den Ausführenden. In ihrem Verweischarakter geben die Aufzeichnungen vor, in erster Linie von ihrem Autor zu sprechen, ihn wahrnehmbar werden zu lassen. Sie suggerieren die in der Rezeption immer wieder gewünschte unlösliche Verbindung von Werk und Autor, in der sich beide gegenseitig auseinander erklären. Tatsächlich angegeben jedoch wird in den Werken On Kawaras nur der Vollzug einer Tätigkeit, die zwar Teil seines Tages war, deren Bedeutung für diesen Tag aber nur durch eine zeitliche Dimension bestimmt wird. Die Listung der einzelnen Handlungen stellt sich vor den Sinn, den sie jenseits ihrer Ausübung für die Person des Künstlers, für das professionelle und private Leben gehabt haben könnten. Ihre Aufzeichnung ist das, was der Künstler von sich zu sehen gibt, alles Übrige bleibt dahinter verborgen.

Verborgen wie der Raum, der zwischen Ingo Mellers Farbsetzungen und der Leinwand entsteht. Farbgestalt und Träger gehen bei ihm ein Verhältnis ein, das nur an den

space of their mutual approach and orientation. However, the object – the "painting" – seems to be in a space behind the text, as if the viewer's direct exhortation could be a protected zone for the unsaid. Communication between painting and viewer envelop and thus replace a work rendered uncertain and vulnerable by the loss of its autonomous status as vulnerable as the author in his function of maker. On Kawara envelops him. He records activities that he has already performed – going, reading, getting up, meeting, or painting. Around these activities he arranges his delayed records of them. And these, in turn, surround him, the actual performer. In their referential character the recordings pretend to be about their author, to render him perceptible. When received, they suggest the indissoluble connection, which is constantly desired and in which work and author explain themselves to each other. However, only the accomplishment of an activity is indicated in On Kawara's works, an activity that although part of his day, is defined for that day but solely in terms of the time-dimension. The listing of individual activities takes precedence over any meaning they might have, beyond their performance, for the author as a person, for his professional and private life. Recording them is the only part of himself that the artist shows; everything else stays hidden behind them. Hidden like the space between Ingo Meller's brushstrokes and the canvas. Oil paint and carrier enter into a relationship that can only be per-

Farbrändern und in den unbemalt belassenen Stellen einsehbar ist. Dem Blick entzogen bleibt dagegen ein Raum, den man hinter dem Farbmaterial vermutet. Die Gewichtigkeit des Materials, die Dichte der Setzungen und die farbkompositorischen Eigenschaften jeder einzelnen Arbeit verwandeln sie in Gemälde. Aber sie begnügen sich damit nicht. Denn sie besitzen zugleich den Charakter von Übermalungen, die Teile der Auseinandersetzung mit dem Verhältnis von Ölfarbe und Leinwand, mit ihrer Berührung, überlagern und für sich behalten.

Die Haut, im wörtlichen Sinne, sowie ihre Surrogate nutzt schließlich Grčić – sie ist die wesentliche Form, die der Prozess des Umkreisens findet. Die unter einer zweiten Schicht versteckte Haut, die partiell freigelegten Hautpartien, die Umhüllungen, die Decken, Kleidungsstücke oder Tierfell bieten können. Sie alle haben den Schutz zum Hauptzweck, verzichten dabei aber weder darauf, auf das Geschützte zu verweisen, noch darauf, auch das einengende Moment der Schutzschicht mit anklingen zu lassen. Die dicht zwischen Rückwand und Fensterglas eines Schaukastens eingepressten Decken oder diejenigen, die einen Raumkubus verhängen, besitzen den Charakter erdrückender Ummantelung ebenso wie die Zonen, an denen die Kleidungsstücke auf die nackte Haut treffen, auch deren Körperhaltung und -form diktierende Kraft demonstrieren. In dem Videogespräch mit der jungen Roma Bolek gewinnt die Behutsamkeit, mit der Grčić im Prozess der Annäherung immer auch das latente Risiko von Machtausübung mitbedenkt, eine Ausdrucksform, die das Anliegen des Umkreisens auch rückblickend einbindet: Die zweite Haut als Bereich, in dem sich die Interessen der Künstlerinnen und Künstler mit denen derjenigen kreuzen, die Gegenstand ihrer Interessen sind.

ceived at the edges of the paint and in the unpainted areas. What we do not see is the space we sense behind the paint. The importance of that material, the proximity of the brushstrokes and the chromatic-compositional characteristics of each work transform them into paintings. But that is not all, for they also possess the character of overpaintings, which cover and retain elements of coming to terms with the relationship between oils and canvas, with their contact.

Grčić, finally, makes use of skin – quite literally – and its surrogates. It is the ultimate form to be found in the circling-around process. Skin concealed under a second layer, partly exposed areas of skin revealed by wrappings, blankets, garments, or animal pelts. The primary function of all these coverings is protection, but they make a point of referring to what is protected and to the restrictive factor of the protective layer. Blankets crammed between a showcase's rear partition and glass pane, or those concealing a cube, have the character of a stifling cover, just as the zones where garments meet bare skin demonstrate the strength to dictate bodily attitude and form. Grčić, in her video discussion with the young Roma woman Bolek, adopts a cautious approach, always conscious of the latent risk of exercising power, a form of expression that retrospectively involves the intent of circling: the second skin as a realm in which the artists' interests meet with those of the objects of their interests.

v. Anlocken

Die Bewegung zwischen diesen Interessen manifestiert sich im Bild der Falle: Aufgestellt für den Blick des Betrachters bringt sie das künstlerische Begehren, betrachtet zu werden, zum Ausdruck. Das Gegenüber gefangen zu nehmen im Akt der Rezeption ist ihr Ziel. Das Kunstwerk als Blickfang. Selbst das Staubtuch tritt hier in seiner Funktion als Fänger auf. Ganz so wie Vito Acconci das Verhältnis von Publikum und Werk beschreibt: »Es scheint wie in jeder Art von Kunst-<Situation zu sein, Betrachter betritt Ausstellungsraum, Betrachter geht auf Kunstwerk zu, also Betrachter zielt auf Kunstwerk. Betrachter behandelt Kunstwerk wie eine Art Zielscheibe, so dass es mir so vorkommt, als sei dies eine Art genereller Bedingung aller Kunstbetrachtung, Kunsterfahrung.«[11] On Kawaras Postkarten, in die ganze Welt an Vertreter des Kunstfelds verschickt, übernehmen in zurückhaltenderer Form die Funktion, den Betrachter direkt zu adressieren und seine Aufmerksamkeit einzufordern. Er soll sowohl zur Kenntnis nehmen, dass er als Künstler gegangen ist, gelesen hat und aufgestanden ist, als auch, dass die erhaltene Postkarte Werkcharakter in Anspruch nimmt. Acconcis »Listen to me« in dem Video »Turn On« (1974), Bruce Naumans Arbeit »Pay Attention« (1973) oder Jasper Johns »Target« (1958) betreiben diese Anrufung aggressiver. Das mit der Moderne gewandelte Verhältnis von Künstler und Publikum, in dem um Aufmerksamkeit nachdrücklicher und breiter geworben werden muss, findet hier ebenso seinen Niederschlag wie die Überzeugung vom Sinn stiftenden Prozess der Rezeption. Zauggs wiederholte Aufforderung »Regarde« bringt diese

[11] »It seems like in any kind of art situation, viewer enters exhibition space, viewer heads towards art work, so viewer is aiming towards art work. Viewer is treating art work as a kind of target, so it seems to me this is a kind of general condition of all art viewing, art experience.« Vito Acconci, »Early Work: Moving My Body into Place«, in: *Avalanche*, Nr. 6, 1972, S. 6.

v. Attracting

The movement between these interests is rendered manifest by the image of a trap. Displayed to the viewer, it expresses the artistic desire to be viewed. Its aim is to capture its vis-à-vis in the act of reception. The work of art as an eye-catcher. Even the duster performs its function as a "catcher" here. It all tallies with Vito Acconci's description of the relationships between public and work: "It seems like in any kind of art situation, viewer enters exhibition space, viewer heads towards art work, so viewer is aiming towards art work. Viewer is treating art as a kind of target, so it seems to me this is a kind of general condition of all art viewing, art experience."[11] The postcards On Kawara sends all over the world to people in the art world are a more reticent way of addressing the viewer directly and claiming his attention. They are meant to inform the recipient that he went, read, and got up as an artist, and also to accord the missive character of a work of art. Acconci's *Listen to me* in the video *Turn On* (1974), Bruce Nauman's *Pay Attention* (1973) and Jasper Johns' *Target* (1958) issue this exhortation in a more aggressive fashion. The change wrought by modern art on the artist-public relationship, in which the public's attention is sought more emphatically and widely, is reflected here, as is the conviction that its reception is a process of meaning production. This attitude is expressed in Zaugg's repeated exhortation "Regarde". Between work and public he sets in motion an exchange of gazes and processes of positioning, which

[11] Vito Acconci, "Early Work: Moving My Body into Place", Avalanche, no.6 (1972), p. 6.

Haltung zum Ausdruck. Zwischen Werk und Publikum setzt er Blickwechsel und Positionierungsprozesse in Bewegung, die das ganze Umfeld beherrschen. Folgt man Michel de Certeau, so schaffen Bewegungen Raum. Narrative Strukturen besitzen für ihn die Bedeutung von räumlichen Syntaxen. Sie lassen Raum, verstanden als das Resultat von Aktivitäten, entstehen, der als Einheit von Konfliktprogrammen und vertraglichen Übereinkünften fungiert.[12] Das von Zaugg initiierte Bewegungsgeflecht wird damit zum Raum um das Bild, der, diktiert durch Strategien des Anlockens und Fesselns, mit Prozessen unterschiedlichster Annäherung gefüllt ist.

VI. Erzählen

In ihrem Buch »On Longing« versteht die Literaturwissenschaftlerin Susan Stewart das Narrative als eine Struktur, die ihr Objekt sowohl erfindet als auch auf Distanz hält und dabei wieder und wieder den Zwischenraum zwischen Bezeichnendem und Bezeichneten festschreibt, in dem das Symbolische entsteht.[13] Die Wiederholungen der Produktion und Akquisition formen sich zu solchen Erzählungen.

dominate the entire surroundings.

According to Michel de Certeau, movements create space. Narrative structures, he says, possess the significance of spatial syntaxes. They produce space in the sense of a result of activities, a space that acts as a unit of conflict programs and contractual agreements.[12] The mesh of movements initiated by Zaugg thus becomes the space around the painting, a space that, dictated by strategies of luring and capturing, is filled with processes of the most varying approaches.

VI. Narrating

In her book *On Longing* the literary scholar Susan Stewart presents the narrative as a structure that invents its object while keeping it at a distance, filling the space between the signifying and the signified over and over again, the space in which the symbolic is generated.[13] The repetition of production and acquisition forms such narratives.

[12] Michel de Certeau »Berichte von Räumen«, in: ders., *Kunst des Handelns*, Berlin 1988, S. 215–218, besonders S. 218.

[12] Michel de Certau, "Berichte von Räumen", in idem: Kunst des Handels (Berlin, 1988), pp. 215-218, esp. p. 218.

[13] Vgl. Susan Stewart, *On Longing. Narratives of the Miniature, the Gigantic, the Souvenir, the Collection*, Durham und London 1993, S. IX.

[13] See Susan Stewart, On Longing: Narratives of the Miniature, the Gigantic, the Souvenir, the Collection, (Durham and London, 1993), p. IX.

Bernhart Schwenk

... I'm Expecting You.

Das Kunstwerk zwischen Versprechen und Verweigerung

The Artwork between Promise and Refusal

»How deep is your love,
how deep is your love?«
The Bee Gees, 1977

Rückkehr nach Eden

Kunstwerke in einer privaten Sammlung befinden sich in der besonderen Situation, ihren historischen Zusammenhang verlieren zu dürfen, um sich im Kreis von Wahlverwandtschaften neu zu erschaffen. Während der White Cube des öffentlichen Museums die in ihm versammelten Objekte durch Isolierung von der Welt explizit zur Kunst erhebt, das Außen von Produktion und Bewertung weitgehend ausblendet und in einer hermetischen Innenwelt (schein)objektiv situiert, dürfen die Werke im privaten Raum in einem gleichsam paradiesischen Stadium verweilen. Diese aus dem Kunstbetrieb nach Eden zurückgeführten Bilder dürfen sich parallel zu den Peripetien und Repetitionen des Alltags entfalten. Stets ist ihnen der selbstverständliche Blick seines Besitzers gewiss, dessen Lesart keine konsumierende sein kann, sondern eine fruchtbar produzierende sein muss, weil sie sich, vom Leben umströmt, in ständiger Veränderung ereignet. Die Fragen, denen sich das Kunstwerk ausgesetzt sieht, sind persönliche, denn sein Kontext ist ein privater.

Wie aber ist von außen auf eine solche Sammlung zu schauen, ohne die Werke wieder in genau jenen Bereich zu verfrachten, dem sie nicht mehr angehören? Wie kann man dem Zufall, der Leidenschaft und inneren Organik gerecht werden, mit der diese Sammlung zusammengewachsen ist? Einer ähnlichen Frage muss sich auch der Katalog zu einer Privatsammlung stellen, der die auf weißem Papier abgebildeten Werke voneinander isoliert, damit neu kontextualisiert und letztlich der Gefahr aussetzt, sie, wenngleich nur symbolisch, in den weißen Käfig zurückzuverfrachten, dem sie nicht mehr angehören.

Return to Eden

Artworks in a private collection are in the special situation of being permitted to lose their historical context in order to re-create themselves in the circle of elective affinities. While the white cube of the public museum raises the objects collected in it explicitly to art by isolating them from the world, blocks out to a large extent the exterior from production and evaluation, and is situated seemingly objectively in a hermetic inner world, works in the private sphere are permitted to linger in a paradisical realm, as it were. These works, returned to Eden from the art business, are allowed to unfold parallel to the peripeteia and repetitions of everyday life. They are constantly certain of the self-explanatory look of their owner, whose interpretation of them cannot be a consuming one, but has to be a fruitfully productive one, because, surrounded by life, this interpretation undergoes constant transformations. The questions to which the artworks are subjected are personal ones, because the context is private.

But how can one view such a collection from the outside without pushing the works back into the area to which they no longer belong? How can one do justice to the accident, the passion, and the inner organics with which this collection has grown? A catalogue devoted to a private collection must pose a similar question. Reproductions of works are isolated from one another on white paper and thus put in a new context. There is the danger that the catalogue will push them back into the white cage in which they no longer belong, if only symbolically.

As an adequate approach both to theoretical considerations regarding a private collection and to a book reflecting them, one can resort to the image of a banquet table with a seating arrangement made subjectively, for example, according to interests or assumed sympathies. At the table one meets both familiar and unfa-

Als adäquate Annäherung sowohl für die theoretische Betrachtung einer Privatsammlung als auch für das sie widerspiegelnde Buch bietet sich das Bild der Festtafel mit einer Sitzordnung an, bei der die Verteilung subjektiv, z. B. nach Interessen oder vermuteten Sympathien, vorgenommen wird. An dieser Tafel trifft man auf bekannte, aber auch unbekannte Gesichter. Es ist nicht möglich, mit allen Anwesenden zu sprechen, aber mit einigen doch. In jedem Fall wird eine allgemeine Atmosphäre, die emotionale Grundstimmung eines Abends, spürbar. Es lassen sich Beobachtungen formulieren, die mögliche Verbindungen der Gäste untereinander ebenso einfangen können, wie sie die Haltung des Gastgebers reflektieren.

Material und Transzendenz

Das Fest ist im Gange. Am Kopf der Tafel sind die ältesten Teilnehmer der Gesellschaft auszumachen. Wie die Finger einer Hand schlagen fünf Künstler der Generation der um 1930 Geborenen die Tonart des Abends an: Yves Klein, Alex Katz, Andy Warhol, Robert Ryman und Gerhard Richter. Yves Kleins »Anthropometrie« setzt sich aus leuchtend blauen, organischen Farbflächen locker zusammen, fügt verzogene Kreisformen und Ovaloide zu einer ebenso zu- wie sinnfälligen Anordnung (Abb. S. 55). Das Bild wirkt zunächst wie ein kalligraphisches Zeichen, ein ornamentales Gebilde. In gleichem Maße deutet es aber auch den physischen Körper an, der als »lebender Pinsel« zu seiner eigenen Darstellung diente. Das Bild zeigt eine Figur, die zugleich als formaler Abdruck ihres Abbildes sowie als Instrument zu dessen Erschaffung auftritt. Die Komposition changiert somit zwischen der unmittelbaren Verkörperung eines individuellen Selbst und dem nur zeichenhaft angedeuteten Abdruck eines Anderen. Die Farbe ist dabei Medium und Botschaft zugleich. Nach und nach drehen die Verhältnisse sich um: Der Körper wirkt ephemer, sein Abdruck hingegen

miliar faces. It is not possible to talk to everyone present, but one can talk to a few. In any case, a general atmosphere, the emotional mood of an evening, becomes apparent. Observations can be made that capture the relationships between the guests as well as the attitude of the host.

Material and Transcendence

The banquet is taking place. At the head of the table are the oldest members of society. Like the fingers of one hand, five artists from the generation born around 1930 set the tone for the evening: Yves Klein, Alex Katz, Andy Warhol, Robert Ryman, and Gerhard Richter.

Yves Klein's *Anthropométrie* is loosely composed of brilliant blue, organic surfaces, and brings distorted circular shapes and ovaloids together into an accidental and clear arrangement (ill. p. 55). At first, the painting looks like an abstract, calligraphic sign, an ornamental work. At the same time, however, it hints at the physical body that, as a "living paintbrush," aides its own depiction. The picture shows a figure that appears at once as a formal imprint of its photo and as an instrument used to create it. Thus, the composition shifts between the immediate embodiment of an individual and the mere outlines of another. The paint is both the medium and the message. Gradually the relationship changes. The body looks more ephemeral, its imprint direct and immediate. What can be viewed as an object, and what can be viewed as an idea?

unmittelbar und direkt. Was darf als Gegenstand, was als Idee angesehen werden?

Mit eleganter Kühle bei einem gleichzeitig hohen Grad an Intimität führt das Bild von Yves Klein geradezu leitmotivisch in die Sammlung ein. Es beschreibt ein Moment, das sich, wenngleich in unterschiedlicher Färbung und Intensität, bei nahezu allen Arbeiten ablesen lässt. Dieses Moment lässt sich durch die Beschreibung als ein raffiniertes Hin- und Hergleiten des Bildes zwischen der eigenen Physis und ihrer Verheißung nur unzureichend fassen. Was verspricht ein Bild und was verweigert es? Wie nahe kann man einem Bild kommen?

Realität und Aura

Auch die drei kleinen Bilder von Robert Ryman kennzeichnet diese eigentümliche Ambivalenz von Persönlichkeit und Anonymität (Abb. S. 51). Die unbetitelten Gemälde nehmen sich in Format und Farbwirkung stark zurück und zeigen weitgehend unbearbeitetes, im normalen Künstlerbedarf erhältliches Material: Die weiße Ölfarbe erscheint als weiße Ölfarbe, die Leinwand als Leinwand. Der Pinselstrich verbirgt sich nicht, doch ist er weder abbildend noch abstrahierend; vielleicht ist er am ehesten darstellend, allerdings ausschließlich sich selbst. Die Bilder definieren somit lediglich einen ›anderen‹ Ausschnitt bekannter physischer Realität. Gleichwohl lassen sie sich aber auch als Gemälde im traditionellen Sinne anschauen: höchst individuell, unverwechselbar und stilistisch wiedererkennbar als Gemälde des Malers Robert Ryman. Aus diesem Blickwinkel erscheinen sie eigenwillig, malerisch und spontan. Sind die Betrachter imstande, dieser aufrichtigen malerischen Haltung vollständig und ausschließlich zu trauen? Oder suchen sie nicht doch insgeheim die Magie einer Ausstrahlung, die sich hinter der Oberfläche des Bildes verbergen könnte? Ein erster Abschied, eine erste

With elegant coolness yet with a high degree of intimacy, the Yves Klein painting could almost serve as a leitmotif for the collection. It describes an aspect that can be perceived in almost every work, although with different coloring and intensity. This aspect cannot be adequately described as a painting's clever movement back and forth between its own physicality and its promise. What does a painting promise us and what does it deny us? How closely can we approach a painting?

Reality and Aura

The three paintings by Robert Ryman also characterize this strange ambivalence between personality and anonymity (ill. p. 51). The untitled works step back strongly in terms of format and color effects and show material that is largely unprocessed, material that can be bought in any art shop. The white oil paint looks like white oil paint, the canvas like a canvas. The brushstrokes are not hidden, nor is it figurative or abstract. Perhaps it is representational, but only of itself. Thus, the paintings define only "another" detail of known physical reality. But they can also be regarded as paintings in the traditional sense: highly individual, unmistakable, and in a style recognizable as that of the painter Robert Ryman. From the latter perspective they seem self-willed, picturesque, and spontaneous. Are viewers in a position to trust this upright attitude completely and exclusively? Or do they secretly seek a magical aura that might be concealed behind the surface of the painting?

leise Ahnung keimt auf, dass es nicht das Kunstwerk ist, das dem betrachtenden Gegenüber etwas zu geben hat. Die Anziehungskraft des Bildes besteht letztlich in der Zurückweisung von Bedeutung, die als Spiegelung des Betrachters entweder wächst oder sich verflüchtigt. Die Enttäuschung wird zur ästhetischen Erfahrung.

Natur und Standard

Kann durch Distanznahme – des Malers wie des Betrachters – die Natur eines Bildes objektiver erfasst werden? Welche Rolle spielen Standardisierung, Stilisierung oder Abstraktion für die Wahrhaftigkeit der Bildoberfläche? In Andy Warhols bunten »Eggs« (Abb. S. 61) auf schwarzem Grund begegnet einem zunächst die scheinbare Gegenstandslosigkeit. Es ist die Bearbeitung einer Fotografie von Hühnereiern, deren Anordnung zum einen das Charakteristikum des Gleichen und Seriellen wie auch des Individuellen betont, indem die Eier sich nämlich in der Zufälligkeit darbieten, die ihrer Lage in einem Nest entsprechen könnte. Diese organische, quasi natürliche Formation wird im grellen Aufscheinen des Blitzlichts, das das Natürliche überstrahlt und damit wieder verbirgt, zum Ornament. Die Beleuchtung erschafft und steigert die Klarheit ins Überdeutliche, um diesen Eindruck im selben Atemzug zu verfremden.

Zusätzlich überzieht die farbkräftige Maske einer kühlen Oberfläche die ursprüngliche Fragilität und Angreifbarkeit des Motivs wie mit einer zweiten Schale, einem Schutz. Auf dieselbe Weise verbergen auch die beiden Selbstporträts des Künstlers die Individualität hinter bekannten Posen, nämlich hinter der eher rationalen Darstellung des kontemplativen Denkers sowie hinter dem wilden, fast aggressiven Image des egomanen Enfant terrible. Sie stilisieren Künstlerstereotypen und stellen damit letztlich Projektionen dar – ebenso wie der »Shadow« (Abb. S. 62), dessen Gegenständlichkeit als Abbild eines unbekannten anderen ver-

A first farewell, a first vague suspicion emerges that it is not an artwork the viewer can give anything to. The appeal of the painting ultimately lies in the rejection of meaning, which, as a reflection of the viewer, either grows or vanishes. Disappointment becomes an aesthetic experience.

Nature and Standard

Can the nature of a painting be ascertained more objectively by distancing – on the part of both the artist and the viewer? What role do standardization, stylization, and abstraction play in the reality of the surface? Andy Warhol's colorful *Eggs* (ill. p. 61) on a black background at first appear to be abstract. Warhol reworked a photograph of chicken eggs whose arrangement emphasizes sameness and series as well as the individual, because they seem situated in a random place, which could be their nest. This organic, almost natural formation becomes an ornament in the bright light, which outshines the natural aspect and thus conceals it again. The illumination increases the clarity to the point of overclarity, distorting this impression in the same instant.

In addition, the colorful mask of a cool surface covers the original fragility and palpability of the motif like a second shell, like protection. In the same way, the artist's two self-portraits conceal individuality behind familiar poses, namely, behind the rational depiction of the contemplative thinker and behind the wild, almost aggressive image of the egomaniac *enfant terrible*. They stylize artist stereotypes

schwindet. Eine paradoxe Mischung kombiniert das im Bereich der Natur Vorgefundene sowie Elemente des Alltäglichen und Trivialen mit den Standards des Sachlichen, Neutralen und Unemotionalen. Die Norm und die Abweichung davon, das ›Komponierte‹ und das Unberechenbare werden gleichermaßen vereint. Dadurch wird ein Moment der bildnerischen Differenz, eine zweite Ebene des bewusst ›Eigenen‹, erfahrbar. Es wird eine Oberfläche geschaffen, hinter der sich jedoch ausdrücklich nichts befindet. Hingegen entsteht auf diese Weise eine Zone des ›Davor‹ des Bildes, die umso stärker energetisch aufgeladen wird und in deren Bereich sich die Betrachter aufhalten.

Gegenstand und Leere

Gerhard Richter unterminiert die Handschriftlichkeit des Bildes, indem er all das bewusst zurücknimmt und sogar stellenweise aufgibt, was malerische Individualität bedeutet. Gleichwohl spielt der Künstler mit deren erkennbarstem Ausdruck, dem eines unbewusst-gestischen Handelns, indem er dieses zitiert und gleichzeitig eliminiert. Richters »Abstraktes Bild« (Abb. S. 73) ähnelt eher einer Bildstörung als der Verkörperung eines kreativen Akts. Wie tief ist die Oberfläche des Gemäldes? Was gibt das Bild von sich preis? Wo lagert das zweifellos Berührende? Ist es verborgen unter den Malschichten oder besteht es – außerhalb des Bildes – in seiner Ausstrahlung?

Auch die Malerei von Alex Katz behandelt das Anonyme und das Persönliche nicht als Gegensätze, sondern verknüpft beide Dimensionen zu einer unauflösbaren Einheit. Immer wieder bestätigt er gegenständliche Sehgewohnheiten, um sie dann jedoch in einer kühlen Indifferenz des Dargestellten abzulöschen. Das vordergründig Einfache entzieht sich in der Komplexität der Bildschichten: So wird etwa die Illusion der Tiefe eines verschneiten Waldes durch die bewusste Flachheit der Malweise, die Reduktion auf

and thus in the end are projections – just like the *Shadow* (ill. p. 62), whose representational aspect disappears as the depiction of an unknown other. There is a paradoxical mixture of things found in nature and trivial elements of everyday life, and matter-of-fact, neutral, unemotional elements. The norm and the deviation from the norm, the “composed” and the incalculable, are united on equal terms. As a result, a moment of pictorial difference, a second level of conscious “individuality” becomes apparent. A surface is created, behind which, however, nothing can be expressly found. On the other hand, a zone “before” the work emerges, which is charged with energy and in front of which viewers linger.

Object and Emptiness

Gerhard Richter undermines the signature of the painting by taking back and even renouncing in places everything that constitutes painterly individuality. At the same time, the artist plays with its most recognizable expression, with unconscious, gestural action, by at once citing it and eliminating it. Richter’s *Abstract Painting* (ill. p. 73) is more of a disruption than the embodiment of a creative act. How deep is the surface of the painting? What does the painting reveal about itself? Where is the touching aspect? Is it concealed behind the layers of paint or does it exist – outside the painting – in the aura? Alex Katz’s paintings, too, do not treat the personal and the anonymous as opposites, but unify the two dimensions indissoluble. Time and again he confirms

Nichtfarben und die offensichtliche Konstruiertheit des Motivs konterkariert. Auch suggeriert die Raumtiefe weder einen erzählerischen Inhalt noch eine andere Weiterführung. Die Gegenständlichkeit gebietet lediglich Offenheit, vermittelt das widersprüchliche Gefühl einer undurchdringlichen Leere. Der Blick des Betrachters verliert sich in einer Tiefe, die paradoxerweise geradezu anti-illusionistisch wirkt. All dies geschieht mit einer programmatischen, fast konzeptuellen Motivation und ist als ein bekenntnishafter Beitrag zur traditionellen Malerei zu werten.

Suggestion und Verzicht

Klein, Ryman, Warhol, Richter und Katz befassen sich mit der Ambivalenz einer malerisch-sensuellen Konzeption, und ihre unterschiedlichen, aber an bestimmten Punkten vergleichbaren Auffassungen von Malerei könnten wie Prämissen für die gesamte Sammlung stehen, deren Einzelwerke sich bis in die jüngste Gegenwart hinein auf diese Standpunkte zu beziehen scheinen: Zu beobachten ist in jeweils wechselseitigen Ausprägungen die Verschränkung gegensätzlicher Prinzipien. Sie meinen zugleich Materialität und Transzendenz, Anonymität und Personalstil, Natur und Stilisierung, Farbbejahung und Farbverweigerung. Eine entscheidende Gemeinsamkeit dieser Werke aber ist die malerische Suggestion bei gleichzeitigem Verzicht auf Aussagekraft oder Bedeutungsanspruch. Die Bilder besitzen Aufforderungscharakter und signalisieren Eindeutigkeit, aber verweigern sich letztlich, dieser stattzugeben.

Fraglos Malerei, nichts als Malerei

Die genannten Parameter beziehen sich ausschließlich auf Malerei, sie loten ihre Problematik ohne Ausnahme auf der Oberfläche aus. Dies geschieht in einer traditionellen Haltung im besten Sinne dieses Wortes und bestätigt sich,

figurative viewing habits, only to extinguish them in the cool indifference of what is portrayed. The simplicity in the foreground withdraws into the complexity of the layers. Thus, the illusion of depth of a snow-covered forest is counteracted by the consciously flat manner of painting, by the reduction to non-colors, and by the apparent constructedness of the motif. Here, too, the spatial depths do not suggest narrative content or another kind of development. The representational aspect offers only openness, conveys the contradictory feeling of an impenetrable emptiness. The view of the beholder gets lost in a depth, that, paradoxically, seems virtually anti-illusionist. All this occurs with a programmatic, almost conceptual motivation and can be regarded as a confessional contribution to traditional painting.

Suggestion and Abstinence

Klein, Ryman, Warhol, Richter, and Katz deal with the ambivalence of a sensory painterly conception, and their different, but in certain respects comparable, views of painting could be seen as premises for the entire collection, whose individual works seem to relate to this standpoint almost up to the present day. One can observe the crossing over of opposite principles in mutual manifestations. They signify at once materiality and transcendence, anonymity and personal style, nature and stylization, color affirmation and color rejection. However, a crucial similarity between these works is painterly suggestion with a simultaneous lack of meaning and significance. The works con-

wenn etwa Brice Marden sich selbst als konservativ bezeichnet, weil für seine Malerei ausschließlich die Zweidimensionalität zähle (Abb. S. 75). Für ihn, sagt er, sei die Fläche die einzige Bedingung für Malerei, ihre Grundvoraussetzung. Wenn man einem Bild wirklich auf den Grund gehen wolle, könne man nur bei der Malerei selbst bleiben. Im Unterschied zu den meisten seiner Zeitgenossen nimmt er daher am »Ausstieg aus dem Bild« nicht teil, weil es innerhalb des Bildes »noch vieles zu tun« gibt, wie es auch Robert Ryman einmal formulierte. Marden – wie dem Sammler – geht es demnach um die Malerei in ihrer fundamentalen Bedeutung. Ihnen geht es weder um eine Kritik, geschweige denn um die Infragestellung des Mediums, sondern vielmehr darum, die Komplexität der inneren, spezifisch malerischen Bildelemente zu erforschen und ihre im darstellerischen Auftrag nicht selten verdrängten ästhetischen Qualitäten aufzudecken.

Konkretion und Emotion

Zahlreiche Werke der Sammlung befassen sich mit einer Semantik innerhalb der konkreten Malerei, darunter vor allem die Bilder von David Reed, Bernard Frize und Helmut Federle. Ihre Arbeiten bieten eine auf den ersten Blick emotional unmittelbar ansprechende Malerei, die sich nicht selten auf einer zweiten Ebene durch die Ungreifbarkeit ihrer koloristischen Raffinesse entzieht. Die Malerei lockt mit einer anziehenden, glänzenden und geradezu erotischen Hülle, die sich dann als durchaus rational und kalkuliert eingesetzte Geste erweist. Eine intellektuell berechnende Malerei? Spiegelt das konkrete Bild seine emotionale Wirkung nur vor oder bietet es sich lediglich als eine perfekte Projektionsfläche für das Bedürfnis nach Sinnlichkeit an?

Insbesondere mit den Gemälden von Reed rückt genau diese Fragestellung ins Zentrum der Betrachtung. Seine

tain a character of appeal and signal clarity but ultimately refuse to grant it.

Unquestionably Painting, Nothing but Painting

The parameters described above refer exclusively to painting; without exception they are problems relating to the surface. This occurs in a traditional attitude in the best sense of the word and is confirmed when, say, Brice Marden calls himself conservative because he maintains that two-dimensionality is all that counts in his works (ill. p. 75). For him, he says, the surface is the only condition for painting, its main prerequisite. If one really wants to get to the bottom of a work, he explains, one has to stick with painting itself. Unlike most of his contemporaries, therefore, he does not participate in the “dropping out of the picture” because within the picture, in Robert Ryman’s words, “there is still a lot to do.” Marden – like the collector – is thus interested in painting in its fundamental meaning. He is not interested in criticizing, let alone questioning the medium, but in exploring the complexity of the inner, specifically painterly elements in order to uncover aesthetic qualities not seldom suppressed in depictions.

Concretion and Emotion

Many works in the collection deal with the semantics within the Concrete painting, above all the works of David Reed, Bernard Frize, and Helmut Federle. At first glance their paintings appeal directly to the emotions, and sel-

malerische Gestik versucht immer wieder aufs Neue, »den Augenblick der Wahrheit zu enthüllen« (Arthur C. Danto), bei dem sich das Verborgene, ein intimes Inneres zu entblößen scheint. Doch was könnte es enthüllen? Letztlich erhält sich die Spannung, gleich dem Moment filmischer Suspense, indem sie sich auf den Betrachter überträgt. Reeds pseudobarocke Faltenwürfe und lustvolle Schlaufen folgen dabei einer bildnerischen Rhetorik, deren Entschlüsselung vom Bildreservoir der Betrachter abhängig ist.

Helmut Federle und Bernard Frize arbeiten mit vergleichbaren malerischen Strategien. Ihre Muster und ornamentalen Oberflächen suggerieren den Eindruck strenger Regularität, von Wiederholung und damit zeitlichen Abläufen. Da die Maler keinen malerischen Konflikt benennen, konzentriert sich die Spannung wie ein in sich geschlossener Loop im Inneren des Bildes.

Das Spiel mit den Wechselwirkungen von Farbauftrag, Motiv und Bedeutung verfolgt auch Jerry Zeniuk (Abb. S. 94), der sich als einer der wenigen Maler fast altmodisch der romantischen Ausstrahlung des Bildes verpflichtet zu haben scheint. Doch ist Vorsicht geboten: Auch Zeniuks Gemälde geben nur ungern preis, worin ihr Geheimnis liegt. Die Nähe, welche die sinnlichen Topographien seiner Bilder, ihre haptischen Oberflächenqualitäten und kulinarischen Farbstimmungen, zunächst versprechen, wird bei längerer Betrachtung immer weniger greifbar.

dom refrain from doing so at second glance on account of their clever coloring. Their paintings entice with an appealing, brilliant, and virtually erotic hull, which turns out to be a totally rational and calculated gesture. An intellectually calculated type of painting? Does the Concrete painting only feign emotional effect or does it merely provide a perfect projection screen for the need for sensuality?

Especially with Reed's paintings (ill. p. 76) precisely this question becomes the focus of attention. His painterly gestures continually try anew to "uncover the moment of truth" (Arthur C. Danto) by appearing to reveal what is hidden, an intimate inner realm. But what might it reveal? In the end the tension is sustained, similar to the notion of filmic suspense, by being transferred to the viewer. Reed's pseudo-Baroque folded curves and lustful loops adhere to a pictorial rhetoric whose decoding depends on the viewer's pictorial reservoir. Helmut Federle and Bernard Frize work with similar strategies. Their patterns and ornamental surfaces suggest rigid regularity, repetition, and thus temporal sequences. Since the painters do not cite painterly conflict, the tension is concentrated like a self-contained loop in the interior of the painting.

Like Reed, Jerry Zeniuk also works with the interplay of application of paint, motif, and meaning (ill. p. 94). Zeniuk is one of the few contemporary painters who seem committed in an almost old-fashioned way to the romantic aura of the painting. But caution is advised: Zeniuk's works, too, do not want to reveal

Farbe als Farbe

Einen weniger perfiden, aber ebenso autonomen bis hermetischen Standpunkt in der Malerei nehmen Künstler wie Joseph Marioni, Günter Umberg oder Ingo Meller ein, die sich auf die Kernfrage von Malerei als Malerei und Essenz beziehen. Für alle drei gilt das Primat der Farbe an sich. Während sich bei Marioni Spannung durch ein gewisses Pathos bei einer als fast stoisch erlebbaren, malerischen Indifferenz aufbaut, legt Umberg das Schwergewicht seiner Bilder auf den Verzicht: In seinen radikalen Monochromien ist keine der malerischen Größen, weder Peinture noch Konzept, weder Form noch Symbol, zugelassen. Der Maler bildet so das Zentrum der essenziellen Malerei, bei der in letzter Konsequenz die »Frage des Bildes« gegen die »Frage des Betrachters« (Joseph Marioni über Günter Umberg) ausgetauscht wird. Die Einlösung seiner Erwartungen ist auch hier mit dem fruchtbaren Aufruhr der Zurückweisung verbunden.

In den Arbeiten von Ingo Meller (Abb. S. 120) vollzieht sich gleichermaßen die Wandlung vom Virtuellen zum Aktuellen. Auch Meller erschafft Malerei-Bilder, die dabei von ungewöhnlicher Delikatesse sind. Sein Vortrag ist daher kulinarischer als der der zuletzt Genannten. Wie beiläufig berührt er das Problem des Kunstschönen oder integriert – wie Yves Klein – das Prozessuale der Herstellung in den fraglosen Status des Vollendet-Seins. Gleichwohl stellt sich wie bei Ryman auch bei Meller die Frage nach der Einlösbarkeit des Versprechens, nichts anderes zu sein als ein weiteres Stück Realität. Liegt nicht schon in der Formulierung eines ästhetischen Gegenübers die Suggestion von Bedeutung? Der Betrachter selbst muss an den Punkt kommen, seine eigenen Sehfähigkeiten als Instrumente einzusetzen, um das Verhältnis von Farbe und Fläche zu bewerten.

where their secrets lie. The closeness initially promised by the sensory topographies of his paintings, their tactile surface qualities, and their culinary color moods become less and less tangible when viewed for a longer period.

Color as Color

Artists such as Joseph Marioni, Günter Umberg, and Ingo Meller take a less perfidious, but just as autonomous and hermetical, standpoint. These artists deal with the core question of painting as painting and essence. All three focus on the primacy of color per se. While with Marioni there is tension between a certain pathos and an almost stoic indifference, the focal point of Umberg's paintings is abstinence: In his radical monochrome works no painterly dimensions – neither peinture nor concept, neither form nor symbol, are admitted. In this way the painter creates the crux of essential painting, whereby ultimately the "question of the picture" is exchanged for the "question of the viewer" (Joseph Marioni on Günter Umberg). Here, too, the fulfillment of his expectations is connected with the fruitful rebellion of denial.

In Ingo Meller's (ill. p. 120) works there is a similar transformation from the virtual to the actual. Meller also creates painting-pictures, which, however, are unusually delicate. Thus his work is more sensuous than that cited previously. As though in passing he touches on the problem of beauty in art or integrates – like Yves Klein – the process of production into the unquestionable status of completion. At the same time, as with Ryman, the question arises

Präzision und Subversion

Das kleine Tondo »Four Squares in and out of a Circle« von Robert Mangold (Abb. S. 135) steht für Positionen in der Sammlung, bei denen das Bestreben im Vordergrund steht, mit klaren Formen zu operieren und gleichzeitig die undefinierbaren Bereiche einzuschreiben. Es ist dies ein anderes ideales Anliegen, das paradoxerweise Verzerrung und Schweigen als regelhafte Größen einbezieht. Ob gezeichnete Linie, Bildform oder angedeutete Fläche: Die einzelnen Elemente stellen komplexe Bezüge untereinander her und stellen Fragen nach der Endgültigkeit des Bildraums, der sich als Ausschnitt, aber auch als Spiegelung definieren könnte. Deutlich wird auf den Umraum verwiesen, den der Betrachter mit konstruiert und erst dadurch vervollständigt. Die Rahmenformen von Alan Uglow feiern ebenfalls die Leere, machen die unbeantworteten und unbeantwortbaren Bereiche zum Thema der Auseinandersetzung. In den »Als-ob«-Arbeiten von Sherrie Levine schließlich, in denen sich die Künstlerin explizit auf die farbigen »Monochromes« von Yves Klein bezieht, blitzt das Moment der Ironie auf, eine Strategie der Entziehung allerdings, die in der Sammlung ungewöhnlich bleibt und eher eine Randstellung einnimmt.

Erzählung und Textur

John Wesleys »Pink Woman in a Half Slip« (Abb. S. 154) skizziert den Körper, belässt ihn aber – wie Klein seine »Anthropometrie« – als Linienzeichnung auf der Fläche im Zustand der Andeutung. Auch sein Flug durch die taghelle Nacht findet lediglich hinter den dunklen Brillen der Motorradfahrerinnen statt, sodass diese Geschichte eine gleichermaßen unerzählte bleibt. Das eigentliche Sujet ist ein rein malerisches und nur scheinbar illustrativ. Wie Carl Ostendarps ausgestreckter Zeigefinger deutet, aber letzt-

as to the fulfillment of the promise of being nothing other than a different reality. Does the formulation of an aesthetic opposite number itself not suggest a meaning? The viewers themselves have to reach the point of using their own seeing abilities as instruments in order to judge the relationship between color and surface.

Precision and Subversion

The small tondo *Four Squares in and out of a Circle* by Robert Mangold (ill. p. 135) stands for positions within the collection representing the effort, on the one hand, to work with clear forms, and, on the other, to relegate them to indefinable realms. This is another ideal approach that paradoxically includes distortion and silence and incorporates virtually rule-like dimensions. No matter whether it is a drawn line, the form of the picture, or the surface hinted at, the individual elements are related in complex ways and pose questions regarding the finality of the pictorial space, which, however, could also be defined as a reflection. Clear reference is made to the surrounding area that the viewer co-constructs, thus completing the work. Alan Uglow's frame forms also celebrate emptiness, focus on unanswered and unanswerable questions. Finally, in the "as if" paintings of Sherrie Levine, in which the artist explicitly alludes to the colored monochromes of Yves Klein, an aspect of irony flares up, a strategy of withdrawal, however, that is unusual in the collection and only a peripheral phenomenon.

lich nicht bedeutet, gibt auch Lisa Milroy keinen Grund für ihre »Crowd« an. Das Moment der erzählerischen Suggestion ist all diesen Bildern zu Eigen. Sie mögen auf den ersten Blick das Narrative hervorheben, aber es bleiben Scheinerzählungen. Die Dualität von Erwartung und Einlösung von Bedeutung bleibt insofern bestehen, als auch hier die Spannung wie bei einer Endlosschleife gehalten und somit einer möglichen Enttäuschung Einhalt geboten wird.

Auf andere Weise entwickeln die Text- und Texturbilder von Alighiero e Boetti, On Kawara oder Rémy Zaugg vielschichtige Überschneidungen visueller Felder. Während Zauggs Buchstabenbilder zwischen Bildhaftigkeit und Bildlosigkeit schwanken, addiert und verdreht Udo Koch den Milka-Schriftzug zum Vexierbild, bis der Text hinter der Textur verschwunden ist. Simon Linkes malerische Feier eines Zeitschriftencovers verlockt durch eine Oberfläche und das Geheimnis des nur zitierten Koons-Bildes, das über die mediale Unerreichbarkeit eine mehrdeutige Aura gewinnt.

Oberfläche und Raum

Die Sammlung enthält auch dreidimensionale Objekte, die man üblicherweise als Skulpturen bezeichnen würde. Gleichwohl legen es diese Arbeiten nahe, ebenfalls in einem malerischen Zusammenhang gedeutet zu werden. In Roni Horns Farbobjekt »I'm Expecting You« (Abb. S. 177) kulminiert die bereits bei den Gemälden festgestellte Bildwirkung zwischen Versprechen und Verweigerung geradezu paradigmatisch. Der Satz definiert und verspricht als positive Aussage Aufmerksamkeit, Vorfreude und Aufnahmebereitschaft. Gleichwohl wird deutlich, dass die Existenz dieses Satzes in genau dieser Ankündigung besteht. Seine Gültigkeit wird außer Kraft gesetzt, sobald der Ankündigung eine Konsequenz folgt. Glaubwürdigkeit und Strahlkraft der Aussage bestehen demnach in der

Narration and Texture

In *Pink Woman in a Half Slip* John Wesley (ill. p. 154) sketches the body but – like Klein's *Anthropométrie* – leaves it as a line drawing on the surface in a suggestive state. Similarly, his flight through the day-bright night only takes place behind the dark glasses of the woman bikers, and as a result this story is not told either. The actual subject concerns painting exclusively and only seems to deal with illustration. Like Carl Ostendarp's extended index finger, which points but ultimately doesn't mean anything, Lisa Milroy supplies no reason for her *Crowd*. The aspect of narrative suggestion is apparent in all these works. At first glance they hint at narratives, but these narratives are only mingly so. The duality of expectation and meaning remains to the extent that here, too, the tension is held as in a loop and thus prevents the viewer from possibly being disappointed. In another way, the text and texture works of Alighiero e Boetti, On Kawara, and Rémy Zaugg develop multilayered overlapping of visual fields. While Zaugg's letter works fluctuate between being pictures and non-pictures, Udo Koch adds and twists the Milka logo into a picture puzzle until the text behind the texture disappears. Simon Linke's painterly celebration of a magazine cover is enticing on account of the surface and the secret of an allusion to a Koons painting, which takes on an ambiguous aura owing to its medial unattainablity.

Nicht-Einlösung eines Versprechens. Umgekehrt formuliert: Die Bedeutung bleibt erhalten, weil sich das Versprechen nicht erfüllt.

Karin Sander stapelt Zeichnungen, die ursprünglich »Drei Räume« einer Wiener Galerie abformten. Nun formieren sie drei Buchblöcke, die sich aus hunderten von Blättern zusammensetzen. Blatt für Blatt können die Betrachter neue Bild-Räume durchschreiten, hundertfach, tausendfach. Jedes einzelne Blatt wird aufgedeckt und beim Weiterblättern wieder zugedeckt, bis die Ähnlichkeit die vielen Eindrücke der gestapelten Oberflächen überlagert und nivelliert. Die potenzielle räumliche Rekonstruktion wird durch die Vielzahl der Einzelblätter und ihre zeichnerischen und materiellen Details verhindert. Am Ende steht die Erfahrung einer Fülle von Einzeleindrücken, von denen man nur einen Bruchteil erfasst hat.

Der »Trashstone« von Wilhelm Mundt (Abb. S. 197) schließlich überlässt den Betrachern das Rätseln über ein mögliches Inneres des Werks. Der Künstler verbirgt sämtliche Implikationen, indem er sie kurzerhand nach innen stülpt und auf diese Weise unantastbar macht. Deutung wie Bedeutung überlässt er der Phantasie, die Oberfläche des Körpers gibt er als klare Bildgrenze vor. Die als Defizit empfundene Aussageverweigerung des Werks kann sich in eine Erfahrung des Verzichts verwandeln.

Der Sprung in den Pool

Nahezu jede Arbeit in dieser Sammlung bezwingt auf den ersten Blick als ästhetische Attraktion, stellt eine Aufforderung dar. Sie besticht und fesselt durch eine kühle, glatte Oberfläche, lockt bisweilen durch einen Touch von Glamour. Doch bei näherer Betrachtung kann und will keine der versammelten Arbeiten ihre Betrachter befriedigen oder zu eindeutiger Erkenntnis verhelfen. Selbst wenn vordergründig poröse Stellen zu entdecken sind,

Surface and Space

The collection also includes three-dimensional objects normally referred to as sculptures. At the same time, these works can be interpreted in a painterly context. In Roni Horn's colored object *I'm Expecting You* (ill. p. 177) the effects between promise and denial found in the paintings culminate in a paradigmatic way. The title defines and promises as a positive statement attention, anticipation, and receptivity. At the same time it becomes clear that this sentence thrives on precisely this announcement. Its validity is annulled as the announcement takes on consequences. Thus, the credibility and radiation of the statement arise from the fact the promise is not kept. Conversely, the meaning remains because the promise is not fulfilled.

Karin Sander piles up drawings that originally formed *Three Rooms* of a Vienna gallery. Now they form three book blocks comprising hundreds of sheets. The viewer can pass through new pictorial spaces sheet for sheet, hundredfold, thousandfold. Each sheet is uncovered and when leafed through further concealed again, until the similarity of the many impressions of the piled surface is overlain and leveled out. The potential spatial reconstruction is prevented by the large number of different sheets and their graphic and material details. At the end, one has the experience of standing in front of a wealth of individual impressions and only having grasped a fraction of them.

Finally, *Trashstone* by Wilhelm Mundt (ill. p. 197) leaves it up to the viewer to puzzle

ergründen lassen wollen die Werke sich nicht. Sie wirken als Spiegelungen.

Der Blick in diese Bilder ist vergleichbar mit dem Sprung in einen Swimmingpool. Das unter der Wasseroberfläche liegende, große Mosaik-Bild von Steffi Hartel könnte möglicherweise besser sichtbar sein, wenn man als Taucher dichter herankommt (Abb. S. 211). Doch das Gegenteil ist der Fall: Das Bild verschwindet in den Wasserbewegungen, um sich später in einem großen Ausschnitt zu verlieren, weil die notwendige Distanz verschwunden ist und der Betrachter sich nun in zu großer Nähe befindet. Daran vermag auch eine Taucherbrille nichts zu ändern.

Hingegen könnten sich beim nächsten Fest mit alten und neuen Freunden wieder andere Perspektiven ergeben. Dann ist auch der Sprung in denselben Pool ein anderer.

over a possible interior of the work. The artist conceals all the implications by promptly turning them to the inside and in this way making them inviolable. He leaves meaning and interpretation to the imagination; he makes the surface of the body a clear boundary line. The lack of a statement, which might be seen as a deficit, can be transformed into the experience of renunciation.

A Jump in the Pool

Almost every work in this collection is an aesthetic attraction at first glance, inviting further viewing. Almost all the works are enticing and gripping owing to their cool, smooth surfaces, and, in some instances, to a touch of glamour. But on closer viewing none of the paintings helps the viewer come to a clear understanding. Even if porous spots are discovered on the surface, the works cannot be fathomed. They act as mirrors.

Viewing these paintings is like jumping into a swimming pool. The large mosaic work by Steffi Hartel, lying under the surface of water (ill. p. 211), might conceivably be more clearly visible if one dove down to have a look at it. But the opposite is true. The work disappears in the water movements and later gets lost in a large detail, because the necessary distance has disappeared and the viewer is now too close. Not even diving goggles can help here. But a new perspective might well emerge from the next encounter with old and new friends. Then, it will be a different jump into the same pool.

Hellmut Seemann

Zwischenbericht über eine Sammlung, verfasst von einem sympathisierenden Begleiter

Interim Report on a Collection, Written by a Sympathizing Companion

Söhne sind interessanter als Väter. Oder vielleicht: Väter werden interessanter durch Söhne. Durch diese fällt ein spezielles Licht auf deren Profession oder auch Obsession. Von Gott wollen wir hier, obwohl es möglich wäre, nicht sprechen. Aber zum Beispiel Pfarrer. Pfarrer sind als solche im Grunde uninteressant. Söhne von Pfarrern sind hingegen oft so anregend, dass man sich deshalb sogar für die Väter interessiert; was wären die deutsche Philosophie und Literatur ohne ihre Pfarrerssöhne? Oder Psychoanalytiker. Das ist zweifellos so ziemlich die schlimmste Form von professionellem Stumpfsinn, die sich ausdenken lässt, für sich betrachtet. Aber so ein richtiger Ödipuskonflikt zu Hause bei Freuds ist phantastisch; Laios, der Langweiler, wird durch den fatalen Sohn beinahe faszinierend. Von diesem Muster rettet sich ein Abglanz oft noch in die Tristesse einer zeitgenössischen psychoanalytischen Ersatzkassen-Praxis. Sammlersöhne. Auch Sammler sind ja ziemlich hölzerne Leute. Diese traurige Beharrlichkeit, mit der sie an die Dinge, die sie lieben, herangehen, die Entstellung, die aus dem Konzept erwächst, Zugreifen sei interessanter als Loslassen, kurzum, das Jungfräuliche an ihnen macht sie, für sich genommen, unattraktiv.

Eigentlich dürften Sammler gar keine Söhne haben, das ist ein Widerspruch in sich: Wie vererbt man einen van Gogh an drei Söhne oder einen Rothko an sechs? Als Sammler Söhne zu haben heißt, sich die Zerrüttung, ja Auflösung des Schatzes, den man sich zum Lebenssinn gemacht hat, ins Haus zu holen. Schon das erste Lächeln des Sammlersöhnchens ist der Vorschein desjenigen, das der Auktionator aufsetzt, wenn der obere Schätzwert überschritten wird. Interessant wird es erst, wenn Söhne von Sammlern sammeln.

Wenn die, die wissen, dass es sinnlos ist, etwas festhalten zu wollen, mit diesem Wissen festhalten. Eine Unbefangenheit kommt dann ins Spiel, eine Trotz-alledem-meine-ich-Leichtigkeit, die sich der Sammlung selbst mitteilt.

Sons are more interesting than their fathers. Or, perhaps: fathers become more interesting through their sons. Sons cause an interesting light to be shed on the professions or obsessions of their fathers. We don't wish to speak of God here, although it would be entirely possible. But take priests, for example. Priests, as such, are basically uninteresting. In contrast, sons of priests are often so stimulating that one even becomes interested in their fathers. What would German philosophy and literature be without sons of priests? Or psychoanalysts. This, in and of itself, is without a doubt one of the worst forms of professional tedium imaginable. But a genuine Oedipal conflict in the Freud household is fantastic. Laïos the Boring becomes almost fascinating through his ill-fated son. We can often find a fading reflection of this constellation in the tristesse of contemporary prescribed psychoanalysis. Collectors sons. Collectors are also fairly rigid people. The sad persistence with which they approach the things they love, the distortion that is born of the concept that holding on is more interesting than releasing – in short, this virginal attitude of theirs – makes them unattractive. In fact, collectors should not have sons. This is a contradiction in point. How do you leave a Van Gogh to three sons, or a Rothko to six ? As a collector, having sons means bringing the division – the dissolve even – of the treasure that has been the meaning of one's life, upon one's self. The first smile of the collector's infant son is a foreshadowing of that which will appear on the auctioneer's face when the

Immer häufiger hört und liest man von den sagenhaften Reichtümern, die derzeit von einer auf die andere Generation übergehen. Das Timbre der Kulturpolitiker, die auf diese Thematik unter dem Aspekt der Not leidenden öffentlichen Kulturförderung zu sprechen kommen, schwillt dann regelmäßig an, gewinnt geradezu sängerische Qualitäten, um dem Publikum, vor allem aber den designierten Erben eine schöne blühende Landschaft vorzugaukeln, die wir alle, durch das Portal individueller Uneigennützigkeit tretend, vor uns ausgebreitet liegen sehen. Dies Portal ist das große ›Wenn‹. Wenn nämlich die zukünftigen Millionäre nur einen Bruchteil dessen, was sterntalergleich im Begriff ist, auf sie herabzuregnen, doch bitte der Kultur, all dem, was gut, schön und teuer ist, und was von unseren Kommunal- und Ländervertretern so ingeniös für die Öffentlichkeit aufbereitet wird, ja doch, hergeben, herausrücken, ihr versteht schon: abdrücken würden.

Das sind Sirenengesänge. Die Sirenen sind, zur Erinnerung, jene Unglücksgöttinnen, die die in ihrem Lebensschifflein Vorüberziehenden mit süßem Gesang in den Tod

Kat. 129
Simon Linke, ohne Titel, 1994
89 x 126 cm

highest estimate has been surpassed. Things only become interesting when sons of collectors collect. When those who know that it is futile to attempt to hold on to anything continue to hold on in light of this knowledge. A certain uninhibitedness comes into the picture, an "in spite of it all" lightness, that is projected onto the collection itself.

One hears more and more frequently of the incredible riches that are being passed on from one generation to the next. The tone of culture politicians who address this subject from the viewpoint of the impoverished public funding coffers swells greatly and takes on almost songlike qualities in an attempt to paint a picture for the public (but mostly for the heir apparent) of a wonderful blossoming landscape into which we can enter through a portal of individual unselfishness. This portal is the big "if". If it weren't for the word "if". If the future millionaires would only take a fraction of that which is raining down on them like manna from heaven, if they would take all that which is good, beautiful, and expensive, and which is cleverly being prepared for the public by our elected officials, and, well, just give it to culture. You know: hand it over.

These are Siren songs. The Sirens, you remember, are those evil goddesses – or demons – who lure those passing in ships with their sweet song, only to slaughter them mercilessly when they land. I issue urgent warnings and strongly recommend earplugs, available in many forms on the social market. One very effective – albeit quite boring – form is good old morally indolent greed. Another, even

locken. Ich warne dringend und rate zu Oropax, das in unterschiedlichen Darreichungsformen im Handel ist. Sehr wirksam, wenn auch etwas langweilig, ist die gute, alte moral-indolente Habgier, die den Hals nicht voll bekommen kann; dann, schon besser, die asoziale Schrulligkeit, die lebt, wie's kommt, in der naiven Vermutung, das machten alle anderen auch so, und dabei ihre Möglichkeiten einfach vergisst; schließlich gibt es den Hörschutz der Autonomie. Hier entzieht sich der Umworbene allen Verlockungen dadurch, dass er selbst und nach seinen eigenen Gesetzen beginnt, kulturfördernd tätig zu werden.

Das geschieht zum Beispiel und zugleich beispielhaft durch den Aufbau einer Kunstsammlung. Ein höchst persönliches Unternehmen mit einer kaum zu überschätzenden gesellschaftlichen Wirkung.

Wie schon gesagt, als Erbe und Sammlererbe zu sammeln, stellt eine besondere Herausforderung dar. Dieser Sammler weiß um das Nichts und um die Furie des Verschwindens. Er kennt die Brüchigkeit seiner Voraussetzungen. Aber wenn er sich den Sirenengesängen der öffentlichen Proskriptoren entzieht, wenn er Sammler wird, entsteht eine Sammlung zweiter Ordnung. Luftiger als die Vatersammlung, heiterer trotz tieferer Kenntnis von der Unmöglichkeit des eigentlich Gewollten, abstrakter im wörtlichen wie im übertragenen Sinn.

Was für den sympathisierenden Begleiter dieses Vorgangs am erstaunlichsten war und ist: die Sicherheit schon des Beginns, die gewisse, niemals zögernde Kenntnis des eigenen Interesses. Das reflektierte Selbstbewusstsein eines Sammlers, dessen Motive man zu kennen glaubte und der doch immer wieder – und allemal auf den ersten Blick hin – überraschte.

Wie groß etwa war die Überraschung, als er in der zweiten Hälfte der 80er Jahre, noch in einer etwas unwohnlichen Renovierungsruine in Frankfurt-Bockenheim hausend, die

better, form is that of the asocial crankiness which thrives, as it were, on the naive assumption that everyone else behaves the same way and one simply forgets one's possibilities. And, finally, there are the earplugs of autonomy, whereby the subject in question withdraws from temptation by becoming culturally active himself, and according to his own rules. This is done, for example, by building up a collection. A highly personal project with a hardly deniable social function.

As I've said, collecting as an heir – and especially as a collector's heir – presents a special challenge. This collector knows about the Nothingness and about the fury of that which disappears. He is aware that the ground he stands on is shaky. But if he avoids the Siren song of the public procurers and himself becomes a collector, a collection of the second order is born. Lighter than the father's collection, more cheerful in spite of deeper insights into the impossibility of that which is being attempted, more abstract in the literal and metaphorical sense. Most amazing about this process to the sympathizing companion was and is the sure and never wavering knowledge, from the beginning, of individual interest. The reflected self-confidence of a collector whose motives one thought one knew, but who has repeatedly – and always at first sight – surprised. How great was the surprise in the late 1980s when he presented the first piece by Simon Linke while living in a home rendered practically uninhabitable by a dreadful renovation in Bockenheim. It was a large piece, about 150 by 150 cm. "What is this?" was the

erste Arbeit von Simon Linke, eine große Arbeit von 150 auf 150 cm, präsentierte. »Was soll denn jetzt das?«, war die erste Reaktion des Besuchers; könnte man nicht etwas mehr jugendliche Leidenschaft erwarten? Nein, konnte man nicht, denn der da noch zu Lebzeiten des Großsammlers zu sammeln begann, wusste schon genau über sich Bescheid. So wie Linke die Uneigentlichkeit des Künstlers nach dem Ende der Kunst betont, geht es dem Sammler zweiter Ordnung nicht mehr um die Authentizität der sammelnden Naiven, um Selbstausdruck, Ruhm, Glanz und am Ende gar Identität. Das sei ferne. Es geht um einige wenige interessante Konstellationen, einige Gegenüberstellungen und den Versuch, ein paar Ansätze eine Zeit lang zu begleiten, auch: möglich zu machen. Das soll reichen, dem leiht die Villa ihren Flügel, bergend zugleich und aufstrebend. Unten auf der Erde bewacht ein monochromes Tier den lichten Schatz.

22. Juli 2001

visitor's first reaction. "Couldn't one expect more youthful passion?" No, one could not. For he who began collecting while the great collector was still living had already found himself. Just as Linke emphasizes the artist's inauthenticity after the end of art, the collector of the second order is no longer interested in the authenticities of the collecting naïve, or self-expression, fame, glamour, or in the end even identity. Far from it. It is about a few interesting constellations, some comparisons, and the attempt to accompany new beginnings for a while, and even to make them possible. This should be enough. To this the villa lends its wings, protective yet aspiring. Down on earth, a monochrome animal protects the frail treasure.

July 22, 2001

Nicola von Velsen

Fast nichts.
Die »Sammlung«
der Sammlung im Buch

Almost Nothing.
"Collecting" a Collection
in a Book

»Fast nichts«, so lautete der Arbeitstitel dieses Textes, der jene Blickrichtungen und Haltungen des Sammlers zu beschreiben und zusammenzufassen beabsichtigt, die die Grundlage für eine Übersetzung der Sammlung, für deren Übertragung in ein »Bilder-Buch« liefern sollte. Zugleich wollte der Text mit dieser Wendung die Erfahrung der Bildredaktion dieses Buches beschreiben. Der bildredaktionelle Umgang mit der Sammlung Mondstudio war insofern ungewöhnlich, als es auf gewisse Weise »fast nichts« bedurfte, um die Werke in einen Ablauf zu fügen, der im blätternden Nachvollzug etwas von jener Faszination und Bezüglichkeit offenbart, die die Sammlung auf den unterschiedlichsten Ebenen besitzt. Diese dichten Bezüge machen sie eigentlich aus, und diese Bezüge sollen sich im Buchablauf entfalten können und aufeinander verweisen.

Mit »Fast nichts« ließe sich auch die ganz feine Verschiebung einer bestimmten Aufmerksamkeit, die präzise Differenzierung im Blick auf die Bilder beschreiben, vor allem aber die Feinheit der Intervention wie der Wahrnehmung, mittels der es zu ebenso genauen wie klaren, zu ebenso strengen wie humorigen und selbstdistanzierenden Aussagen auf beiden Seiten kommen kann. Auf der Seite der Produzenten wie auf der der Rezipienten, der Betrachtenden, der Nachvollziehenden – mithin auf der Seite der Künstler wie auf der des Sammlers.

Es könnte aber ebenso eine andere Formulierung für die »Differenz« bedeuten, den vielleicht minimalen Unterschied benennen, der das beschreibt, was ein Antriebsmoment, eine ästhetische Motivation der Sammlung Mondstudio bedeutet. Diese Sammlung nämlich fokussiert (selbstverständlich neben vielem anderen) ganz geringe Unterschiede zu dem, was bekannt, vertraut und gewusst ist. Es sind die Ränder, die Oberflächen, die vorausgesetzten Bilder, die geringfügig dahin verschoben werden, wo der Blick stutzt, die Wahrnehmung aufmerkt, wo (vielleicht) »ein blasser Schimmer«

The working title of this text was "Almost nothing. " This title was an attempt to describe and summarize the perspectives and attitudes of the collector that were supposed to form the basis for a translation of the collection, for its transference into an "illustrated book." At the same time this title describes the experience of the editors of this book. The editorial encounter with the Mondstudio Collection was unusual, inasmuch as in a certain sense "almost nothing" was needed to put the works in a sequence that would reveal something of the fascination and referentiality the collection subsumes on all kinds of levels. The dense references are the real crux of the book, and as one moves through it these allusions unfold and intertwine.

The phrase "almost nothing" also describes the very fine displacement of attention, minute differentiations between the works, but above all it suggests subtleties of intervention and perception that yield just as subtle, clear, precise, self-distancing statements on both sides: on the side of the producers; and on the side of the recipient, the viewer, the fathomer – therefore on the side of the artist as well as that of the collector.

But the term could also be a formulation of the minor discrepancies, the minimal differences that aesthetically motivate the Mondstudio Collection. The collection highlights slight deviations from what is known and familiar. Edges, surfaces, images provide a pale gleam of some deeper meaning that can be gleaned by perception, by sensory

dessen sich abzeichnet, was sich als *das* verstehen ließe, worum es geht: in der Wahrnehmung, in der sinnlichen Erfahrung. In der Kunst. In der Ästhetik. In der Kultur. Und ganz sicher im Leben.

»Fast nichts« – so könnte schließlich auch noch der Titel eines der vielen weiteren (möglichen) Bildkapitel in diesem Band lauten, das folgende Arbeiten umfassen würde: Von Robert Ryman drei kleine weiße Bilder, von Andreas Slominski den »Block«, Karin Sanders »Wandstück«, Udo Kochs Hand, eine Arbeit von Stephen Rosenthal, eine von Stephan Baumkötter und eine von Andreas Karl Schulze und dann vielleicht noch Tamara Grčićs Schwarzweißfoto des Betts und Alan Uglows »Coach Bench«.

Während die Sammlung sich seit rund 20 Jahren formuliert, ihre Konturen gewinnt und ihren Zusammenhang zuspitzt, setzte deren »Mediatisierung« in Richtung Katalogbuch vor etwa vier Jahren ein. Zunächst wurden die Werke katalogisiert, ebenso ihre Wege aus der Welt in die Sammlung und aus dieser in die Welt verfolgt und notiert, dann alle Informationen in einer Datenbank erfaßt. Dies alles geschah in engster Zusammenarbeit mit dem Sammler, womit diese Arbeit auch immer einen Nachvollzug seiner Entscheidungen, seines Blicks, seiner Bewegungen, ein Lesen seiner Blickrichtungen, -wechsel oder -öffnungen bedeutet. Tatsächlich hatten wir im Team (Roland Nachtigäller, Angelika Thill und ich) oft den Eindruck, wir sortieren und bearbeiten ein Material, das in der Vorstellung des Sammelnden schon längst strukturiert und bearbeitet ist, und es ist mehr als eine Anekdote, dass bisweilen die Datenbankeinträge abgeglichen werden mussten mit dem Gedächtnis des Sammlers.

Immer stand dabei im Raum, dass diese Inventarisierung schließlich zum Buch führen werde und sie mit diesem auch einen gewissen Abschluss finde. Das Erscheinen dieses

experience. In art, in aesthetics, in culture, and most certainly in life.

"Almost nothing" could also be the title of many possible chapters in this volume that would encompass the following works: Robert Ryman's three small paintings, Andreas Slominski's "Block", Karin Sander's "Wandstück", Udo Koch's "Hand", a work by Stephen Rosenthal, one by Stephan Baumkötter, and one by Andreas Karl Schulze, and perhaps also Tamara Grčić's black-and-white photo of the bed and Alan Uglow's "Coach Bench".

While for some 20 years now the collection has been formulated, has gained contours, has become contextually enlarged, the "medialization" of the collection in the form of a catalogue started four years ago. Initially the works were categorized, the ways in which they made their way from the world to the collection and from the collection to the world observed and noted, and then all the information recorded in a database. This was all done in close cooperation with the collector. As a result, this book sheds light on his decisions, his views, his actions; interprets his perspectives, changes, and openings. Indeed, our team (Roland Nachtigäller, Angelika Thill, and I) often had the impression that we were sorting and processing material that had long been structured and processed in the mind of the collector. And it is more than just an anecdote that at times the database entries had to be compared to the collector's memory.

Buches bedurfte einer Weile, die Arbeit daran wurde umfangreicher und dichter, als man dies vielleicht erwarten konnte. Hierfür gibt es viele Gründe; einer davon ist dieser ganz eigene Prozess von Verdichtung, ein Vorgang, der sich als »Sammlung« der Sammlung beschreiben ließe.

Jede Festschreibung einer Sammlung im Buch bedeutet auch ein Festschreiben ihres Zusammenhangs. Gerade das widerspricht aber der Denkfigur und dem Prinzip der Sammlung Mondstudio. Es gehört nicht unwesentlich zum Selbstverständis dieses Sammlers, dass selbst nach dem nun denkbar erscheinenden »Abschluss« der Sammlung diese selbst als Zusammenhang gerade arbeitet und sich bewegt. Dies heisst aber vor allem, dass sich ihre Artefakte, ihre künstlerischen Bestandteile immer wieder unter den überraschendsten Gesichtspunkten in Zusammenhänge stellen lassen und neue hervorbringen. Die bisher realisierten Installationen in den Räumen des Hauses können diese

Kat. 274
Andreas Slominski, ohne Titel, 1990
76 x 54 cm

The entire time we knew that this stocktaking, this inventorying, would ultimately lead to a book and would thus come to a certain conclusion. It has taken a long time for this book to appear; the work on it was more extensive and time-consuming than one might have expected. There are many reasons for this. One of them was the ongoing process of condensation, a process that can be described as a collection of the collection.

Whenever one tries to portray a collection in a book one has to depict its context. But this notion contradicts the thoughts and principles behind the Mondstudio Collection. In this collector's view, even if his collection is ever "completed," it will continue to be reinterpreted, to be put in new contexts. Its artifacts, its artistic components, can continually be recontextualized based on all kind of surprising standpoints, thus yielding new contexts. The installations in the rooms of the house illustrate this dynamic. The different works in these rooms continually elicit surprising interpretations.

As a result, many elements of this volume were continually reshuffled and reconsidered right up to the printing phase. But not the "picture paths," the selections of works presented in the seven chapters. The pictorial context fit in wonderfully from the very outset. Naturally, the different paths can be linked in different ways. Naturally, these paths do not adhere to art-historical criteria or theories, are not supported by discourse or methods. Nor are they confessional or ideological. Their real purpose is to guide and sensitize percep-

Dynamik veranschaulichen. Auch die ausgewählten Hängungen von Einzelarbeiten dort bereiten immer wieder solche Überraschungen.

In diesem Sinne wurden auch viele Elemente des vorliegenden Bandes bis zur Drucklegung immer wieder untereinander bewegt und abgewogen. Nicht aber die »Bildstrecken«, die Auswahl der in sieben »Kapiteln« vorgestellten Werke. Hier fügte sich auf wunderbare Weise von Anfang an der Bild-Zusammenhang. Selbstverständlich lassen sich alle Abläufe auch anders verbinden. Auch folgen diese Bildstrecken keinen kunsthistorischen Kriterien oder Theorien, sie sind nicht diskursiv oder methodisch abgesichert. Ebenso wenig sind sie bekenntnishaft oder ideologisch. Nein, sie handeln vielmehr von Blickführungen und spezifischer Aufmerksamkeit. Sie nähern sich visuell den elementaren Fragen künstlerischer Arbeit mit dieser Sammlung und eben an dieser Stelle ihrem Produzenten, dem sammelnden Subjekt und der ihm eigenen Haltung und (nicht nur) visuellen Genauigkeit. Es geht um sehr viel. Es geht darum, eine Haltung zu zeigen innerhalb eines Feldes zeitgenössischer Kunst. Es geht darum, innerhalb eines bestimmten Bereichs bildnerischer Arbeit Werke zusammenzubringen und diese miteinander in Beziehung zu setzen dergestalt, dass sich Weiteres ereignet, dass sich neue Zusammenhänge eröffnen, Zusammenklang zu veränderter Aufmerksamkeit führt.

So exponieren die Bildkapitel eins bis sieben durchaus so etwas wie Grundthemen der Sammlung Mondstudio: Während die »Väter« Vorgaben in den künstlerischen Ansätzen aufzeigen, verfolgen »Töchter« und »Söhne«, »Cousins« und »Enkel« einzelne Stränge dieser Vorgaben. Zentral ist und bleibt die Frage nach der Malerei: figurativ oder abstrakt, ornamental, minimal oder Farbe als Farbe, die Oberfläche, die Textur, das Zusammenspiel dieser Elemente, Wiederholung und Narration, das Insistieren

tion. They touch on basic issues in art, and at the same time give insights into the collector's attitudes and artistic sensibilities. This collection is suffused with significance. It reveals a stance toward artistic creation. It puts works in a relationship that gives rise to new aspects, that opens up new contexts that resonate and change our sense of perception.

Chapters one to seven reveal something like basic themes of the Mondstudio Collection. While the "fathers" specify artistic approaches, the "daughters" and "sons", the "cousins" and "grandchildren" pursue different threads of these approaches. Of central importance throughout is the question of painting: figurative or abstract, ornamental, minimal, color as color, surface, texture, the interplay of elements, repetition and narration, insistence and execution, image or representation. It is a delectable game, a product of happenstance, a rewarding experience. Throughout the preparation of this catalogue, going to the depot always had a special charm. Every time you enter this tidy, ordered room is a special moment. You sense the presence of the works, their raw existence, you feel their fascination. The depot seems like an energy cell, the battery of the house.

Now the collection has been collected in a book and is therefore "outdated" because it is a finished product, a fait accompli (unlike interactive media such as CD-ROMs or the Internet). Nevertheless, in this book the collection seems open, flexible, ready to transform.

In the interplay between the texts and pictures – the "how" of the book – in the per-

und die Setzung, Bild oder Abbild, liebevolles Spiel – gelungenes Erlebnis – Glück der Erfahrung.

Während der gesamten Zeit der Inventarisierung und Vorbereitung des Buches behält der Weg ins Depot seinen ganz besonderen Zauber. Jedes Mal ist es ein besonderer Moment, diesen übersichtlich geordneten Raum zu betreten: sich des Gegenstands zu vergewissern, dem »Da-Sein« der Werke nahe kommen, ihre Faszination zu spüren. Das Depot erscheint wie die Energiezelle, die Batterie des Hauses.

Nun hat sich die Sammlung doch im Buch versammelt, und gleichwohl sie sich damit in einem altmodischen, weil »abgeschlossenen« Produkt der schwarzen Kunst repräsentiert (im Gegensatz zu den offenen und interaktiven Medien wie CD-ROM oder Internet), erscheint sie doch gerade darin offen, beweglich und gleichsam für neue Aktivitäten bereit.

Im Zusammenspiel der Texte und Bilder, dem »Wie« des Buches, der Blickrichtungen und Hinsichten und der hier mitgeteilten Bezüge spinnt sich ein Netz genauester Beobachtungen, präziser Gefühle und emotionaler Präzisionen fort, das der Sammler zunächst nur für sich zu fädeln begann, ohne vielleicht absehen zu können oder zu wollen, wohin diese Verzweigungen und Bezüge würden führen können. Ähnlich wie Haus, Sammlung und Interieur aus zahlreichen klaren und persönlich getroffenen Entscheidungen als ein Gesamtwerk hervorgegangen sind und sich auch als dieses im Buch spiegeln, geht das Buch aus der Haltung des Sammlers zu und mit seiner Sammlung im Zusammenspiel mit den Künstlern hervor. Dies macht die Klarheit und Vielschichtigkeit, die Gliederung und die überraschenden Wendungen aus.

spectives and allusions conveyed, a web of precise observations and emotions is woven further, a web that the collector started weaving only for himself, without knowing (or perhaps wanting to know) where all these branches and references would lead. Just as the house, the collection, and the interior have become Gesamtkunstwerk, a total work of art, thanks to the collectors clear-cut, personal decisions, and this fact is reflected in this catalogue. This book mirrors the attitudes of the collector toward his collection and toward other artists. The result is a clearly outlined, multifaceted volume that yields many surprising insights.

fünf / five

sechs / six

sieben / seven

one

eins

Kat. 106
Marlene Klein Blue (ANT 34), o. J.
86,4 x 47 cm

Robert Ryman

Kat. 256
ohne Titel, 1965
28,5 x 28,5 cm

Robert Ryman

Kat. 257
ohne Titel # 2, 1965
28,3 x 28,3 cm

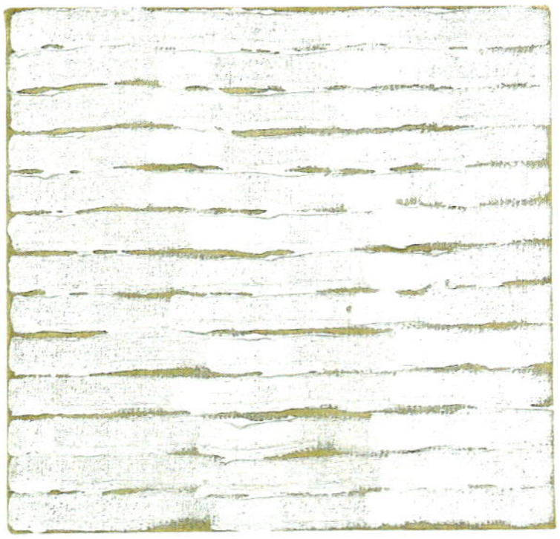

Kat. 255
ohne Titel, 1965
26 x 26 cm

Kat. 323
Self-portrait, 1967
57 x 57 cm

Kat. 326
Eggs, 1982
228,6 x 177,8 cm

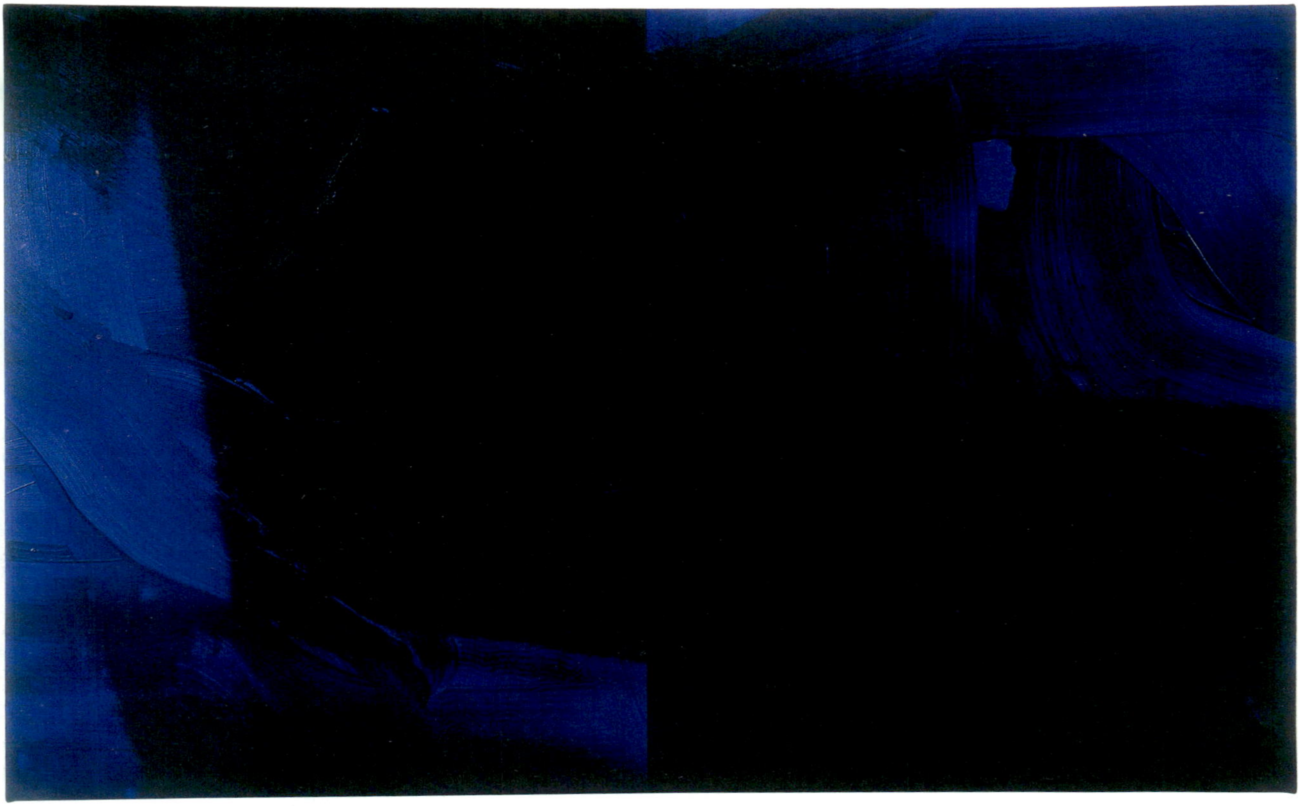

Kat. 324
Shadow, 1978
127 x 198 cm

Kat. 327
Self-Portrait (blue), 1986
56 x 56 cm

Alex Katz

Kat. 103
Dogwood 2, 1996
183 x 244 cm

Kat. 100
Forest 1, 1991
122 x 274 cm

Kat. 101
Thick Woods, Morning, 1992
320 x 243 cm

Kat. 102
Snow Scene II, 1993
244,5 x 184 cm

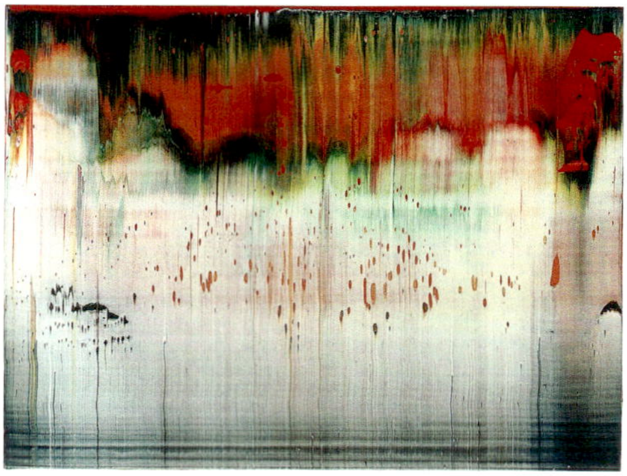

Kat. 245
Fuji (839-58), 1996
29 x 37 cm

Kat. 244
Abstraktes Bild 725-5, 1990
200 x 200 cm

zwei

two

Kat. 136
ohne Titel (Window Study #2), 1985
61 x 45 cm

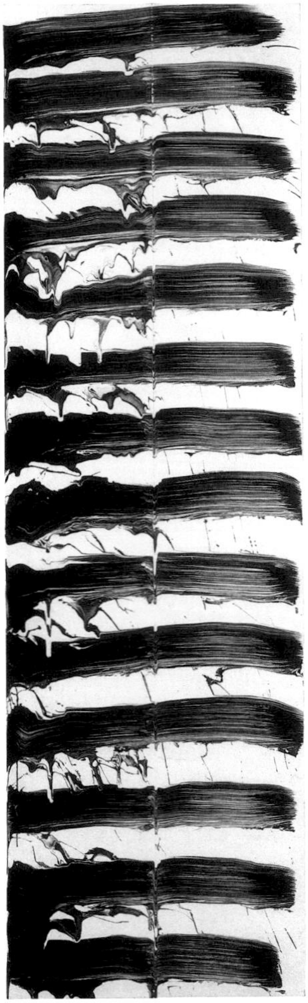

Kat. 230
ohne Titel (# 45), 1974
193,5 x 56,3 cm

Kat. 231
323, 1990-93
284,5 x 117 cm

Kat. 232
347-2, 1994-2000
122 x 284 cm

David Reed

Kat. 238
457, 1999/2000
91 x 366 cm

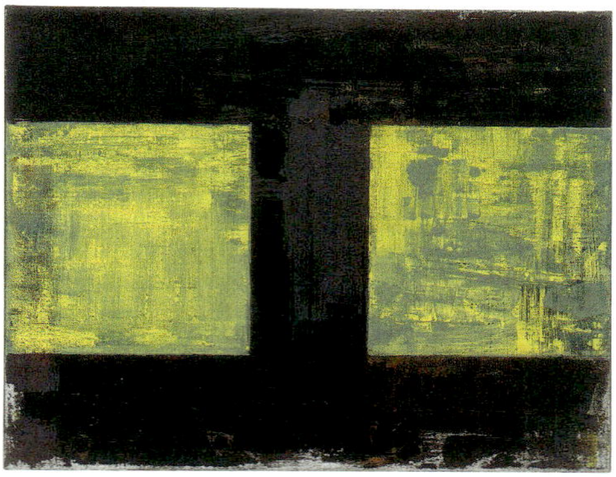

Kat. 40
Basics on Composition XL
(Death Row), 1992
40 x 50 cm

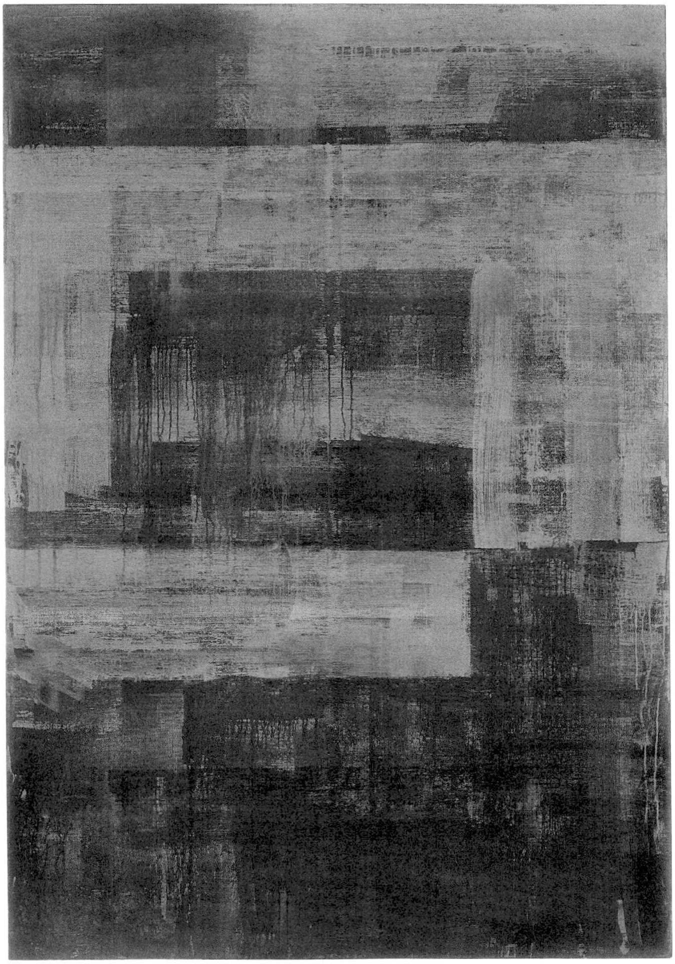

Kat. 42
ohne Titel, 1998
210 x 140 cm

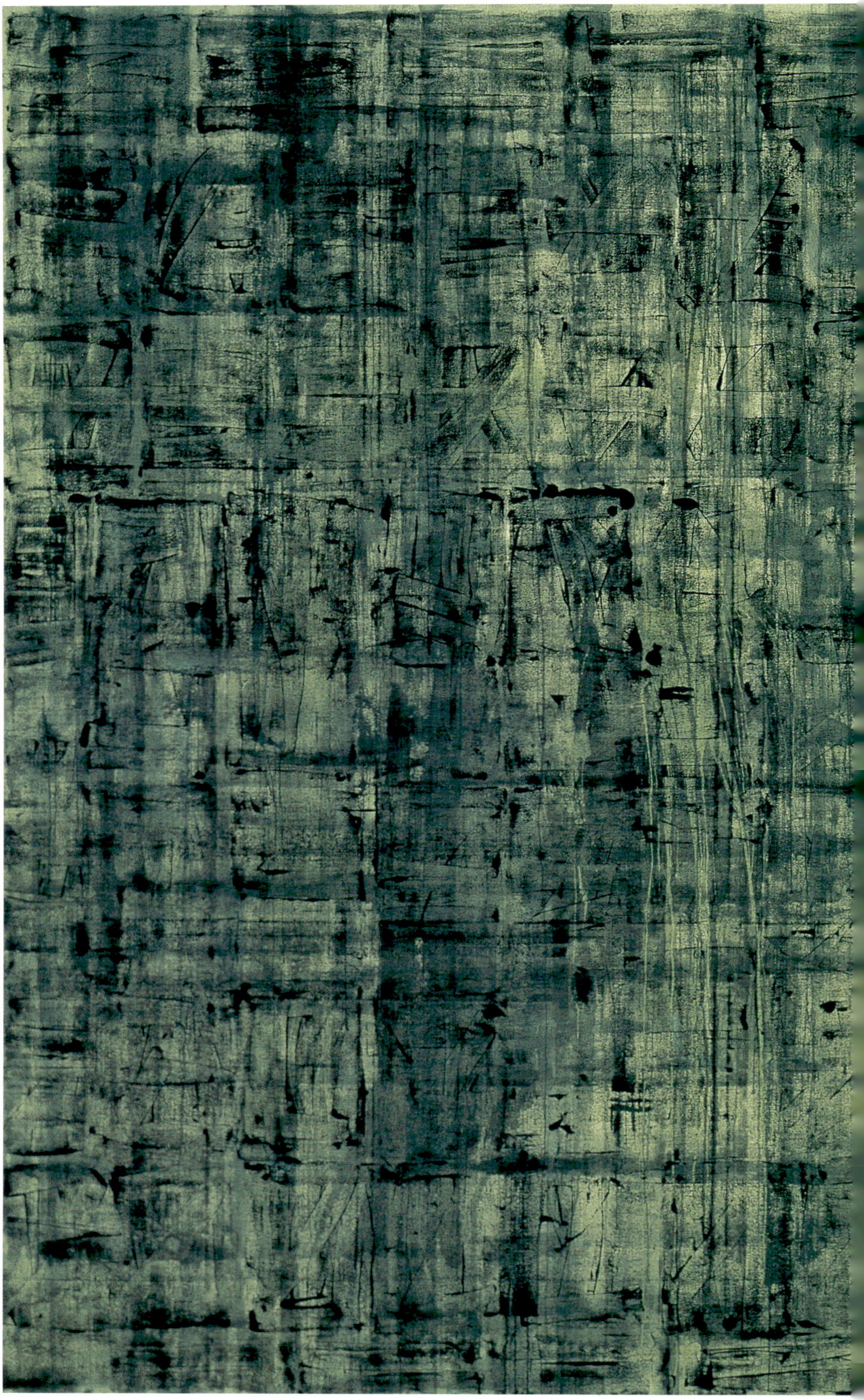

Kat. 43
Death of a
Black Snake, 1999
320 x 480 cm

Bernard Frize

Kat. 47
Suite segond, 1981
129,5 x 195 cm

Kat. 48
Ekli, 1993
208 x 194 cm

Kat. 51
Mixte, 1999
178,5 x 159 cm

Kat. 52
Utilités, 1999
220 x 200 cm

Kat. 253
Pamet Point, 1998
244 x 120 cm

Mark Francis

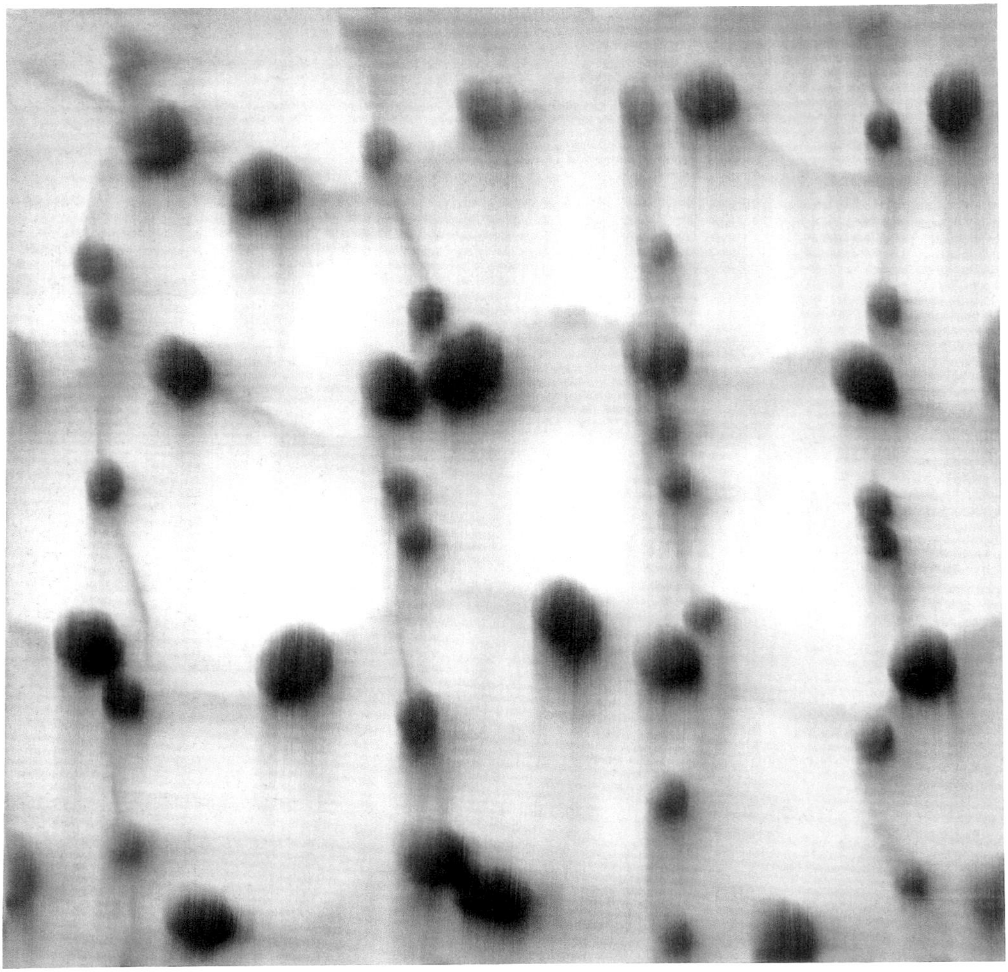

Kat. 46
Grid 2, 1994
152,5 x 152,5 cm

Kat. 45
ohne Titel (aus der Reihe:
Das Engadin-Projekt), 1996
224 x 196 cm

Kat. 360
ohne Titel (Nr. 196), 1996
160 x 153 cm

Kat. 359
ohne Titel (Nr. 177), 1994
160 x 152 cm

Jerry Zeniuk

Kat. 361
ohne Titel, 1996
77 x 69 cm

Kat.362
ohne Titel (Nr. 220), 1999
188 x 234 cm

Herbert Brandl

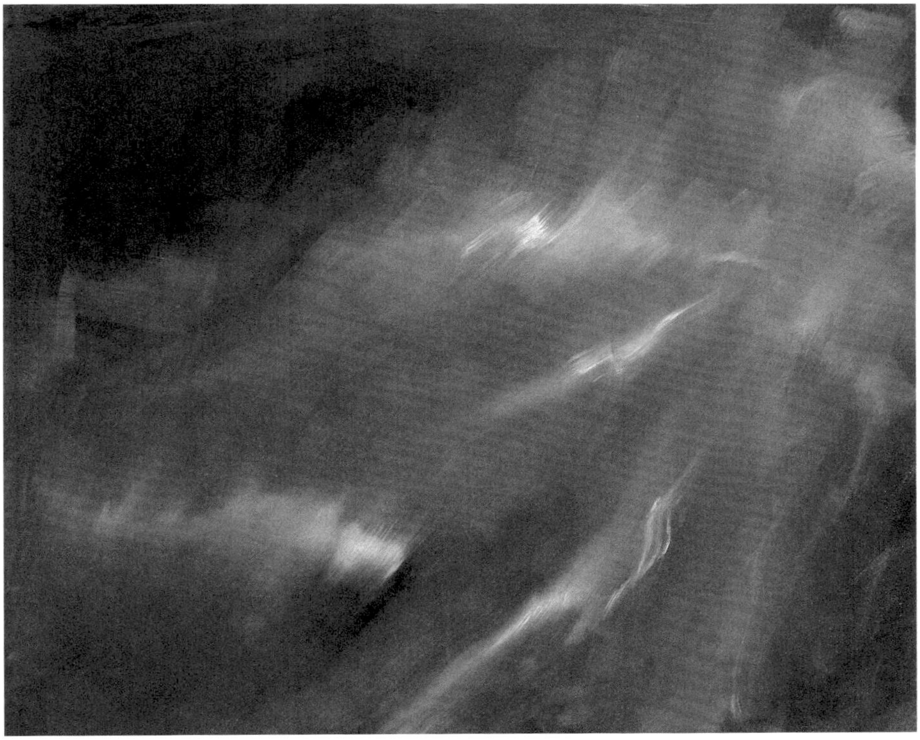

Kat. 20
ohne Titel, 2001
100 x 120 cm

Kat. 19
ohne Titel, 2000
250 x 180 cm

Kat. 18
ohne Titel, 2000
240 x 270 cm

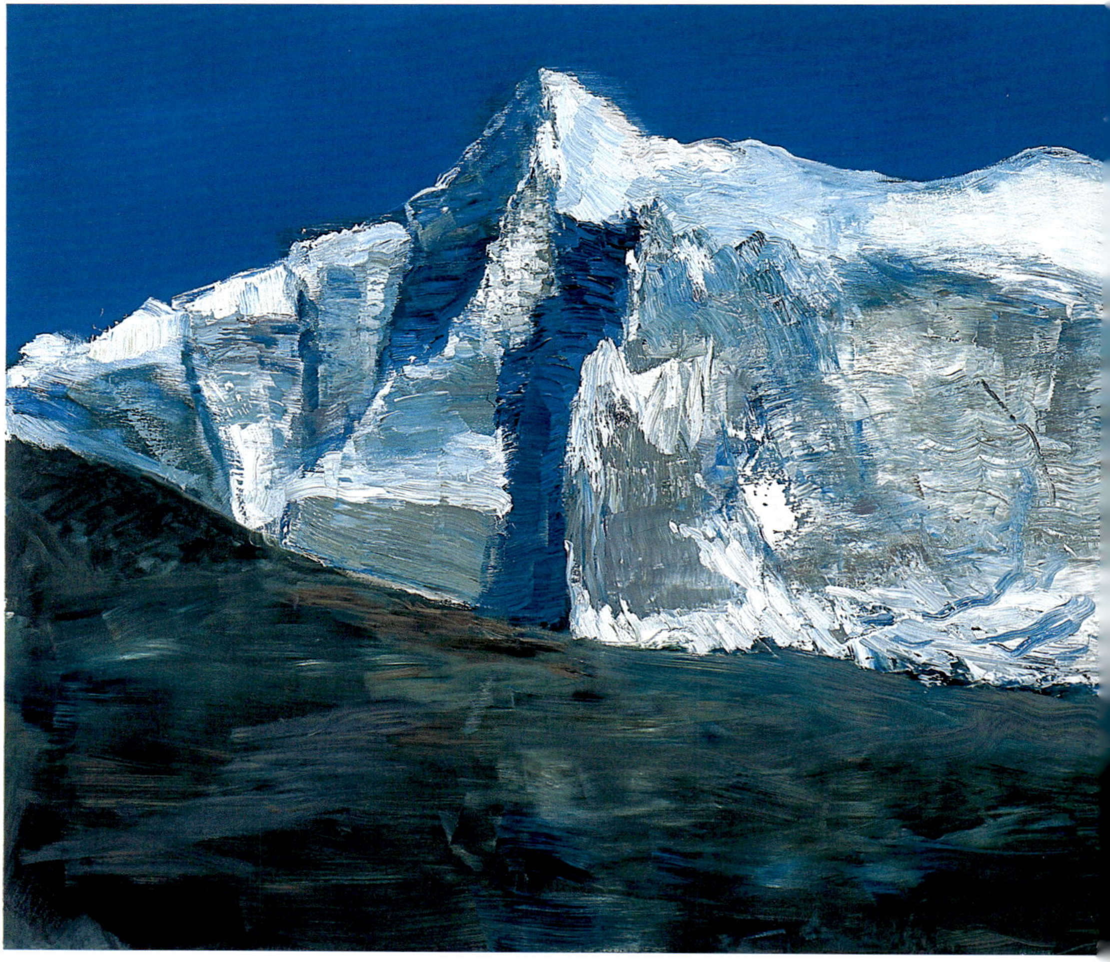

Kat. 21
ohne Titel (Die Annapurnas), 2001
130 x 300 cm

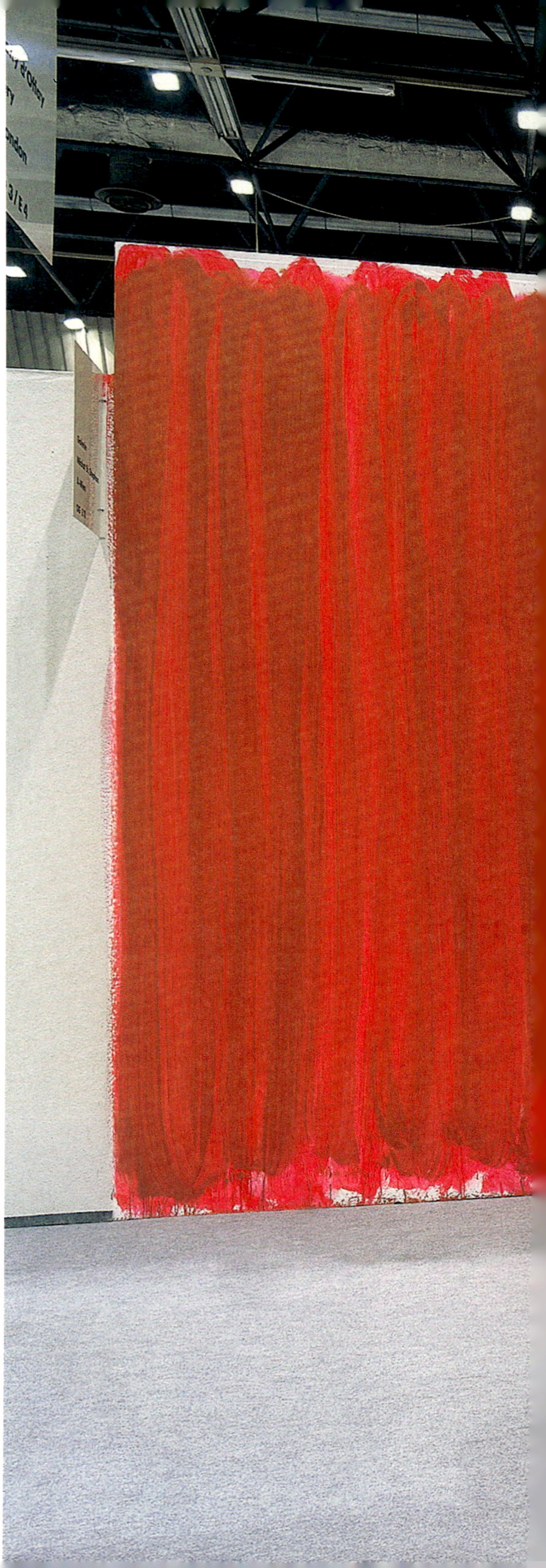

Kat. 64
ohne Titel, 2000
350 x 800 cm

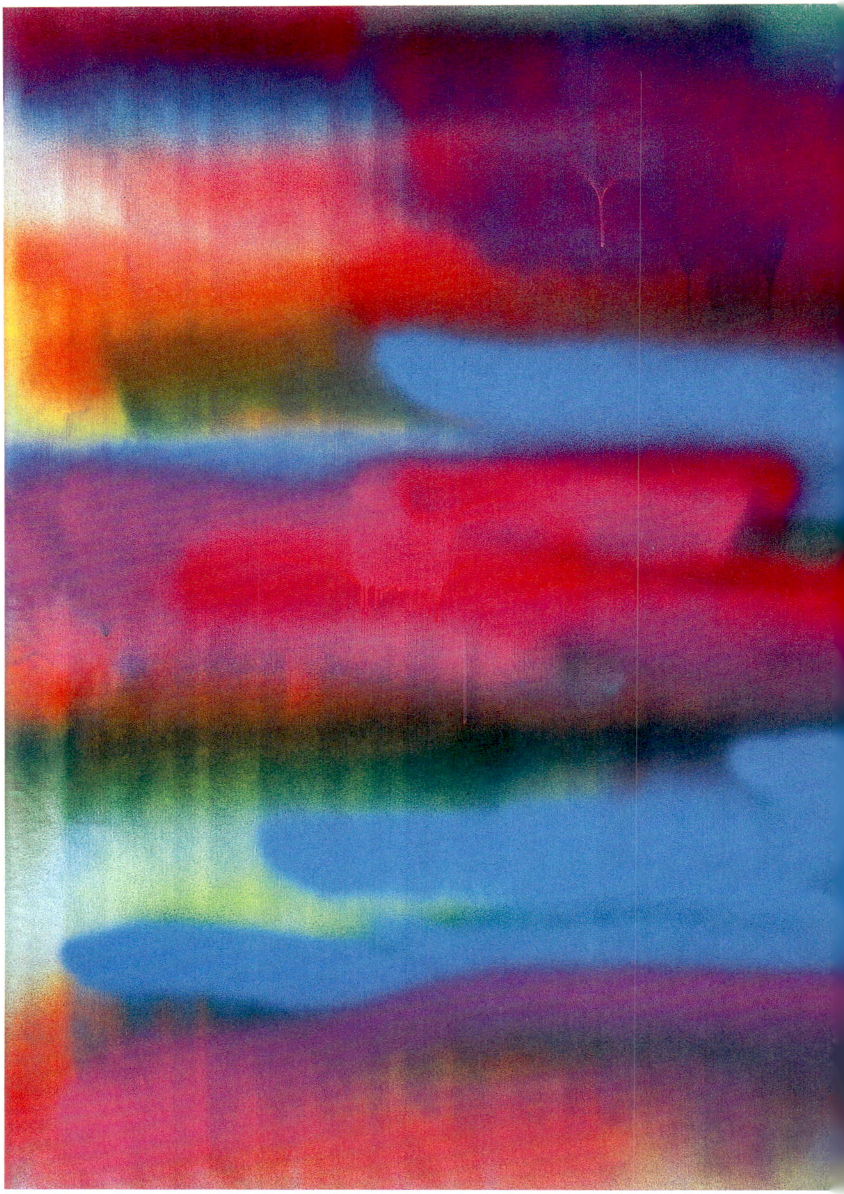

Kat. 62
ohne Titel, 1997
295 x 210 cm

Kat. 63
ohne Titel, 2000
286 x 205 cm

Kat. 65
ohne Titel, 2001
216 x 381 cm

drei

three

Kat. 288
Isenheim Diary # 39, 1986–88
54 x 55,5 cm

Kat. 294
ohne Titel, 1988
181 x 166 cm

Kat. 137
ohne Titel, 1976
210 x 260 cm

Joseph Marioni

Kat. 138
Painting No. 8-78, 1978
100 x 90 cm

Kat. 139
ohne Titel, 1981
129,5 x 112 cm

Kat. 141
Blue Painting
No. 5, 1989
108 x 98 cm

Kat. 145
Yellow Painting
No. 21, 1998
244 x 183 cm

Joseph Marioni

Kat. 146
White Painting, 2000
82 x 77 cm

Kat. 316
ohne Titel, 1981-84;
überarbeitet 1987
ca. 93 x 92 cm

Kat. 318
ohne Titel, 1999
40 x 25 cm

Kat. 151
1983
[Zinnobergrün hellst, Mussini 530; Zinnobergrün hell, Viktoria 679; Zinnobergrün dkl., Viktoria 680; Flesh Tint, W&N 148; Neapelgelb, L/B 191]
31,1 x 21,8 cm

Kat. 156
1984
[Titanweiß, Viktoria 604; Königsblau hell, Mussini 485;
Cobaltblau hell, Rembrandt 513; Flesh Tint, W&N 148]
34,6 x 24 cm

Kat. 178
1995
[Ultramarin dunkel, Rembrandt 506; Cobaltgrün dunkel, Scheveningen 267;
Neapelgelb dunkel, Rembrandt 223; Fleischfarbe, Scheveningen 115]
63,3 x 41,5 cm

Kat. 185
1998
[Cadmium Lemon, Williamsburg Cadmium; Vermillioned, Williamsburg
Neaples Yellow; Williamsburg Cerulian Blue Hue, Gamblin]
69,9 x 50,7 cm

Kat. 175
2000
[Phtalogrün, Williamsburg; Brilliantgelb extra hell, Williamsburg]
69,4 x 50,2 cm

Ingo Meller

Kat. 202
2001
[Zitronengelb-Farbton, Winston, 20; Brilliantgelb extra hell, Williamsburg; Manganviolett, Williamsburg]
70,5 x 52,6 cm

Kat. 12
ohne Titel, 2000
69 x 79 cm

Kat. 13
ohne Titel, 2000
91 x 55,5 cm

Tamara Grčić

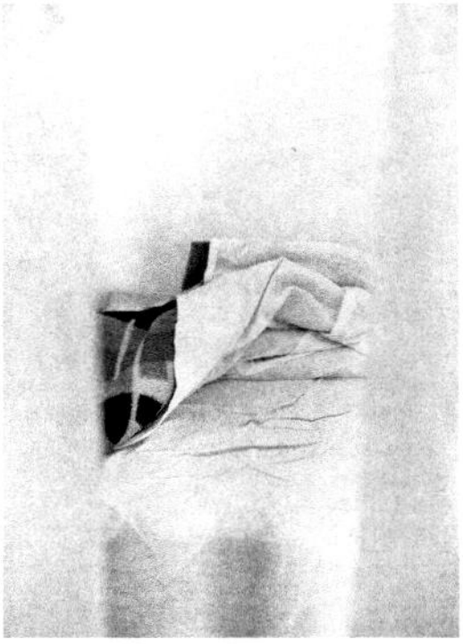

Kat. 54
ohne Titel, 1990
13,8 x 9,5 cm

Kat. 57
17. August 1994, 1994
26 x 39 cm

Kat. 58
ohne Titel, 1996
je 51 x 61 cm

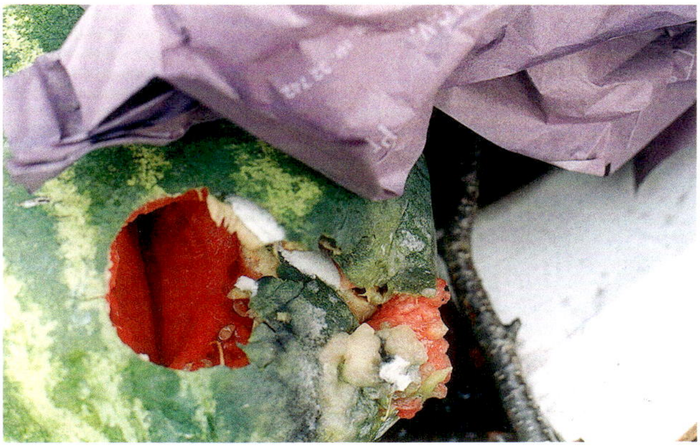

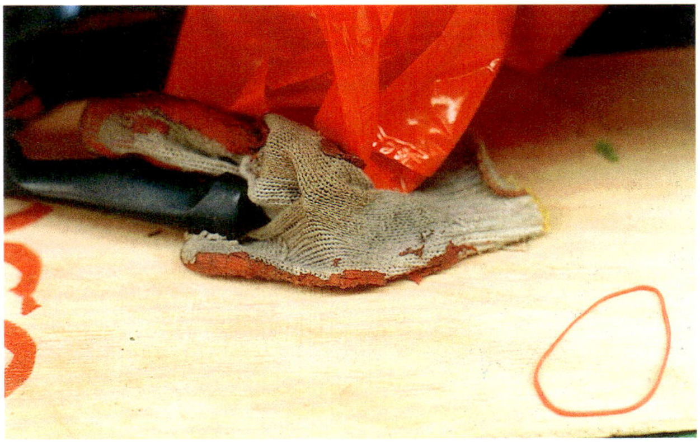

four

vier

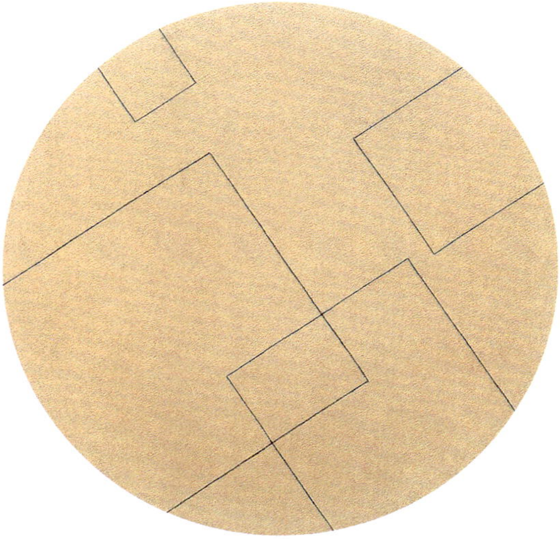

Kat. 133
Four Squares in and
out of a Circle, 1975
ø 45 cm

Donald Judd

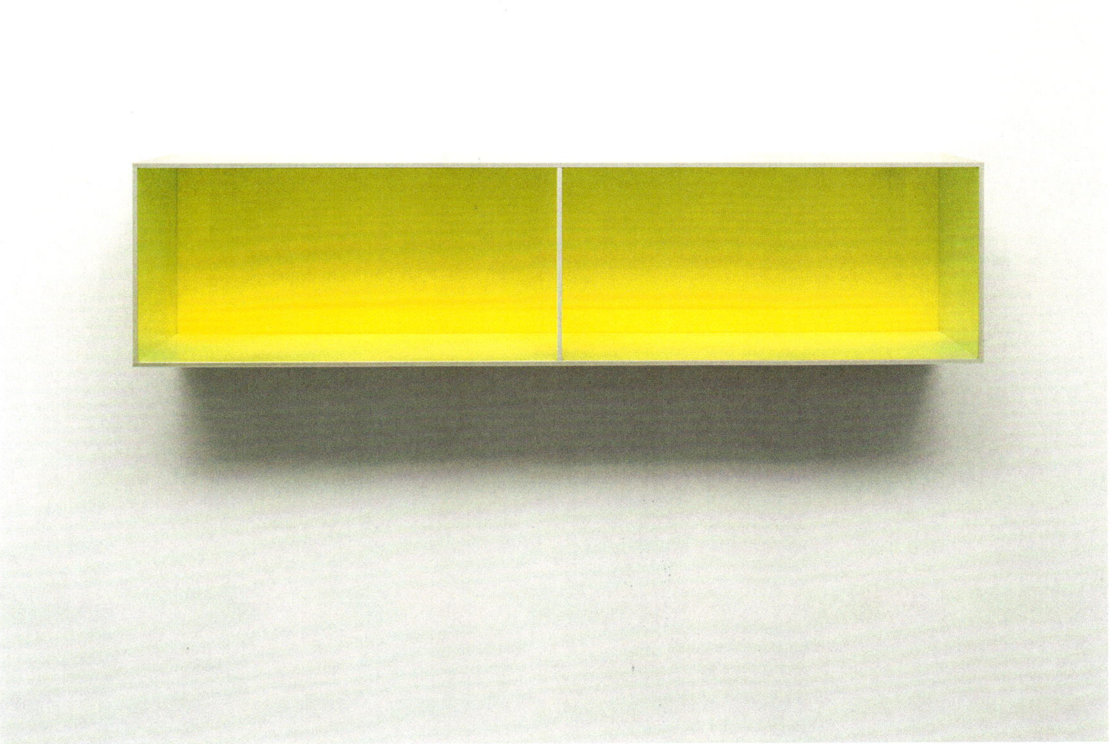

Kat. 96
ohne Titel, 1988
25 x 100 x 25 cm

Kat. 298
ohne Titel, 1986
216 x 183 cm

Kat. 300
Midnight Blue - Alfa Romeo, 1990
121,5 x 243,5 cm

Kat. 301
S. R., 1992
214 x 183 cm

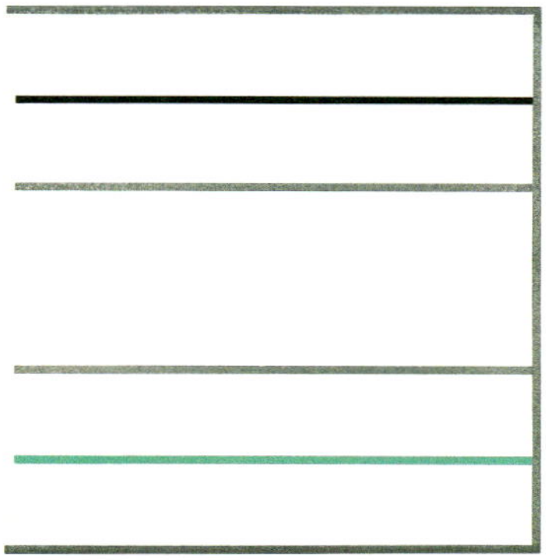

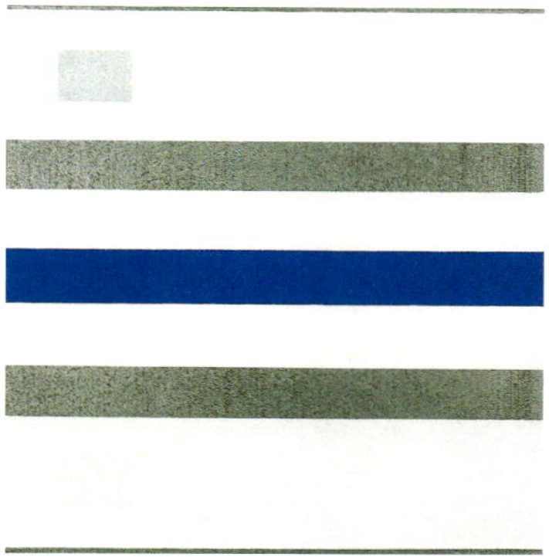

Kat. 306
ohne Titel, 1993
41 x 38 cm

Kat. 308
C. FC, 1994
41 x 38 cm

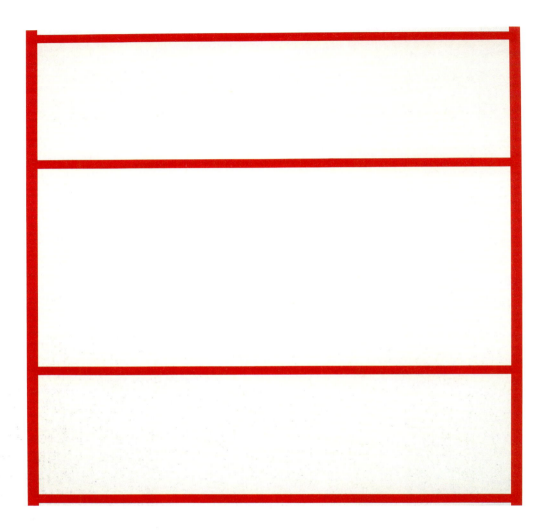

Kat. 304
Standard, 1993
214 x 183 cm

Kat. 313
Coach's Bench, 1997/98
183 x 221 x 94 cm

Kat. 247
Reno, 1994
81,5 x 81,5 cm

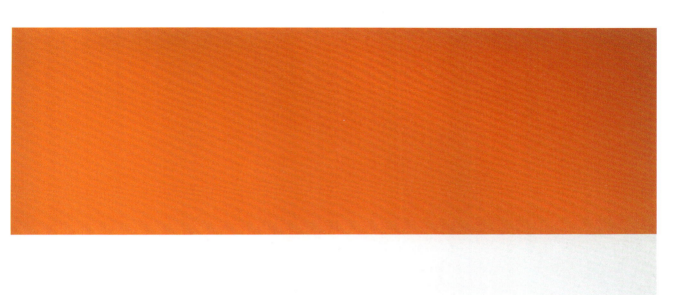

Kat. 250
Sahara, 2000
152,4 x 228,6 cm

Kat. 107
ohne Titel, 1987/88
253 x 192 cm

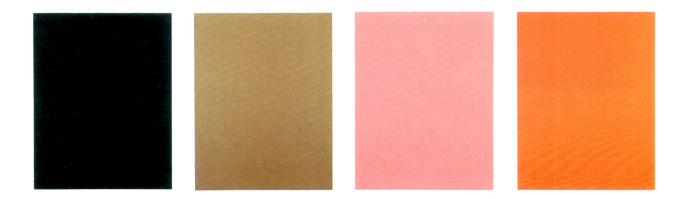

Kat. 124
Melt Down (After Yves Klein), 1991
8-teilig, je 71,5 x 53 cm

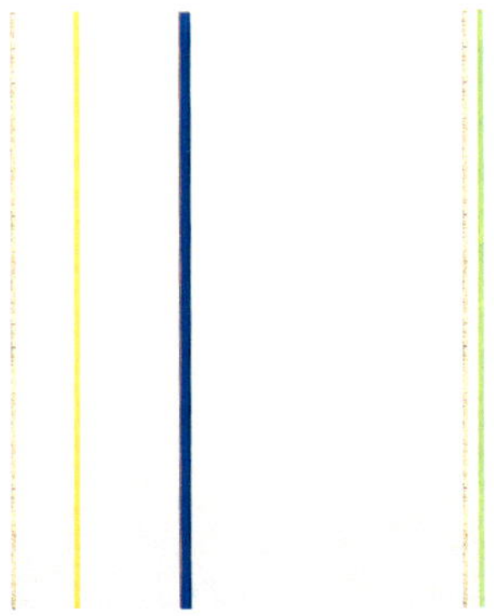

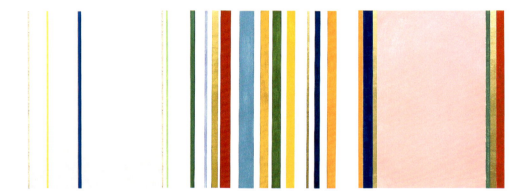

Kat. 78
ohne Titel, 1997
38 x 30 cm

Kat. 79
ohne Titel, 1997
38 x 30 cm

Kat. 80
ohne Titel, 1997
38 x 30 cm

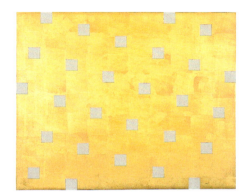

Kat. 85
ohne Titel, 2000
31,5 x 37,3 cm

five

fünf

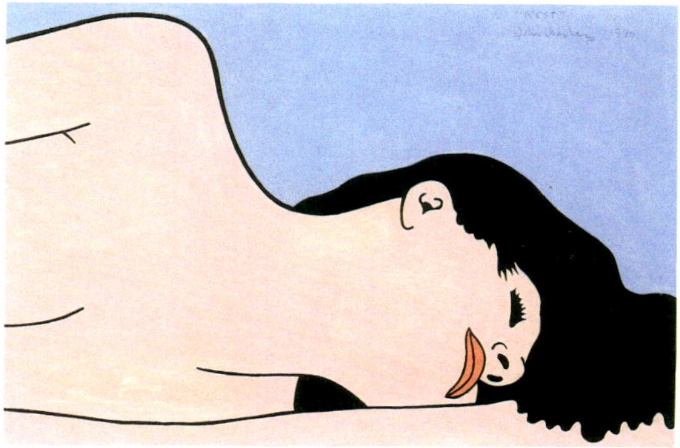

Kat. 341
Rest, 1990
24,5 x 36 cm

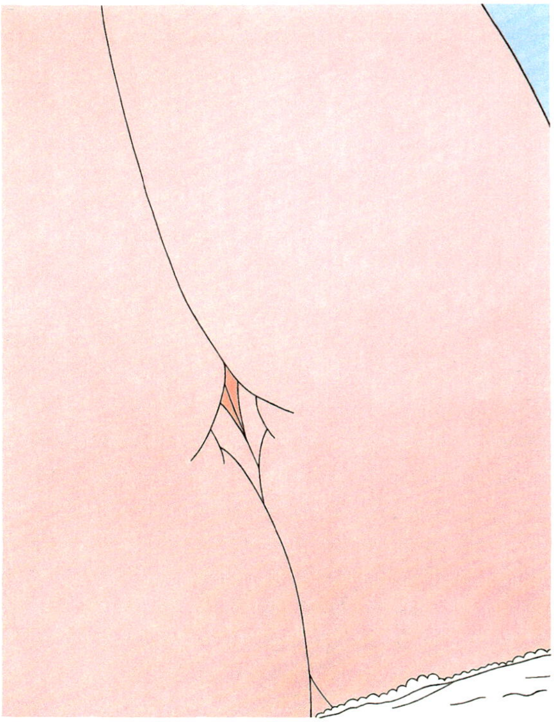

Kat. 338
Pink Woman in a Half Slip, 1979
185 x 100 cm

Kat. 340
Vol de Nuit, 1982
122 x 183 cm

Kat. 224
1 Hands, 1997
127 x 195,5 cm

Kat. 210
Landscape, 1993
45 x 105 cm

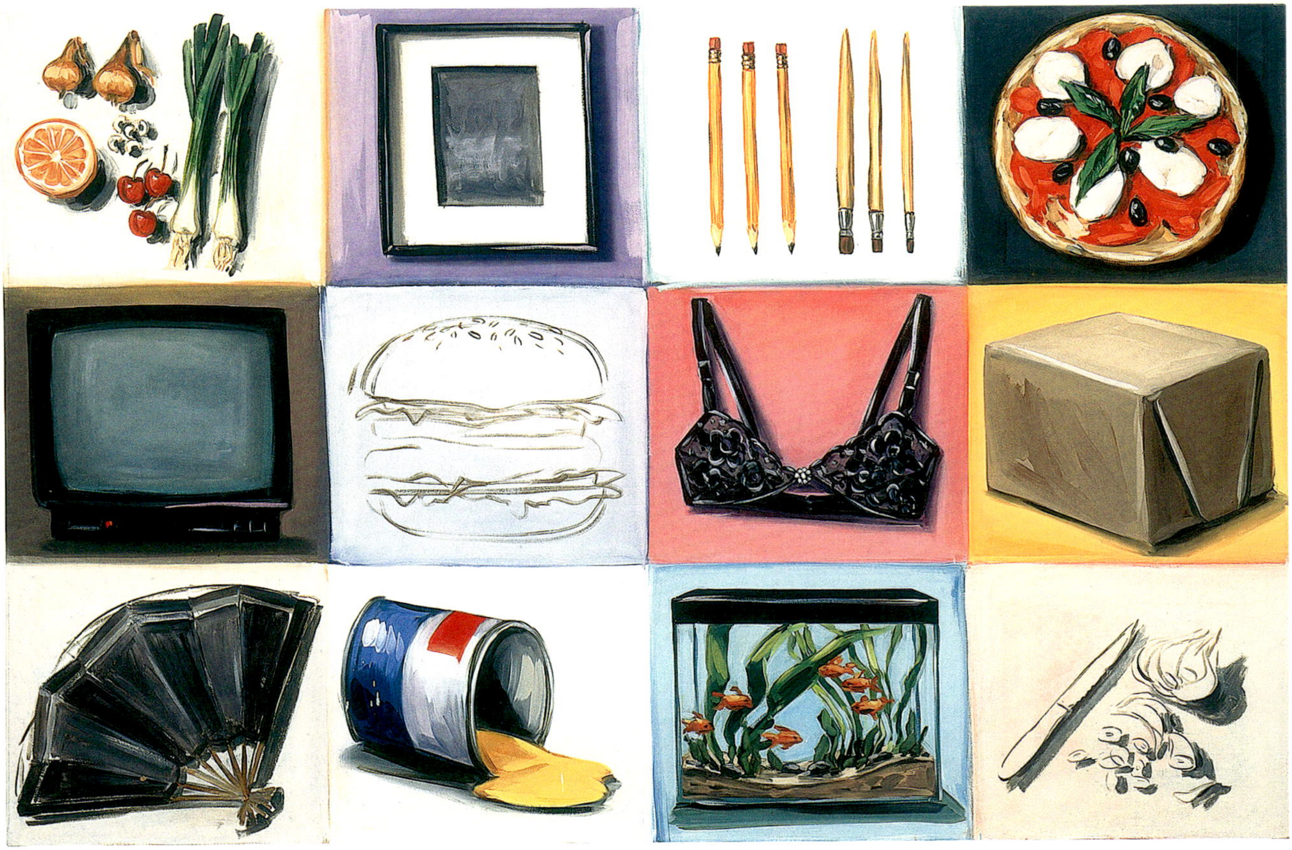

Kat. 215
Painting a Picture, 2000
152 x 223 cm

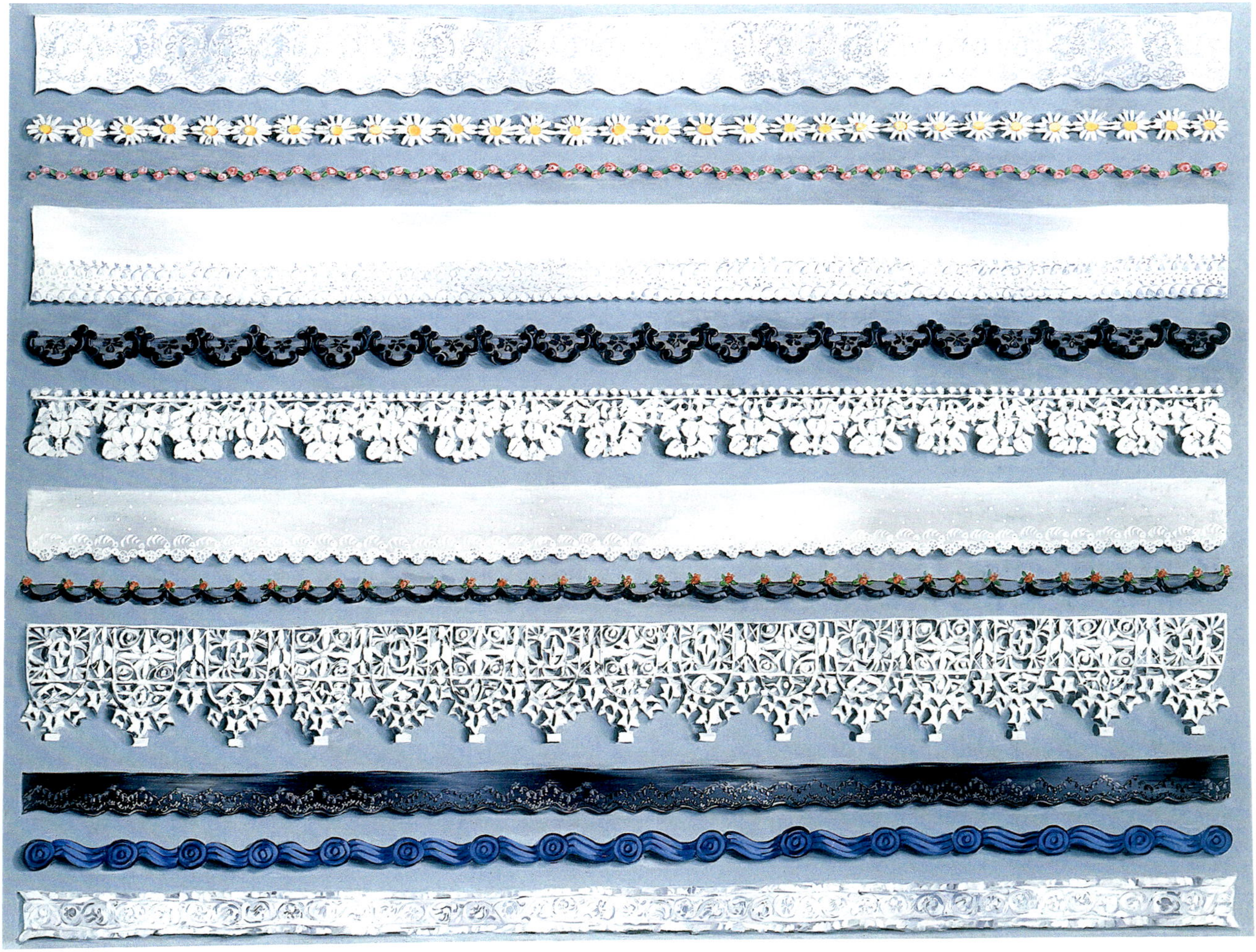

Kat. 211
Lace, 1993
193 x 249 cm

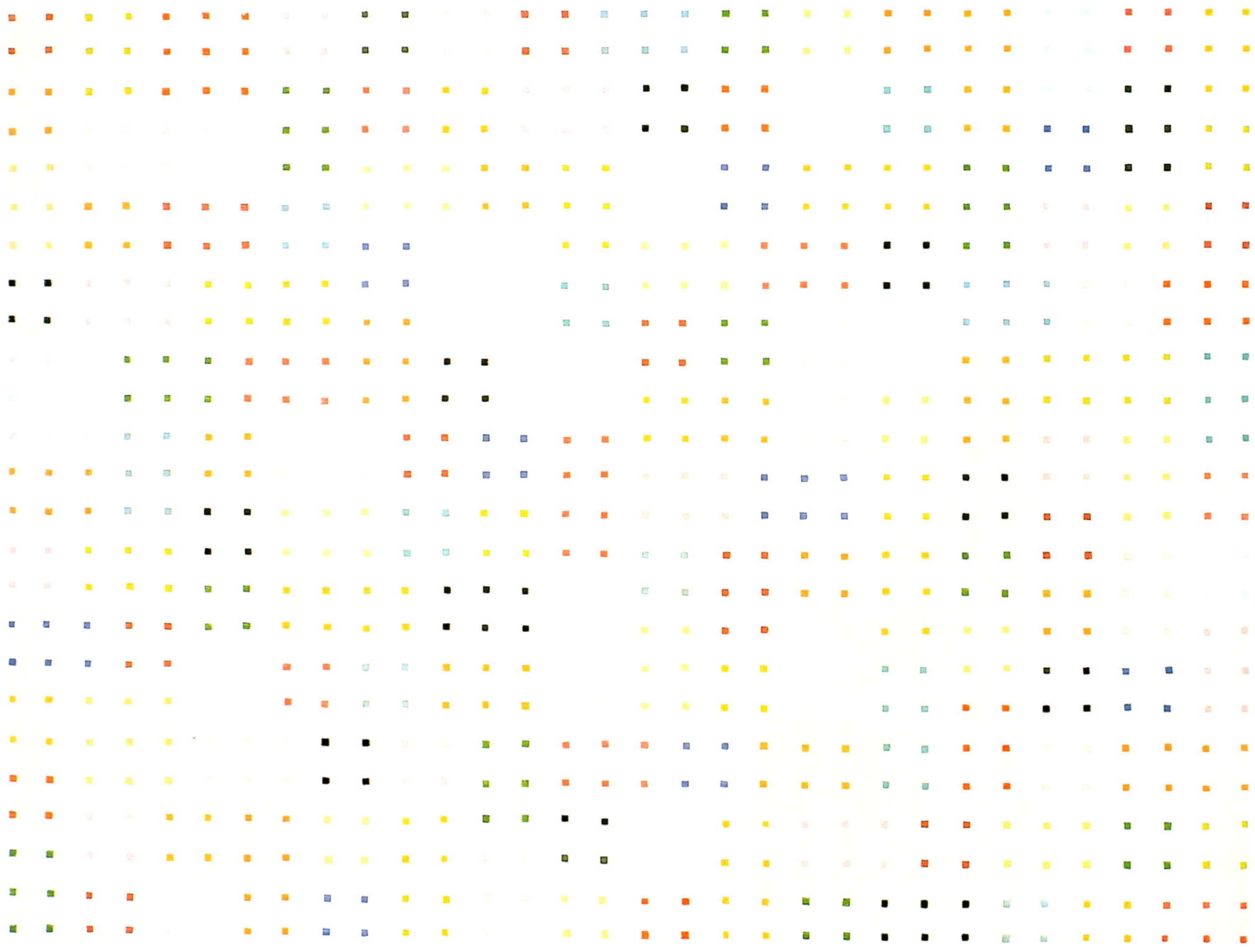

Kat. 204
Squares, 1991
193 x 249 cm

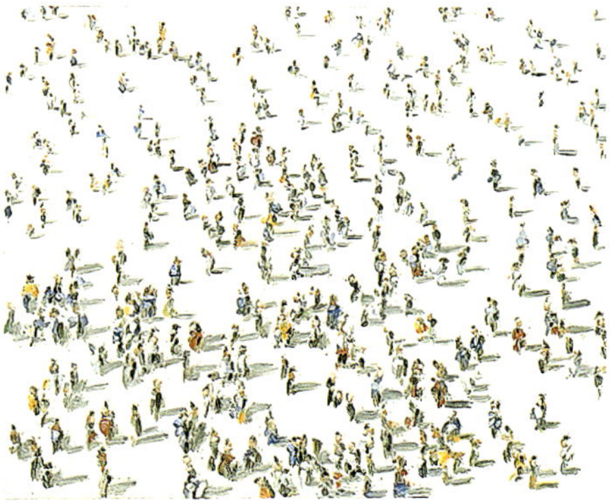

Kat. 206
Crowd, 1992
28 x 33 cm

sechs

six

Kat. 14
Segno e disegno, 1983
100 x 210 cm

Kat. 104
June 4, 1991
25,5 x 33 cm

Kat. 105
Jan. 23, 1995
26 x 33,5 cm

Rémy Zaugg

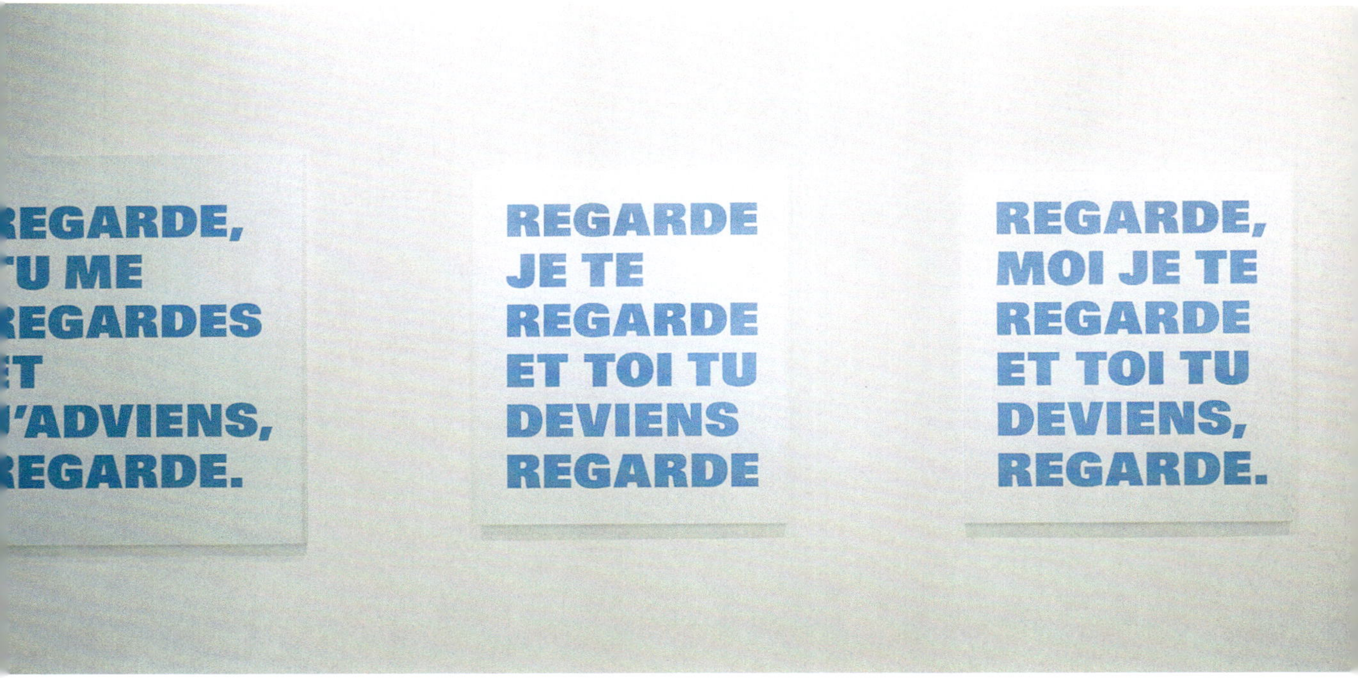
REGARDE,
U ME
REGARDES
T
'ADVIENS,
REGARDE.
REGARDE
JE TE
REGARDE
ET TOI TU
DEVIENS
REGARDE
REGARDE,
MOI JE TE
REGARDE
ET TOI TU
DEVIENS,
REGARDE.

Kat. 344–351
Regarde, … , 1993-2000

Kat. 352–354
Look, in a flash I am blind,
look. (No. 6, 7, 1), 1998
92 x 149,5 cm

LOOK,
IN A FLASH
I AM BLIND,
LOOK.

LOOK,
IN A FLASH
I AM BLIND,
LOOK.

Kat. 128
Sigmar Polke, 1991
26,5 x 26,5 cm

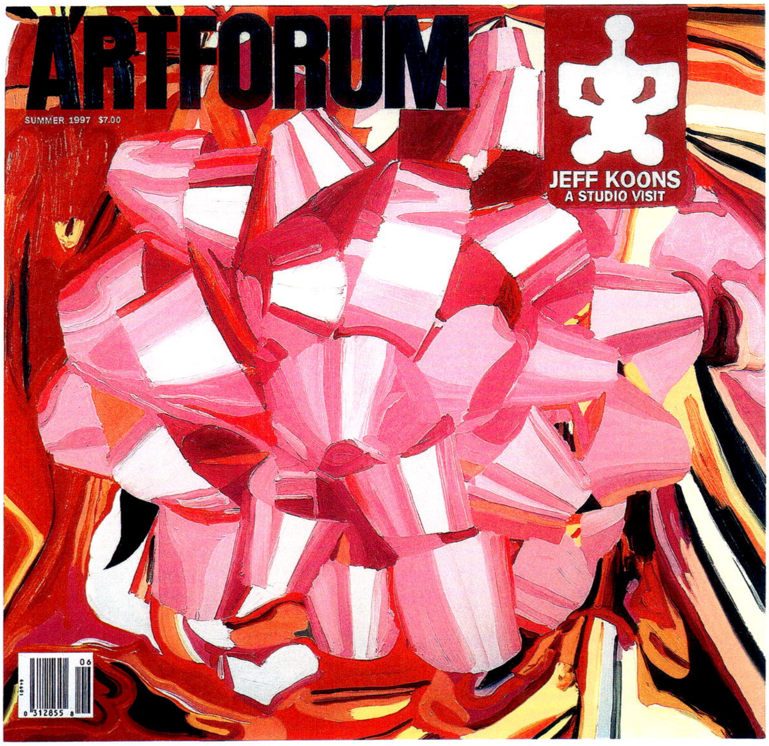

Kat. 130
Artforum / Cover Koons, 1999
150 x 150 cm

Kat. 126
ohne Titel, 1985
152,5 x 152,5 cm

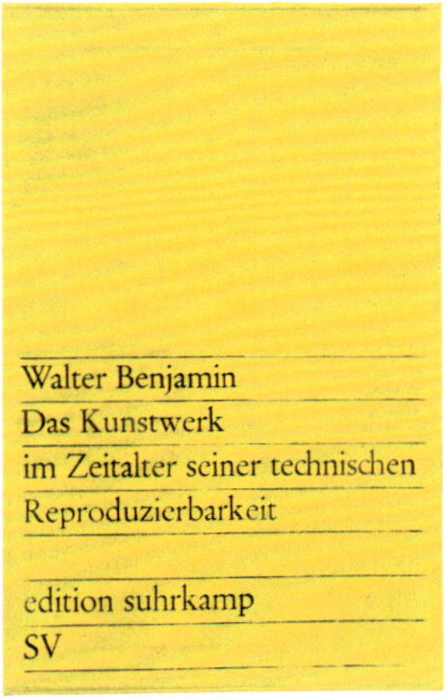

Kat. 366
Das Kunstwerk im Zeitalter seiner
technischen Reproduzierbarkeit, 1990
60 x 37 cm

Kat. 111
Wertkauf, 1989/90
je 32 x 25,5 cm

Udo Koch

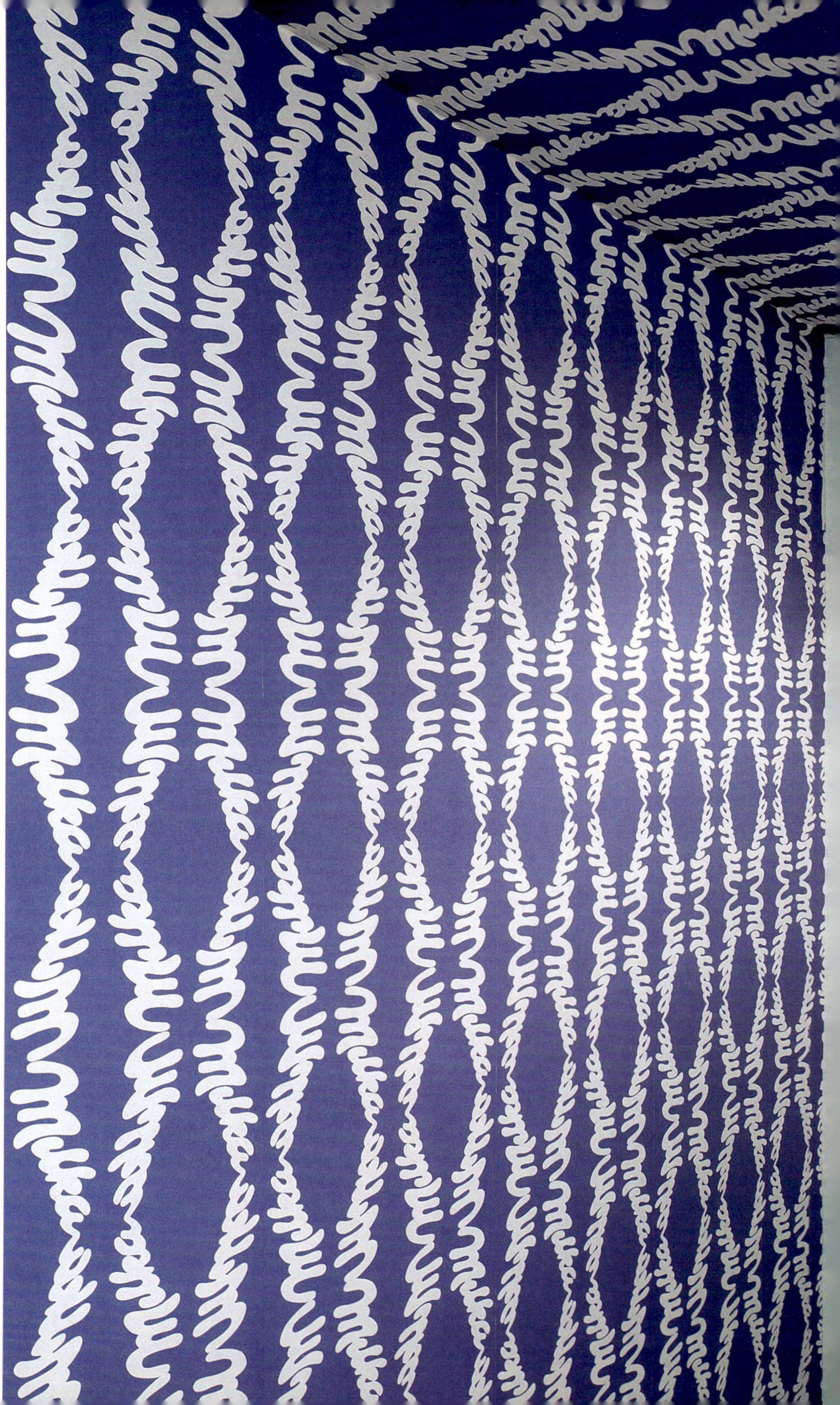

Kat. 112
Milka, 1989/90

Kat. 92
Bee! I'm Expecting You, 1996
112 x 5 x 5 cm

sieben

seven

Kat. Nr. 122
Gedrehte Hand (Mittelfinger), 1999
Ø 18 x 22 cm

Karin Sander

Kat. 262
Wandstück, 2000
24 x 30 cm

Kat. 263
Keine zwei Eier sind gleich, 1995–2000
Sockel 125 x 30 x 30 cm

Karin Sander

Kat. 259–261
Antonia, Adrian, Elisa, 2000
Personen im Maßstab 1:10

Kat. 273
ohne Titel, 1987
20 x 20 x 10 cm

Kat. 275
Eichelhäherfalle, 1999
je Ø 100 x 60 cm

Bethan Huws

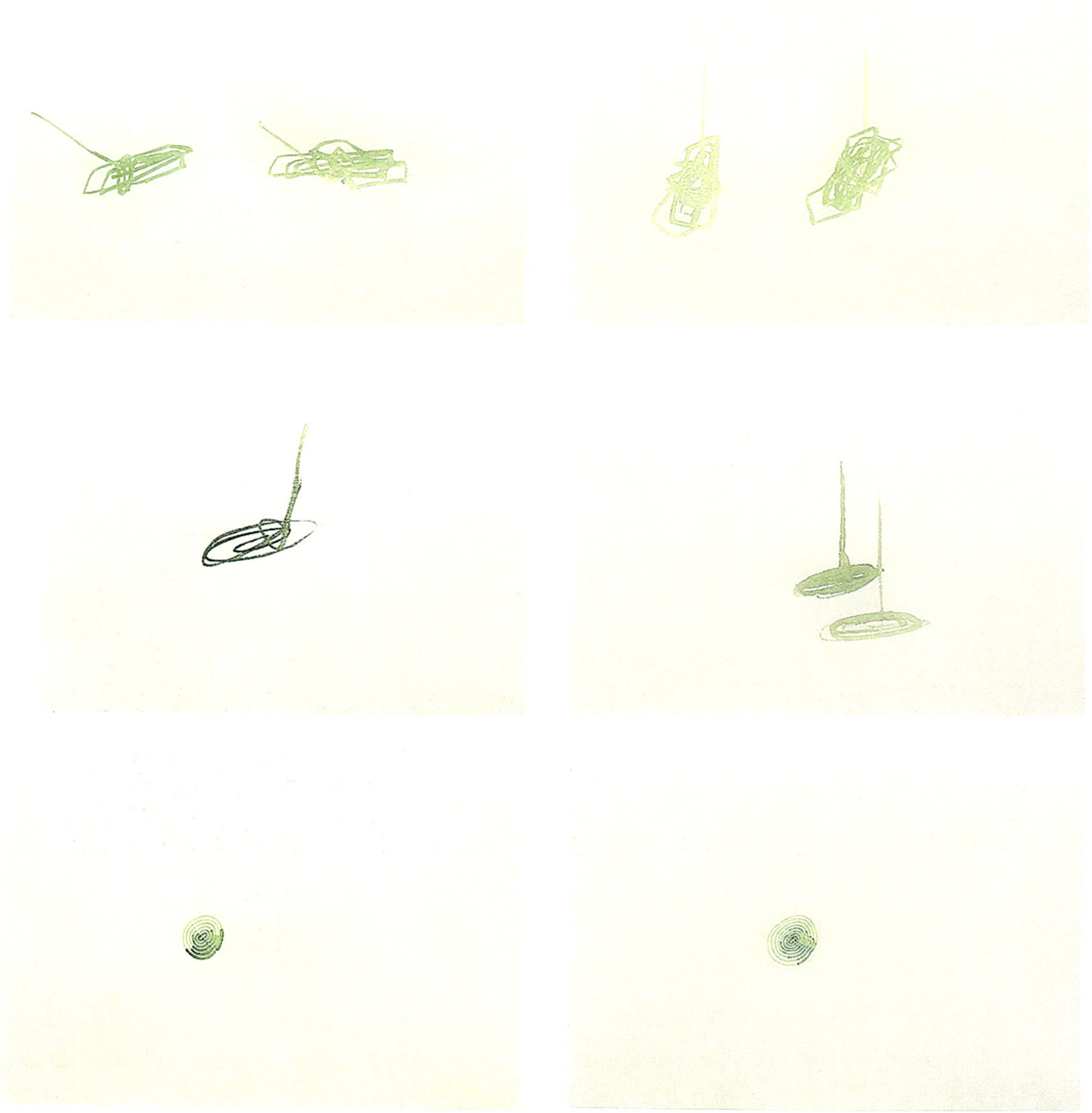

Kat. 95
ohne Titel, 1992/93
ca. 24 x 32 cm

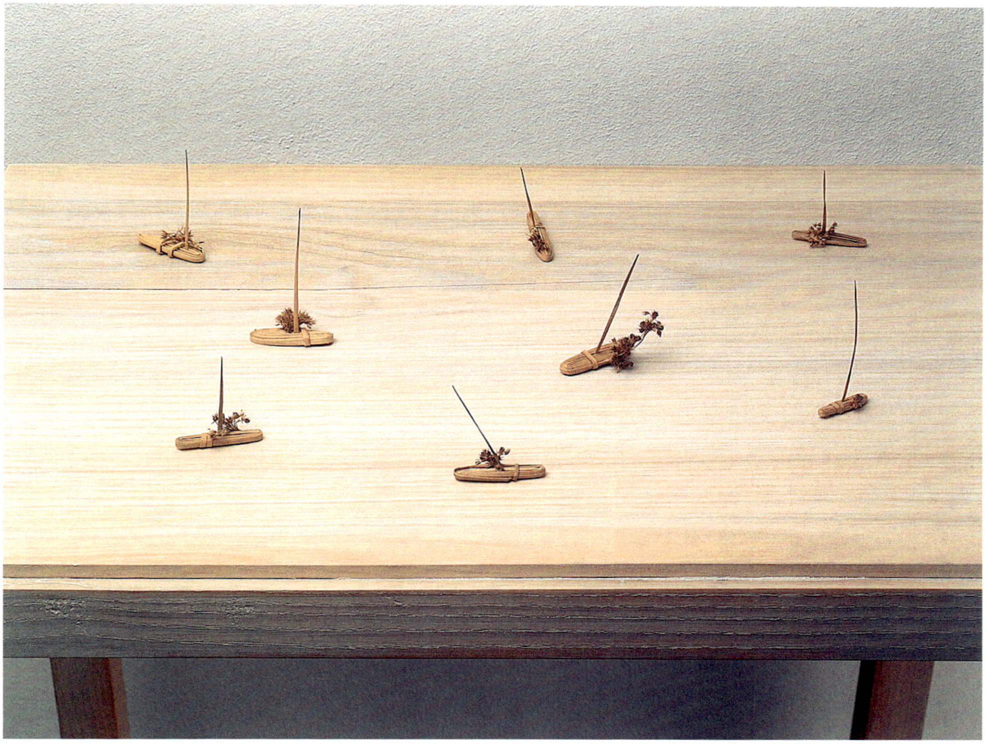

Kat. 94
ohne Titel, 1991
je ca. 2,5 x 2 cm

Kat. 280
[Inventory JS # 286], 1997
345 x 335 x 240 cm

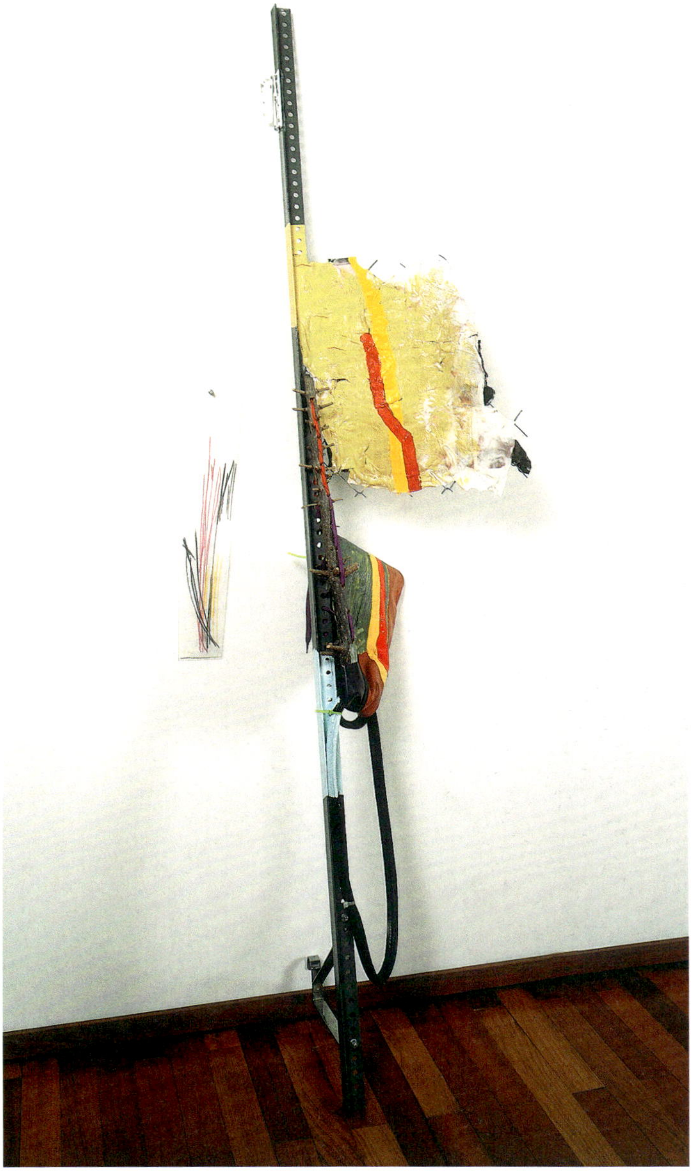

Kat. 281
[Inventory JS # 313], 1998
220 x 68 x 35 cm

Kat. 147
Thing Wing Villa Installation, 1995
Maße variabel

Kat. 148
ohne Titel, 2000
205 x 220 x 80 cm

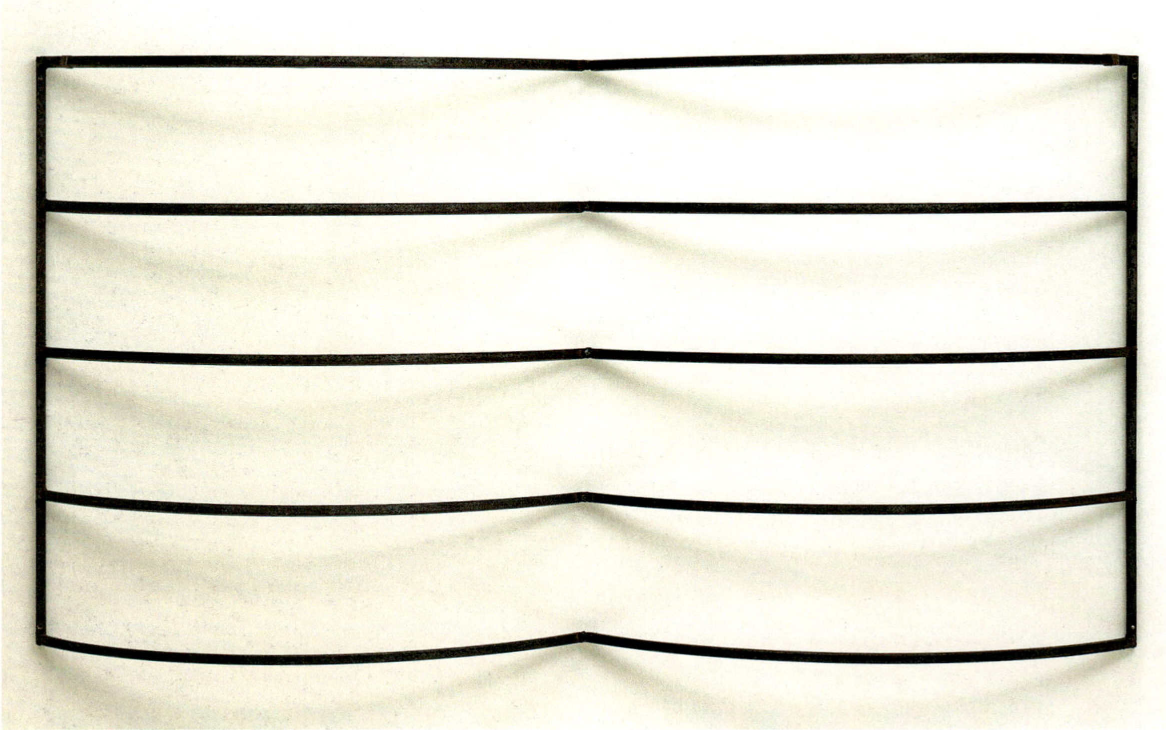

Kat. 8
ohne Titel, 1996
95 x 171 x 21 cm

Kat. 7
2 x (197 x 17 x 15) ø 3 x 4, 1992
2 x (197 x 17 x 15) ø 3 x 4 cm

Kat. 243
Double Mass Displacement, 1985
ø 200 cm

Kat. 242
ohne Titel (for Rupert), 1982
3,5 x 140 x 240 cm

Antony Gormley

Kat. 53
Together and Apart, 1999
190 x 50 x 35 cm

Kat. 217
Trashstone 012, 1992
60 x 100 x 90 cm

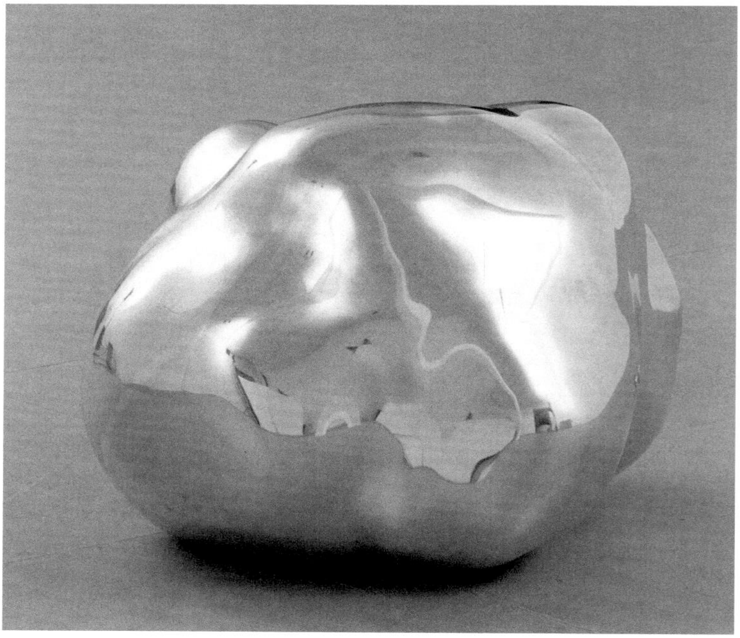

Kat. 220
Trashstone 186, 2000
67 x 92 x 75 cm

Texte / Texts

Bernward Reul

Inventory 313

Dies sind Schnürsenkel,
dies ist Farbe,
dies ist Stoff,
hier ist Maschendraht.

Hier ein paar Heftzwecken,
ein Scharnier,
ein Metallwinkel,
eine Eisenkralle.

Die Ledergeldbörse von Omi.
Die Plastikschließe aus der Haushaltswarenabteilung.
In diesen Ast bohr' ich ein paar Löcher
– man weiß ja nie.

Der Ballon steigt.
Dort war der Wald.
Hier ist das Meer.
Nun ist es kalt.

Es kracht das Eis,
der Schnee scheint weiß.

Ich treibe meine Fahne
in Gefrorenes, setze mich und
warte, was passiert.

Vorwitzchen,
Küchenschelle,
Wachtelweizen,
Eisenhut,

Gundermann,
Gundelrebe,
Himmelsschlüssel,
Seidelbast,
Löwenmaul,

– bald wächst die Orange auch
am grünen Strauch.

Kurt, der Hase,
süß bis zum Verlieben,
schnuppert mit der Nase
zwei, drei Mal
und fliegt davon.

Inventory 313

These are shoestrings,
this is paint,
this is cloth,
here is wire mesh.

Here, a couple of drawing pins,
a hinge,
a metal square,
an iron claw.

The leather purse from Gran.
The plastic claps from the household goods department.
In this branch I drill a few holes
- you never know.

The balloon rises.
The wood was over here.
Here is the sea.
Cold wind blows.

Cracking ice,
the snow seems white.

I press my flag
into frozen matter, sit down,
wait and see.

liverwort,
cow-wheat,
monkshood,
pasqueflower,
alehoof,

ground ivy,
primrose,
daphne,
snapdragon,

– soon the orange, too, will be growing
at the green shrub.

Kurt, the hare,
so sweet you've got to love him,
sniffs the air
twice, thrice,
and flys away.

Ingo Meller

»Ohne Titel«

Im Untergeschoss der Nationalgalerie in Berlin hingen 1981 in einem langen, rechteckigen Raum Arbeiten von Uecker, Manzoni, Mack, Fontana und anderen, meist hinter Glas.

Ich besuchte die Berliner Museen in diesem Jahr sehr oft. Bei einem meiner Besuche in dem Bau von Mies van der Rohe dominierte eine nicht mehr ganz junge Dame den Raum, die von einem älteren Wärter beobachtet wurde.

Sie ging von Arbeit zu Arbeit, sprach mal leise, mal halblaut mit sich selbst. Ich vernahm Sätze wie: »Wat für Ideen. Nee, all' die Ideen. Hätt' ich doch nur all' die Ideen gehabt.«

»Guck mal da«, sagte sie vor den Fontana tretend, und der Wärter machte einen Satz, stand neben ihr und erklärte sofort, wie hervorragend dies gemalt sei: »Ganz gleich aus welcher Richtung man schaut, man hat den Eindruck, in eine Spalte zu schauen. Das sieht aus wie Leinwand, so fein ist das gemalt. Schauen Sie, wie realistisch die Wellung der Leinwand nach innen gemalt ist. Ob man von links schaut oder von rechts, man glaubt, man schaut da hinein. So genau ist das gemalt.«

Die Frau nickte.

Vorlaut war ich, mischte mich ein, dies sei ein Fontana, der Schnitt in die weiß grundierte Leinwand sei nicht gemalt, sondern tatsächlich ein Schnitt, hinterlegt mit schwarzem Gewebe.

Die Dame staunt. Empört der Wärter: »So etwas wird hier nicht ausgestellt. Dies ist gemalt. So etwas wird nicht gezeigt. Das ist Unsinn.«

Schnell wollte ich zurück in den großen quadratischen Raum mit dem Durchgang zum Treppenhaus. Doch im Türrahmen blieb ich stehen.

Ein Mann, gekleidet mit einem leichten, blauen Mantel, die Nase millimeternah vor einem Bild, bewegte seinen

"Untitled"

In 1981, in the basement of the National Gallery in Berlin, works by Uecker, Manzoni, Mack, Fontana, and others hung in a long, rectangular room, most of them behind glass.

I visited Berlin museums often in that year. On one of my visits, to the museum designed by Mies van der Rohe, a no longer very young lady dominated the room, observed by an older attendant.

She went from work to work, speaking in a whisper at times, in a low voice at others, to herself. I overheard sentences such as: "What great ideas. All those ideas. If I had only had all those ideas."

"Look at that," she said, stopping in front of the Fontana. The attendant bounded over and explained to her why the painting was so outstanding. "No matter what angle you look at it from, you feel like you are looking into a crevice. It looks like a canvas, so exquisitely is it painted. Just look how realistically the ridges of the canvas are painted inside. No matter whether you look at it from the right or left, it seems, you can see inside them. So precisely is it painted."

The woman nodded.

I was impertinent, and intervened. I said the painting was by Fontana, that the incisions in the white canvas were not painted, but actually incisions, with black tissue behind them.

The lady gaped. Outraged, the attendant said: "We don't exhibit things like that. This is painted. We don't show that kind of thing. That's nonsense."

I quickly made my way toward the large square room with the passageway leading to the stairwell. But I stood still in the doorway.

A man, clad in a light-blue coat, his nose only millimeters away from a painting, moving his stretched head over the

vorgereckten Kopf mal horizontal, mal vertikal über die Fläche, nur so weit er gerade stehend, ohne sich zu strecken oder zu beugen, reichen konnte, trat abrupt zurück, machte eine Vierteldrehung. Verneinend den Kopf schüttelnd ging er auf das nächste Werk zu, postierte sich mittig vor das Bild, berührte mit der Nasenspitze fast die Fläche und fuhr aus der Bewegung seines Nackens, gerade stehend, einen Teil dieses Bildes vertikal und horizontal ab, trat nach einer Weile abrupt einen großen Schritt zurück, wiederholte seine Vierteldrehung, schüttelte verneinend den Kopf, während er diagonal auf das nächste Bild zusteuerte. Er postierte sich mittig vor das Bild, reckte den Kopf nach vorne, millimeternah die Nase wie die Knopfleiste des Mantels vor der Leinwand, die er nun, leicht den Körper von einem Bein auf das andere wiegend, ein wenig die Knie beugend, den Kopf hin und her wendend, genau zu betrachten schien.

Abrupt zurücktretend, militärisch zackig, halbe Umdrehung, Rücken zum Bild, wurde an seinem rechten Arm eine breite, gelbe Binde mit drei im Dreieck angeordneten schwarzen Punkten sichtbar.

Nachmittags in der Gemäldegalerie Dahlem. Zwei kurze Hosen, kurzärmelige Hemden, zwei leichte Sommerkleider, vier Paar Sandalen, kurze Socken: vier Personen im Eilschritt.

»Hier: Rembrandt.«

»Rembrandt.«

»Schau: Rembrandt.«

»Da, Rembrandt.«

»Das große, Rembrandt.«

»Auch Rembrandt?«

»Ja, Rembrandt.«

»Das sind Werte!«

»Rembrandt!«

»Die kleinen, Rembrandt.«

»So sah der Rembrandt aus, als er jung war.«

»Der Rembrandt.«

surface, now horizontally, now vertically, only as far as he could standing upright, without stretching his body or bending, abruptly stepped back and made a quarter turn to the side. Shaking his head, he went over to the next work, positioned himself in front of the middle of the painting, nearly touched the surface with his nose and, standing stock still, moved his head over it, vertically and horizontally, using only the muscles of his neck. Then, after a spell, he abruptly stepped back, did another quarter turn, shook his head, then went diagonally over to the next picture. He positioned himself at its center, stretched his head forward, till his nose and the buttons of his coat were just millimeters from the canvas. Now, shifting the weight of his body slightly from one leg to the other, bending his knees a little, moving his head back and forth, he seemed to view the painting with meticulous precision.

He stepped back abruptly and mechanically, did an about-face, his back now to the picture. On his right arm a wide yellow armband with three black dots arranged in a triangle became visible.

Afternoon. In the Dahlem Painting Gallery. Two pairs of shorts and short-sleeved shirts, two light summer dresses, four pairs of sandals, short socks: four people moving around hurriedly.

"Here: Rembrandt."

"Rembrandt."

"Look: Rembrandt."

"There: Rembrandt."

"The big one: Rembrandt."

"Rembrandt, too?"

"Yes, Rembrandt."

"Those are values."

"Rembrandt!"

"The little one: Rembrandt."

"That's what Rembrandt looked like when he was young."

»Mann mit dem Goldhelm.«

»Rembrandt.«

»Hauptwerk von Rembrandt.«

»Hier auch, Rembrandt.«

»Alles Rembrandt?«

»Alles Rembrandt!«

»Die haben viele Rembrandt.«

»Alle von Rembrandt.«

Wann immer ich in den kommenden Jahren wie an diesem Tag die Gemäldesammlung in Dahlem besuchte, traf ich auf einen jungen Asiaten, der seine Tage während der Öffnungszeiten vor einem Gemälde von Dürer verbrachte, um dieses verkleinert zu kopieren. 1986 sagte mir einer der Wärter, man habe die Weiterarbeit nun unterbunden, man fürchtete um das Bild und um den Mann.

Jetzt, da ich den Text beende, auf der Zugfahrt von Kassel zurück nach Köln, erfahre ich durch einen vor mir sitzenden jungen Mann, Gerda sei dumm wie Brot: »Die hat schon mit 14 ernsthaft gemalt, hat sie gesagt«, sagt die junge Frau, mit der er sich unterhält.

11. März 1999

"The Rembrandt."

"Man with the Golden Helmet."

"Rembrandt."

"Rembrandt masterpiece."

"Here, too, Rembrandt."

"Everything Rembrandt?"

"Everything Rembrandt!"

"They have a lot of Rembrandts."

"All of them by Rembrandt."

Whenever I visited the painting collection in Dahlem, as on this day, I invariably encountered a young Asian man who spent his days during opening hours in front of a Dürer painting, copying it in miniature. In 1986 an attendant told me they refused to let him continue his work, fearful for the picture and the man.

Now, as I finish this article on a train from Kassel to Cologne, I find out from a young man sitting in front of me that Gerda is as stupid as can be. She did serious paintings at the age of fourteen, she said," said the young woman he was talking to.

March 11, 1999

Tamara Grčić

Der ausschnitthafte Blick durch die Kamera ermöglicht es, Bedeutungen, Zuschreibungen und normierte Codes vom Körper abzustreifen. In der Entpersönlichung, Herauslösung aus Handlungen und Gesten, durch den isolierten Ausschnitt suche ich eine unbewusste, nicht inszenierte Wirklichkeit, in der körperliche Zustände in einer direkten sinnlichen Dimension erfasst werden.

The cropped view through a camera lens enables bodies to be removed from a context of meanings, attributions, and standardized codes. In this depersonalization, this detachment from actions and gestures, this isolation of details I seek an unconscious, undoctored reality in which bodily states are perceptible in purely sensuous terms.

Joseph Marioni

A Frame of Reference

If I were to ask you to put together a jigsaw puzzle you might first dump all the pieces out on a table and turn them picture side up. You then could arrange the pieces by shape. There would be a number of pieces with one flat side, which would go along the edge, and four pieces with two flat sides, which would be the four corners. The edge pieces become the boundary for the outside limits and all the rest of the pieces must fit inside. If you began by putting together the sides you would know the size of the puzzle but would not have enough information to recognize the picture. As you continue to put in the pieces there comes a point when there is enough visual information about the picture that you can recognize what it is and you have conceptual closure. There may still remain some pieces to put into the puzzle; you might have only 70% of the pieces in place, but you have reached a point of completion in terms of your ability to understand its limits as a picture. There is nothing more to know to complete the puzzle and you then could investigate what is outside its boundaries.

The jigsaw puzzle is a good metaphor to understand the conceptual closure of easel painting. This closure was brought about by the invention of the camera in the 19th century, which allowed for the differentiation of the "painting" from the "picture." We now can understand the limits of a narrative picture-language in terms of the practice of painting. There may not be all the pieces in the picture puzzle of easel painting but we can understand that issues such as the picturesque clearly belong to the end of this kind of painting and not to the new form of concrete painting developed in the 20th century.

The function of modernist concrete painting is to present its material gestalt, i.e., its physical being as an actual

Ein Bezugsrahmen

Um ein Puzzle zusammenzufügen, kann man zuerst alle Teile auf einen Tisch schütten, sie mit der Bildseite nach oben legen und dann nach ihrer Form sortieren. Es gibt eine Reihe von Teilen mit einer geraden Seite, die den Rand bilden, und vier Teile mit zwei geraden Seiten, die die vier Ecken bilden. Die Eckteile markieren die äußere Begrenzung, in die die restlichen Teile hineinpassen müssen. Wenn man damit beginnt, die Seiten zusammenzufügen, kennt man die Größe des Puzzles, hat aber nicht genug Informationen, um das Bild zu erkennen. Beim Einfügen der Teile gelangt man irgendwann an einen Punkt, an dem man genügend visuelle Informationen über das Bild besitzt, um zu erkennen, was es ist, und zu einer konzeptuellen Abgeschlossenheit zu gelangen. Es mögen noch immer einige Teile übrig bleiben, die in das Puzzle eingefügt werden müssen; man hat vielleicht nur 70 Prozent der Teile gelegt, aber man hat einen Punkt der Vollständigkeit erreicht bezüglich der eigenen Fähigkeit, die Begrenzungen als Bild zu begreifen. Mehr gibt es nicht zu wissen, um das Puzzle zu vervollständigen, und man könnte jetzt untersuchen, was sich außerhalb seiner Grenzen befindet.

Das Puzzle ist eine gute Metapher, um die konzeptuelle Abgeschlossenheit des Staffeleibildes zu verstehen, die durch die Einführung der Kamera im 19. Jahrhundert herbeigeführt wurde und die Unterscheidung zwischen »Gemälde« und »Bild« ermöglichte. Wir können jetzt die Grenzen einer narrativen Bildsprache anhand der Praxis der Malerei verstehen. Auch wenn nicht alle Teile im Puzzle des Staffeleibildes vorhanden sind, kann man verstehen, dass Fragen wie etwa die des Bildhaften eindeutig dem Ende dieser Form der Malerei und nicht der neuen Form der im 20. Jahrhundert entwickelten konkreten Malerei zuzuordnen sind.

object on the wall. It does not represent some other thing nor is it an abstract "idea" of something else; the painting itself is the image. The transition that painting made in the 20th century is out of the composition of the picture and into the structure of the painting, i.e., from pictorial representation to concrete actualization.

The easel form of painting is a narrative picture-language based on the figure-ground relationship of its composition to create the fixed points in its hierarchy. The picture is composed. The concrete painting is based on the field-structure of its material to establish the image identity of its gestalt. The painting is structured. The difficulty in understanding this difference is that both composition and structure have the common identity of being systems. The system of composition is interlocked like a jigsaw puzzle but the system of structure is interdependent. If all the parts are not in the proper place the painting will only present a record of the time of its making. The easel painting represents some other time, it is a composed picture apart from the present world in which we live. It is an illusion, a window into some other world and the frame, which is defined as "to benefit," is the transitional element between the actual world of the wall the easel painting hangs on and the other, the virtual world the picture represents. The Concrete painting does not fit within the frame of a picture.

If the modern Concrete painting only presents the actual place of its own being and exists in real time then why would it need to be framed? There is no transition in time, no other world to peer into, so what would a frame benefit? The question "could this painting be framed?" can be applied to any modern painting to understand where the painting fits into the transition that painting made in the 20th century. In the history of painting the process of removing the frame from the painting is similar to the process of removing the pedestal from the sculpture. The

Das moderne konkrete Gemälde hat die Funktion, seine materielle Gestalt zu präsentieren, d. h. sein physisches Dasein als ein tatsächliches Objekt an der Wand. Es repräsentiert weder etwas anderes noch ist es eine abstrakte »Idee« von etwas anderem; das Gemälde selbst ist das Bild. Im 20. Jahrhundert vollzog sich in der Malerei der Übergang von der Komposition des Bildes zur Struktur des Gemäldes, d. h. von bildlicher Darstellung zu konkreter Verwirklichung.

Die Form des Staffeleibildes ist die einer narrativen Bildsprache basierend auf der Figur/Grund-Beziehung seiner Komposition, um die festgelegten Punkte in seiner Hierarchie zu schaffen. Das Bild wird komponiert. Das konkrete Gemälde basiert auf der Feldstruktur seines Materials, um die Bildidentität seiner Gestalt zu etablieren. Das Gemälde wird strukturiert. Die Schwierigkeit, diesen Unterschied zu verstehen, liegt darin, dass sowohl Komposition als auch Struktur Systeme sind. Das System der Komposition greift ineinander wie ein Puzzle, aber das System der Struktur ist das einer wechselseitigen Abhängigkeit. Wenn nicht alle Teile am richtigen Platz sind, stellt das Gemälde nur einen Bericht über die Zeit seiner Entstehung dar. Das Staffeleibild repräsentiert eine andere Zeit – ein komponiertes Bild, abgetrennt von der Welt, in der wir leben. Es ist eine Illusion, ein Fenster in eine andere Welt, und der Rahmen, der ihm »nützen« soll, ist das Übergangselement zwischen der tatsächlichen Welt der Wand, an der das Staffeleibild hängt, und der anderen, der virtuellen Welt, die das Bild repräsentiert. Das konkrete Gemälde passt nicht in den Rahmen eines Bildes.

Wenn das moderne konkrete Gemälde nur den tatsächlichen Ort seines eigenen Daseins darstellt und in Echtzeit existiert, warum sollte dann die Notwendigkeit bestehen, es zu rahmen? Es gibt keinen zeitlichen Übergang, keine andere Welt, in die man spähen kann. Was würde ein Rahmen also nützen?

Modernist painting hangs independent on the wall and should need no benefit of architectural reference. The question of framing does not explain a painting but it can indicate how fully actualized a painting might be. How would you frame a painting by Ingo Meller? One way in which we know that we have achieved High Modernism in painting is in the recognition that the painting needs no frame of reference.

Die Frage »Könnte dieses Gemälde gerahmt werden?« kann auf jedes moderne Gemälde angewendet werden, um zu verstehen, welchen Platz das Gemälde im Wandel der Malerei im 20. Jahrhundert einnimmt. Die Entfernung des Rahmens von dem Gemälde in der Geschichte der Malerei ist vergleichbar mit der Entfernung des Sockels von der Skulptur. Das moderne Gemälde hängt unabhängig an der Wand und sollte keine Unterstützung des architektonischen Bezugs benötigen. Die Frage des Rahmens erklärt ein Gemälde nicht, sondern kann darauf hinweisen, wie vollständig ein Gemälde verwirklicht sein könnte. Wie würde man ein Gemälde von Ingo Meller rahmen? Eine Möglichkeit zu erkennen, dass wir eine Hochmoderne in der Malerei erreicht haben, ist die Einsicht, dass das Gemälde keinen Bezugsrahmen mehr braucht.

Knowing Where the Work Is

In looking through twenty years of scribbling in diaries that sometimes read as "heavy water" under bridges, ideas good and bad, broken thoughts and promises, disappearing acts, missing persons, remembering work that I have lost track of – some paintings sucked into the ether, maybe forever – at least at the Villa Flügel, I know where some of that work is, in good hands, and good company.

It was in the mid-1980s, at a *Kneipe* in Cologne, where, with the painter Ingo Meller, I first met A. K. He was (I found out a few years later) beginning to collect art. From that meeting on, news of him, or from Adrian himself, segued in and out of my life. For instance, diary, Cologne, November '89: "A. K. at Rolf Ricke Jubilee celebration"; New York, October 25, '93: "Bump into Adrian at Odeon"; New York, October 29, '93: "A. K. at gallery"; New York, October 31, '93: "Adrian @ studio". Sometimes, the studio is a dangerous place for collectors, and injurious to one's psyche. Not so with Adrian, who's inquisitive and direct around work, no bombast or fuss.

Over the course of years, he has acquired work that others have labeled, or categorized, as too hard to handle. Where others shy from a change in direction of ideas, Adrian raises his game with regard to concept and context. In short, the man understands.

Wissen, wo die Arbeiten sind

Beim Durchsehen von 20 Jahren Tagebuchgekritzel, das sich manchmal wie »schweres Wasser« unter Brücken liest, das gute und schlechte Ideen, gebrochene Gedanken und Versprechen, verblassende Aktionen und vermisste Personen enthält, erinnere ich mich an Arbeiten, die ich aus den Augen verloren habe – manche Gemälde sind vielleicht für immer im Äther verschwunden –, und weiß zumindest, dass sich einige dieser Arbeiten in der Villa Flügel in guten Händen und in guter Gesellschaft befinden.

Es war Mitte der 80er Jahre in einer Kneipe in Köln, als ich zusammen mit dem Maler Ingo Meller zum ersten Mal A. K. begegnete. Er fing gerade an, Kunst zu sammeln (wie ich ein paar Jahre später erfuhr). Seit dieser Begegnung strömten immer wieder Neuigkeiten über und von Adrian persönlich durch mein Leben. Zum Beispiel: Tagebuch, Köln, November '89: A. K. bei Rolf Rickes Jubiläumsfeier; New York, 25. Oktober '93: A. K. in Galerie; New York 31. Oktober '93: Adrian im Atelier. Manchmal ist das Atelier ein gefährlicher Ort für Sammler und schädlich für die Psyche. Aber nicht für Adrian, der neugierig und direkt auf die Arbeiten zugeht, ohne schwülstiges Getue.

Im Laufe der Jahre hat er Arbeiten erworben, die andere als zu sperrig bezeichnet und eingeordnet haben. Wo andere vor einer Richtungsänderung der Ideen zurückschrecken, erhöht Adrian seinen Einsatz, was Konzept und Kontext betrifft. Kurz, der Mann hat Ahnung.

Steffi Hartel

Bereits als Kind war ich von den optischen Eigenschaften des Wassers fasziniert, besonders dann, wenn man bis auf den Grund durch es hindurchsehen konnte. Im Schwimmbad ließ sich wunderbar beobachten, wie es die Körper der Badenden verformt und die Kacheln des Beckens in ein psychedelisches Muster verwandelt. Ganz besonders gefiel mir schon damals, wie das Licht auf dem Wasser blitzt und funkelt. Nicht so schön empfand ich dagegen seinen rüden Umgang mit den Farben. Die Haut der Badenden schillerte nämlich merkwürdig grün, und die Badekleidung sah aus, als wäre sie verfärbt worden. Allein der Blauverlauf vom flachen zum tiefen Becken hin stimmte mich ein wenig versöhnlich.

Etwa 20 Jahre später fragte ich mich, ob ich nicht, zumindest im Modell, mit diesen Möglichkeiten spielen sollte: ein Gipsbecken bauen, auf die Bodenplatte ein Bild malen, also Wasser einfüllen, mit einem Föhn die Wasseroberfläche aufrauen, das Ganze gut beleuchten und Fotos davon machen. Diese Fotos lagen an einem Sonntagnachmittag, als Adrian überraschend bei uns vorbeischaute, auf dem Boden meines Ateliers herum. Ein glücklicher Zufall, wie sich wenig später herausstellen sollte. Denn genau zu diesem Zeitpunkt war er damit beschäftigt, sein Haus zu bauen. Für den Garten war ein Schwimmbad vorgesehen. Kein ausgewogenes Rechteck wie mein Modell auf den Fotos sollte es sein, sondern eine Bahn von ca. 16 Metern Länge. Er fragte mich, ob ich nicht Lust hätte, mir dafür etwas einfallen zu lassen ...

Even as a child I was fascinated by the optical properties of water, especially when you could see through it, all the way to the bottom. In swimming pools you could wonderfully observe how the bodies of bathers were distorted and how the tiles of the pool were transformed into a psychadelic pattern. I especially loved how the light gleamed and sparkled on the water. On the other hand, I didn't like the obscene effects on the colors. The skin of the swimmers shimmered a strange green, and their swimming suits looked like they were dyed. The only thing that struck my fancy somewhat was the progression of blue from the shallow to the depths of the pool.

Some twenty years later I wondered whether I should play with these possibilities, at least in a model. I decided to build a plaster pool, paint a picture on the bottom, add water, roughen the surface with a blow-dryer, illuminate the whole thing, and take photos of it. One Sunday, when Adrain payed us an unexpected visit, these photos were lying around my studio. It proved to be a fortunate coincidence, because at the time Adrian was in the process of building a house, and he was planning to put a swimming pool in the garden. It wasn't intended to be a well-balanced rectangle like my model in the photos, but a 16-meter-long Pool. He asked me if I wanted to design it for him...

David Reed

Very seldom do the difficulties of an art fair make art look better, but I have seen this happen a few times. *Examining Pictures*, a text painting from 1967–68 by John Baldessari, looked unbelievably right and just hilarious as it looked out at the rest of the Basel Art Fair in 1997. The painted text asks: "What do pictures consist of? What are they all about?" What is it to look at a painting?

When I studied at the New York Studio School in the winter of 1965–66, Milton Resnick would come in and talk to us about our work. Quietly approaching and then standing behind me while I painted, he would ask if he could work on my painting. Wanting to say no, I somehow knew that this was a lesson that could only be learned the hard way: "Yes, I would say." Putting his fingers on my palette, he would mix the pigments with white into a brownish mess and smear this horrible mixture over my favorite part of the painting, always my favorite part, ruining it. "Look at the whole painting," he would say. "Isn't it better now?" I would see that it was.

I learned a similar lesson while looking at Barnett Newman's retrospective at the Museum of Modern Art. I found to my surprise that I couldn't look at two zips in the same painting and relate them without also looking at the whole painting.

A few years later Knud Jensen, the founder and then director of the Louisiana Museum in Humlebæk, Denmark, came to a warehouse where I worked as the registrar of a corporate art collection. As we looked at paintings together, I asked about looking. He said that he had a technique which he had found helpful. Covering the painting mentally, he would pull a vertical edge across the surface, slowly revealing the painting from left to right. He hoped to be surprised.

On television I heard an astronaut speak about floating outside his capsule during a space walk. Looking at the earth revolve below, he tried to figure out what part of the

Nur selten führen die Schwierigkeiten einer Kunstmesse dazu, dass die Kunst besser aussieht, aber ich habe dies einige Male erlebt. »Examining Pictures« (1967/68), ein Text-Gemälde von John Baldessari, sah im Vergleich zu den anderen Arbeiten auf der Kunstmesse in Basel 1997 unglaublich richtig und geradezu übermütig aus. Der gemalte Text stellte die Frage: »What do pictures consist of? What are they all about?« Was heißt es, ein Bild anzusehen?

Als ich im Winter 1965/66 an der New York Studio School studierte, kam Milton Resnick herein und sprach mit uns über unsere Arbeit. Nachdem er sich leise genähert und hinter mich gestellt hatte, während ich malte, fragte er, ob er an meinem Bild arbeiten könne. Ich wollte nein sagen, wusste aber irgendwie, dass dies eine Lektion war, die nur durch eigenen Schaden gelernt werden konnte, also stimmte ich zu. Er nahm meine Palette, mischte die Pigmente mit Weiß zu einer bräunlichen Matsche, verschmierte diese furchtbare Mischung über meine Lieblingsstelle in dem Bild und ruinierte es. »Sieh dir das ganze Bild an«, sagte er. »Ist es so nicht besser?« Es war besser.

Eine ähnliche Lektion lernte ich, als ich die Barnett-Newman-Retrospektive im Museum of Modern Art besuchte. Zu meiner Überraschung stellte ich fest, dass ich nicht zwei Streifen in einem Bild anschauen und sie zusammenbringen konnte, ohne gleichzeitig das ganze Bild anzusehen.

Ein paar Jahre später kam Knud Jensen, der Gründer und damalige Direktor des Louisiana Museum in Humlebæk, Dänemark in das Lagerhaus, in dem ich als Archivar der Kunstsammlung eines Unternehmens arbeitete. Als wir uns gemeinsam die Bilder ansahen, fragte ich ihn nach dem Vorgang des Betrachtens. Er sagte, er habe eine Technik, die er hilfreich finde. Indem er das Bild im Geist abdecke, ziehe er einen vertikalen Rand über die Oberfläche und enthülle es so langsam von links nach rechts. So hoffe er, überrascht zu werden.

planet he was seeing. He recognized Texas, and then saw Houston, where he lived with his family, as it passed beneath his boot. The boot was larger than the whole city. He said that he felt a tearing inside himself as he tried to reconcile the different sizes. Sometimes I've felt something like this when looking at an artwork. I find myself lost in the seepage under the taped edge of a Newman. The details seem infinitely distant from the whole, but somehow, unlike the astronaut, even though it's sometimes uncomfortable, the farther I feel from the whole (while still aware of it), the better the experience of looking.

On a panel a painter was asked if there was any subject matter he felt he could not deal with in his work. "Monkeys." he said. "I would never paint monkeys." A young painter in the audience thought to herself. "That's what I need in my paintings: monkeys." Never again can there be any rules for painting.

Ich hörte einen Astronauten im Fernsehen darüber berichten, wie er während eines Spaziergangs im Weltall außerhalb der Raumkapsel geschwebt war. Er sah, wie sich die Erde unter ihm drehte, und versuchte herauszufinden, welchen Teil der Erde er sah. Er erkannte Texas und sah dann Houston, wo er mit seiner Familie lebte, als es unter seinem Stiefel vorbeikam. Der Stiefel war größer als die ganze Stadt. Er sagte, er fühlte sich innerlich am Zerreissen, als er versucht habe, die verschiedenen Größen miteinander in Einklang zu bringen. Manchmal spüre ich etwas Ähnliches, wenn ich ein Kunstwerk ansehe. Ich verirre mich in der durchgesickerten Farbe unter dem abgeklebten Rand eines Newmans. Die Details erscheinen unendlich weit vom Ganzen entfernt, aber im Gegensatz zum Astronauten und obwohl es manchmal unbequem ist, scheint die Erfahrung des Betrachtens umso besser, je weiter ich mich vom Ganzen entfernt fühle (und mir dieser Distanz bewusst bin).

Auf einer Podiumsdiskussion wurde ein Maler gefragt, ob es ein Sujet gebe, das er in seiner Arbeit nicht behandeln könne. »Affen«, sagte er. »Ich würde niemals Affen malen.« Eine junge Malerin im Publikum dachte bei sich: »Das ist es, was ich in meinen Bildern brauche: Affen.« Es kann niemals wieder irgendwelche Regeln für die Malerei geben.

Helmut Federle

»Es ist mein Verhältnis zur Tradition, welches mir den Weg in die Zukunft weist.«

»Ich tue etwas, was Menschen schon seit Jahrhunderten vor mir getan haben und was sie noch unabhängig von meiner Person, von jeder Person, Jahrhunderte nach mir tun werden. Mir geht es nicht darum, eine künstlerische Originalität zu entwickeln.«

»Ich sehe mich nicht als kreativer Mensch aus dem Jetzt heraus. Schon immer war mir der Dialog mit anderen Zeiten, anderer Kunst und anderen Kulturen ein Thema.«

»Die formale Arbeit ist nie eine Belehrung oder gar eine Behauptung, sondern eine Geste. Es geht um eine Äußerungsform, die man nicht beherrschen will, die dazu da ist, Klima zu sein. Es geht nicht um formale Äußerungen, nicht um das Dekorative, sondern um eine Energie, die auf gewissen ethischen Vorstellungen basiert.«

»Die Impression steht über dem Formalen, sie resultiert daraus. Die Impression ist eigentlich das, was man als Erstes und Letztes im Bild wahrnimmt. Es gibt kein Arbeiten, das nicht auch einer Stimmung unterliegen würde. Es gibt nicht das Bild vorher. Das Bild wird aufgedeckt.«

»Schwarz und Grau sind meine Lieblingsfarben. Schwarz ist eine noble Farbe, eine sehr schöne Farbe. Emotionell ist es natürlich eine tiefe Farbe, eine schwere Farbe. Es ist alles drin. Es gibt einen wunderbaren Aufsatz von Gottfried Böhm über meine Arbeit, da spricht er vom ›dunklen Licht‹ in meinen Bildern.«

"It's my relationship with tradition that shows me the way forward."

"I'm doing something that people have been doing for centuries before me and, regardless of me, regardless of any single person, will continue doing for centuries after me. I'm not bothered about artistic originality."

"I don't see myself as a creative person in terms of the here-and-now. Engaging in a dialogue with other times, other art and other cultures has always been important to me."

"Working with form is never didactic, let alone assertive – it's a gesture. It's about a means of expression that you don't want to have complete control over, that's there to create a climate. It's not about formal expression, about decoration, but about energy rooted in certain ethical ideas."

"Impressions take priority over form, which results from them. The impression is really the first and the last thing you perceive in an image. No kind of work is completely unaffected by moods. No image exists readymade. It is disclosed gradually."

"Black and gray are my preferred colors. Black is a noble color, a very beautiful color. Emotionally, of course, it's a deep color, a heavy color. Everything's contained in it. Gottfried Böhm wrote a marvelous essay about my work in which he talks about the 'dark light' in my pictures."

"A picture always has a location. The location should be capable of entering into a dialogue with the image, a meaningful dialogue. One measure of the quality of a picture is whether it has the strength to take up the dialogue."

»Ein Bild hat immer einen Ort. Der Ort sollte dialogfähig sein in Bezug zum Bild, hin zur Bedeutung. Eine Qualität erkennt man daran, dass die Bilder die Kraft haben, den Dialog aufzunehmen.«

»Ich bin ein Künstler, der eingreift. Ich versuche, in das Umfeld einzugreifen und das Umfeld zugunsten eines ›Mehr‹ zu verändern.«

»Es geht doch in einer Ausstellung nicht um Informationen über einen Künstler. Es geht um die Autonomie der Bilder, um den Eindruck.«

»Die Malerei ist verbraucht. Von Seiten der Gesellschaft gibt es keine Erwartung mehr an die spezifischen Fragen und Entwürfe, die diese Gattungen dem heutigen Stand entsprechend immer noch hätte. Diese Qualität will von der Gesellschaft nicht gelesen werden. Es ist im Moment sehr schwer, sich mit Malerei zu beschäftigen.«

"I'm an artist who intervenes. I attempt to intervene in my surroundings and to change them in the direction of More."

"Exhibitions are not about providing information on artists. They're about autonomous images, about the impression they create."

"Painting is exhausted. Society has no further expectations of this medium, and its quality can no longer be assessed by society. At the moment it's very difficult to be involved in painting."

Aus einem Gespräch mit Jan Thorn-Prikker, Dezember 1999.

From a conversation with Jan Thorn-Prikker, December, 1999.

Günter Umberg

Der Begriff »Malerei« war für mich nie von vornherein festgelegt. Der Umgang mit Malerei muss immer wieder neu bestimmt werden. Vieles hängt davon ab, wie ich mit meiner Malerei und Bildern anderer Maler umgegangen bin.

Im »Raum für Malerei« entschied ich mich auf die Präsentation einzelner Bilder zu konzentrieren. Anfang der achtziger Jahre – als die sogenannte wilde Malerei boomte – entsprach dies nicht dem Zeitgeist: Ausgangspunkt für eine Auseinandersetzung mit Malerei ist generell meine eigene Möglichkeit, ein Verhältnis zu einem Bild aufzubauen. Und das hängt mit meiner eigenen Arbeit zusammen. Es handelt sich um einen intensiven, subjektiven Erfahrungsaustausch.

»Körper der Malerei« bedeutet letztlich auch, dass man das Gegenüber als gleichberechtigt anerkennt. Wenn man sich so einem Gegenüber stellt, muss man das Bild in seiner Körperlichkeit anerkennen. Man muss das Bild in die Gegenwart zurückholen, es in einen Realitätsbezug stellen – und das kann der Raum sein, in dem man sich zur Zeit der »Begegnung« befindet. Man sollte das Bild nicht nur einem geistigen Aspekt zuordnen. Ein Bild ist ein reales Ding in einer realen Welt.

Es geht – ganz generell gesagt – um die Einstellung es Malers zur Welt, die man in seiner ganzen Komplexität sehen muss. Man wird erkennen, dass alle Regungen des Menschen in die Malerei eingebracht werden müssen, damit ein gutes Bild entsteht. Der Dialog, auf den der Betrachter sich mit dem Bild einläßt – oder nicht – bestimmt die Beziehung und eventuell die »Einsicht«. Und eine Dialogfähigkeit muss erlernt werden. Man muss seine Fähigkeiten in einen Dialog einzutreten, erkunden. Es geht weder um die Biographie eines Künstlers, noch um seine Karriere,

I have never viewed the term "painting" as being a prescribed one. One's dealings with painting have to constantly be redefined. Much is dependent on how I deal with my paintings and the works of other painters.

In "Raum für Malerei" (Space for Painting), I decided to present individual works. At the beginning of the 1980s – when so-called "wild painting" experienced a boom – this was not in line with the zeitgeist. The point of departure for an encounter with painting is generally my own possibility of building up a relationship to a work. And that concerns my own work. It is a question of an intensive, subjective exchange of experience.

"Körper der Malerei" (Body of Painting) means ultimately that one acknowledges another as being equal. When one confronts another person, one has to acknowledge the corporeality of the image. One has to bring the image back to the present, link it with reality – and that can be the space in which one finds oneself during the "encounter." One should not only assign an image a mental or spiritual aspect. An image is a real thing in a real world.

It's a question – put very generally – of the painter's attitude toward the world, which has to be viewed in all its complexity. To create a good work all human feeling has to be incorporated in a painting. The dialogue that the viewer has with a painting – or does not have – determines the relationship and possibly the "insight." And the ability to have dialogue has to be learned. One has to enter and probe one's abilities in a dialogue. It is not a question of the biography of an artist or of his career, but of direct access to works. I've always sought

sondern es geht um den direkten Zugang zu Bildern. Ich habe immer den Dialog mit anderen Künstlern gesucht, das heißt: mit anderen Bildern. Es ist ein wichtiger Aspekt meiner Reflexion über Kunst, dass ich mich immer wieder den Bildern gestellt habe, und dass mich über viele Jahre hinweg Bilder immer wieder begeistert haben.

dialogue with other artists, that is, with other works. An important aspect of my reflection on art is that I constantly view works and can be enthusiastic about works for years on end.

Aus einem Gespräch mit Amine Haase, Juli 2000

From a conversation with Amine Haase, July, 2000

Ten Years After

Ein Interview von AK
mit Konstantin Grčić (KG)

Konstantin Grčić sitzt in der Konstantin-Grčić-Küche und blättert im Dummy für den Mondstudio Katalog. »Schön«, sagt er, »dass du so viel Malerei gesammelt hast. Ich war gerade in Venedig auf der Biennale, und am meisten beeindruckt hat mich, bei all dem medialen Getöse und Geflimmer und den Farbstakkatos, am meisten beeindruckt hat mich der Belgische Pavillon mit den so eindrucksvollen, ruhevollen Bildern Luc Tymans. Das war eine starke Installation, die zu einem nachhaltigen Eindruck führte.«

AK: Der Arbeitstitel für diesen Text heißt »Ten Years After«. Auf meine erste Frage, ob du die Gruppe kennst, hast du geantwortet, du kennst sie genauso wie ich, und für uns beide war das eine der ersten einflussreichen Gruppen, denen wir zuhörten, und wir beide mögen ihre Platte »Undead« offenbar immer noch.

Zehn Jahre, nachdem du als Interiordesigner für die Villa Flügel angeheuert wurdest, bist du jetzt schon einer der bedeutendsten Designer weltweit. Würdest du das selbst auch so sehen?

KG: Das würde ich natürlich selber nie so sagen ... Ich glaube, was für mich wichtig war, ist, dass ich von Anfang an sehr international gearbeitet habe, dass die Arbeit von meinem kleinen Büro in München aus immer sofort nach außen ging, das war ganz wichtig und hat mich in Deutschland zu einem »Vorzeigedesigner« gemacht. In Deutschland gibt es leider nur wenige kleine Büros wie meines, die es schaffen, trotz ihrer Größe auf einem internationalen Forum und sehr vielseitig zu arbeiten.

AK: Jedenfalls können wir uns darauf einigen, dass dein Name in kurzer Zeit bekannt geworden ist, und meine Frage in diesem Zusammenhang ist, ob »Zeitbewusstsein« bei der Entwicklung deiner Arbeiten eine Rolle spielt, ob du

An Interview between AK
and Konstantin Grčić (KG)

Konstantin Grčić is sitting in the Konstantin Grčić kitchen and leafing through a dummy for the Mondstudio catalogue. "It's great," he says, "that you've collected so many paintings. I was just at the Biennale in Venice, and what impressed me most, amid all the media fanfare and fuss, among all the color staccatos . . . what impressed me most was the Belgian pavilion with Luc Tyman's striking, peaceful works. It was a great installation and made a lasting impression on me."

AK: **The working title of this text is "Ten Years After." You've already answered my first question, about whether you know the group. You know them just as well as I do; it was one of the first influencial bands we listend to, and we both still like their record "Undead."**

Ten years after you were hired as an interior designer by Villa Flügel, you're now considered one of the world's most important designers. Would you say the same?

KG: **Of course I would never say something like that . . . What was important to me was that I worked internationally from the very beginning, that the work in my small office in Munich went out into the world immediately. That was very significant and made me a "showcase designer" in Germany. Unfortunately, in Germany there is not much of a culture of small offices like mine that work in an international framework and in very diverse ways.**

AK: **At any rate, we agree that your name became well known quickly. And my question in this context is whether "time awareness" has played a role in the development of your work, whether you have a certain sense of time in your work, and what the word contemporaneousness means to you?**

KG: **I think time plays an important role in my work. I live very consciously in the here and now; for me the**

dich in eine gewisse Zeit versetzt und was Zeitgenossenschaft für dich bedeutet? Gibt es Moden, oder Abwehrmechanismen gegen sie oder spielt dies für dich keine Rolle?

KG: Ich glaube, Zeit spielt eine wichtige Rolle. Ich lebe sehr bewusst in der Jetzt-Zeit, für mich ist die Gegenwart eigentlich das Entscheidende. Die Geschichte, die Historie interessiert mich, und ich finde es auch eine wichtige Grundlage, – eine, aus der man lernt, aber die man nicht versuchen sollte, künstlich am Leben zu halten oder zu kopieren. Die Geschichte, das Gewesene, das schon Existierende als etwas, was man verstehen muss. Die Jetzt-Zeit ist ganz eindeutig der Moment für meine Kreativität – während ich finde, dass die Zukunft unheimlich schwer vorstellbar ist. Das ist eine Frage, die mir oft gestellt wird als Designer, weil man Design oft mit Zukunftsvisionen verbindet; der Prototyp des Designers, der sich Raumschiffe ausdenkt, dieses Bild erfülle ich eigentlich gar nicht. Nicht, weil ich diesen Gedanken nicht spannend finde, nur finde ich es fast überheblich, einfach zu ungenau, in die Zukunft blicken zu wollen, denn es ist schon

here and now is the most important thing. I'm interested in history, and I think it's an important basis, but in history I can learn from and not history I try to keep alive or copy artificially, as it were. History, the past, what has already existed, is something you have to understand. I think it's very hard to use the here and now as impetus for creativity, for the future. As a designer, I've often been asked this question, because design is often linked to future visions: the prototypical designer who designs spaceships – I don't fit this image at all. Not because I don't find these ideas exciting. But I think it's almost arrogant, simply too imprecise, to look to the future. It's hard enough knowing what next year will bring.

I have my own cycle of preferences and things. I have phases like any painter or person who works creatively or designs; there are always certain topics of overriding importance that you deal with, but these topics change. You move on to another topic, take a step forward, keep moving on. I don't know if these are just fashions.

AK: This question came to mind because of a Verner

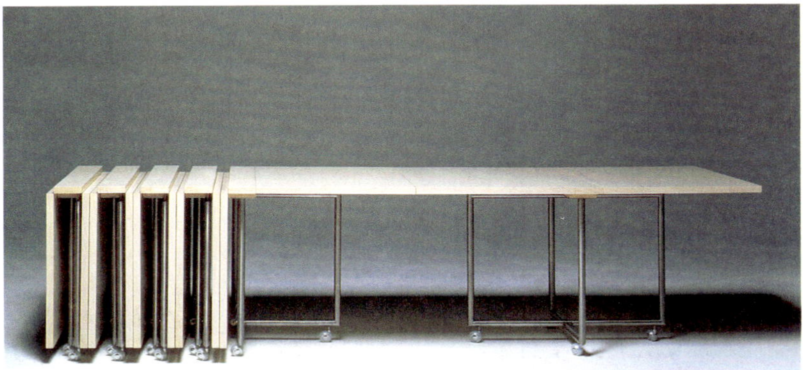

schwer genug zu erahnen, was nächstes Jahr sein wird.

Was die Moden angeht, so habe ich natürlich gewisse Vorlieben für Dinge und Themen; manchen dieser Themen bleibt man das ganze Leben lang verbunden und andere verändern sich oder wechseln. Ob wir dabei von Moden sprechen, ist eigentlich nicht relevant.

AK: Ich komme auf diese Frage, weil es vor einiger Zeit eine Verner-Panton-Retrospektive im Vitra Museum gegeben hat. Plötzlich hat man gesehen, dass das, was er gemacht hat, aus einer bestimmten Zeit kommt, aber auch eine Zeit geprägt hat. Demgegenüber scheint mir, dass deine Arbeiten, deine Entwürfe schon eine größere Zeitlosigkeit haben.

KG: Das weiß ich nicht, das kann auch einfach nur daran liegen, dass unsere Zeit nicht mehr so klare Bilder vorlegt wie die 70er Jahre, als plötzlich die Farbe, bedingt durch neue Werkstoffe, so extrem ins Spiel kam. Es waren sehr prägende Dinge, die einen bestimmten Stil, eine bestimmte Gestaltung auch provoziert haben – das gibt es heute nicht. Ich glaube, das Typische für unsere Zeit, für die 90er Jahre, ist, dass es keine so konkret sichtbaren Merkmale gibt; es sind subtilere Dinge oder es ist einfach auch die Vielfalt der Möglichkeiten. Vielleicht wird es rückblickend, wenn man mal in 20 Jahren zurück auf die 90er Jahre schaut, viel genauer, viel klarer werden. Das Zeitlose ist für mich nie eine Motivation, es ist eine Qualität, die ich schön finde, aber es ist nie der Ausgangspunkt. Ich denke, wenn es mir gelingt, Dinge – jetzt komme ich wieder auf dieses »Jetzt«, auf diesen Moment – Dinge zu gestalten, die für den Moment richtig und gut und schön sind, dann ist das schon ganz schön viel. Und wenn daraus Dinge werden, die auch für einen längeren Zeitraum Bestand haben, dann ist es noch mehr und ganz toll. Ich spreche jetzt nicht von einer Verantwortung – die man sicher hat, nicht nur »Wegwerfmüll« zu produzieren. Aber ich finde diese Suche nach zeit-

Panton retrospective I saw at the Vitra Museum a while back. Suddenly you could see that his work came from a certain era, and that at the same time it had an impact on an era. By comparison, it seems to me that your works, your designs, are more timeless.

KG: **I'm not sure. It might simply be that our age no longer provides such clear images as, say, the 1970s did, when suddenly color, due to certain materials, came into play so strongly. There were very characteristic images, prompted by a certain style, a certain design – that doesn't exist today. I think a typical characteristic of our age, of the 1990s, is that there are no longer such clear features. Things are subtler, or there are simply various possibilities. Perhaps it's only in retrospect, when looking back to the 1990s in twenty years' time, that these things will become much more precise, much clearer. But, I don't think that timelessness was ever a motivation for me; it's a quality I like, but it's never a point of departure. I think that when I manage – and now I return to the here and now, to the present moment – to design things that are appropriate and good and beautiful for this moment, that's achieving quite a lot. And if I manage to design things that are long-lived, that's even better, that's just great. I'm not talking about our responsibility – which we surely have – not to produce "throw-away garbage." But I think this urge to create timeless things, the "classics of tomorrow," is nonsense – it can never be your motivation.**

AK: **That's interesting, because most of the artists whose work I collect feel exactly the same way. None of them wants their work to be valid only when it is hanging in a museum, but they are interested in the work per se.**

There is an unmistakable Konstantin Grčić style – and now I should really describe it – but I'd like to ask you if you can or want to recognize a Konstantin Grčić style?

losen Dingen, den »Klassikern von morgen«, unsinnig, das kann nie eine Motivation sein.

AK: Das ist deshalb interessant, weil es den meisten Künstlern, die ich hier sammle, genauso geht. Keiner möchte sozusagen die Gültigkeit irgendwann durch das »Hängen im Museum« erreichen, sondern es geht wirklich um die Arbeit, die gemacht wird.

Es gibt einen unverkennbaren Konstantin-Grčić-Stil, und jetzt müsste ich eigentlich sagen, wie der aussieht, aber ich möchte doch gerne von dir wissen, ob du selbst einen Konstantin-Grčić-Stil erkennen kannst, erkennen willst? Und wenn ja, müsste dahinter eine Konstantin-Grčić-Philosophie versteckt sein, deren sichtbarer Ausdruck dann der Konstantin-Grčić-Stil wäre?

KG: Das ist ungefähr die schwierigste Frage, die du mir überhaupt stellen kannst. Ich weiß es nicht. Diese Frage stelle ich mir natürlich selber nicht, weil ich auch nicht nach der Antwort suche. Ich glaube, in dem Moment, wo die Antwort klar wäre, fände ich es langweilig. Im Grunde ist diese Aussage Teil einer Antwort, nämlich dass der Stil oder das, was am Schluss meine Arbeit irgendwie verbindet, eine bestimmte Arbeitsweise, ein Arbeitsprozess ist. Dazu gehört eine klare Disziplin, die ich auch wichtig finde und die ich mir auferlege, um durch Unsicherheiten und das Dickicht von Problemen zu navigieren. Das andere sind einfach nur ganz subjektive Vorlieben und Interessen. Ich glaube, was meiner Arbeit immer zu eigen ist, ist eine Präzision. Ich mag das Präzise. Das kann zum Teil auf einem ganz einfachen Level stattfinden, z. B. das Detail im Umgang mit dem Material, die Verarbeitung. Auf einer anderen Ebene ist es auch die Präzision von einer Idee, von Gedanken in der Umsetzung, und darin sehe ich sicher ein übergeordnetes Projekt, eine Meta-Ebene von Projekt. Es geht mir um eine Essenz von Dingen, man arbeitet nicht einfach drauf los, man stellt erst auch viele Fragen und

And if so, wouldn't there be a Konstantin Grčić philosophy behind it?

KG: **That's a very hard question to answer. I don't ask myself this question, because I'm not looking for the answer. The moment the answer became clear, I would find it boring. In a sense what I'm saying now is an answer, namely, that the style or whatever it is that unites my works in the end, is a certain way of working, a working process. This includes strong discipline, which I consider important and which I impose on myself in order to navigate through uncertainties and the jungle of problems. The other aspect is simply very subjective preferences and interests. I think that what all my works have in common is precision. I like precision, sometimes on a very simple level – for example, details when dealing with the material, in the processing. On another level it's a conceptual precision, the implementation of an idea, which I see as an important project in itself, a meta-level of a project. I'm interested in the essence of things. I don't simply start working; I ask questions and try to understand a**

versucht, ein Projekt so von Grund auf zu verstehen. Erst wenn ich das Gefühl habe, an einen Punkt zu kommen, wo ich etwas verstehe, kann ich agieren. Ich bin sicher eher jemand, der reagiert, als einer, der von vornherein einfach Aktionen macht; ich empfinde das Reagieren auch ganz klar als Teil meines Designverständnisses, der Dinge, die ich beobachte und auf die ich Antworten gebe. Ich beschäftige mich mit Problemen; das motiviert mich zu arbeiten, aber ich arbeite als Designer eigentlich nie spekulativ, ins Blaue hinein. Alle Arbeiten, die ich mache, sind Auftragsarbeiten – sie entstehen also aus einer bestimmten Situation heraus. Das Projekt hat eine Fragestellung, oder es gibt einen Gedanken, auf den ich reagiere und aus dem ich meine Kreativität schöpfe.

AK: Wie begann eigentlich unsere Zusammenarbeit und gab es von Anfang an den Plan, relativ schnell viele Möbel zu entwerfen? Wenn ich mich richtig entsinne, gab es einen Auftrag, einen Tisch, den Ausziehtisch, und die Küche zu entwerfen. Und dann hat sich daran immer wieder etwas angeschlossen.

project at its very roots. Only when I feel I've reached the point where I understand something, can I act. I'm someone who reacts rather than simply acting from the very outset. And I consider reaction to be a clear component of my understanding of design; I look at things and then supply answers. I deal with problems: that's what motivates me to work. But I hardly ever work speculatively as a designer, taking a shot in the dark. All the works I execute are commissioned works – they arise from a certain situation. So certain questions have to be answered with the project, or there are certain ideas to which I react and from which I draw my creativity.

AK: **How did our cooperation begin anyway? Was there a plan from the beginning to design several pieces of furniture relatively quickly? If I remember correctly, there was a plan to design a pullout table and the kitchen. And then things were constantly added.**

KG: **It was good that it happened that way. I'm actually opposed to interior design as a process, and you surely are, too. That wasn't your idea to begin with, and the projects**

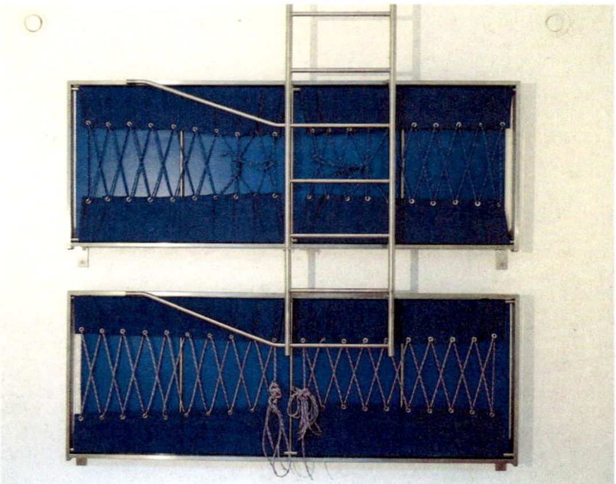

KG: Es war gut, dass es so gelaufen ist. Eigentlich bin ich gegen Interiordesign als Prozess und du bist es sicher auch; die Projekte, die wir zusammen gemacht haben, haben sich eines nach dem anderen entwickelt, genauso wie man ein Haus, eine Wohnung belebt: Man zieht ein und dann braucht man noch dies und jenes. Das entspricht meinem Bild von Design und auch von einer Lebenswelt. Die Arbeit hat begonnen, wie Projekte immer entstehen: über einen persönlichen Kontakt. Projekte entstehen immer aus dem Dialog zwischen zwei oder mehreren Menschen. So war es auch bei uns, und ich glaube, es hätte nicht funktioniert, wenn wir uns nicht auf einer ganz privaten Ebene verstanden hätten. Ich muss sagen, dass ich seit unserer Zusammenarbeit nie mehr so etwas gemacht habe.

AK: Aber nicht, weil du schlechte Erfahrungen gemacht hast?

KG: Nein, ganz im Gegenteil. Ich glaube, es war eine außergewöhnliche Erfahrung, aber es war auch eine, die ich nicht noch einmal wollte. Sie war nicht zu wiederholen oder gar zu überbieten. Ich habe seitdem mein Büro oder meine Arbeit mehr in Richtung Industrie gerichtet und Projekte gesucht, die eng an Hersteller gekoppelt sind.

AK: Nachdem ich jetzt seit mehr als sechs Jahren in diesem Haus mit deinen Möbeln, Tischen, Betten, Regalen, mit der Konstantin-Grčić-Bulthaup-Küche, aber auch mit deinen Gläsern, deinen Schalen etc. lebe, habe ich festgestellt, dass ich alle diese Gegenstände, obwohl sie ja Gegenstände des Gebrauchs sind, ungemein wahrnehme, und zwar immer wieder wahrnehme, eigentlich täglich wahrnehme. Und das, obwohl – oder vielleicht gerade weil – alle deine Entwürfe eine große Zurückhaltung ausstrahlen. Das ist ein Phänomen. Also, deine Entwürfe, deine Arbeiten haben wirklich das Gegenteil von »Rufen in der Wüste« oder Schreien, und trotzdem nimmt man sie über die Maßen wahr – und das geht nicht nur mir so.

we did together reveal this fact. They developed one after the other, the way one furnishes a house or a flat. You move in and then you need this or that. This corresponds to my image of design and a living environment. The work started the way projects always do: via personal contact. Projects always emerge from dialogue between two or more people. That's how it was with us, and I think it wouldn't have worked if we hadn't gotten along well on a personal level. I must say, I haven't done anything comparable since we worked together.

AK: **But not because it was a bad experience?**

KG: **No, on the contrary. I think it was an extraordinary experience, but not something I wanted to do again. It can't be repeated, let alone topped. Since then I've geared my office and my work much more to industry and sought projects closely tied to manufacturers.**

AK: **Now that I've lived for more than six years in this house with our furniture, tables, beds, shelves, with the Konstantin Grčić Bulthaup kitchen, as well as with your glasses, dishes, etcetera, I've become aware of the fact that I pay a great deal of attention to these objects, though they're only everyday articles. I pay attention to them again and again, pay attention to them daily, really. And this although – or perhaps precisely because – all your designs emanate a deep sense of reserve. That is quite a phenomenon. Your designs, your works are the opposite of calls in the desert or cries, yet one still pays special attention to them – and not only me.**

KG: **I think that has something to do with my person; I'm simply not a person who is loud. As I said, I'm mainly interested in precision, which lies in all the little gestures, in the details, in the shrewd idea, in the thoughts.**

AK: **And perhaps also in your own thoughtfulness, which becomes visible, so to speak.**

KG: **True. And I don't do this consciously; it's in my**

KG: Ich glaube, das hat natürlich auch etwas mit meiner Person zu tun, ich bin einfach nicht der Mensch, der laut ist. Wie gesagt, es geht mir vor allem um Genauigkeit, sie liegt in all den kleinen Gesten, in den Details, in der scharfsinnigen Idee, in der Überlegung.

AK: Auch in der Nachdenklichkeit vielleicht, die durchaus sichtbar wird.

KG: Ja, eben, und das betreibe ich gar nicht bewusst, es liegt mir in der Natur, und das Schöne an der Arbeit als Designer ist, dass die Arbeit wirklich etwas mit dem Leben zu tun hat und ich meine Arbeiten gar nicht trennen muss von dem ganz Alltäglichen und meinem eigenen Umgang mit Objekten.

AK: Ich denke demgegenüber z. B. an Sottsass, der diese Memphis-Möbel gemacht hat. Immer, wenn man sie sieht, sagt man: Oh! Sottsass! Memphis!, dann guckt man vielleicht noch zwei, drei Minuten hin und dann hat man es aber gesehen und weiß, wie es konstruiert ist usw. Das halte ich im Grunde für geheimnisloser, wenn ich es so pathetisch sagen will, als viele deiner Arbeiten, die für mich sehr hintergründig sind und die daher auch zu der Sammlung passen, die ich hier zusammengestellt habe. Es sind alles keine »Lauten«, die ich zusammengetragen habe. Ich wußte am Anfang nicht, dass du so gut in diesen Kontext passen würdest, aber es hat sich so ergeben und nun ist es offensichtlich, finde ich. Dein Zusammenhang, mein Zusammenhang sind sicherlich auch in Verbindung mit dem Architekten Jürgen Willen zu sehen, der auch wesentlichen Anteil hatte an der Entwicklung dieser ganzen Geschichte.

Alle deine Entwürfe und viele deiner Produktionen sind schlichtweg schön, perfekt und nichts daran ist im Sinne einer Verbesserung zu ändern. Der Galerist Wittrock hat schon Möbel von dir auf der besten Kunstmesse der Welt, der Art Basel, ausgestellt. Üblicherweise werden dort ja

nature. The nice thing about working as a designer is that your work has something to do with life, that I don't have to separate my work from everyday life and my dealings with objects.

AK: **In contrast, I think, say, of Sottsass, who designed this Memphis furniture. Whenever you see a piece you say, "Oh, Sottsass, Memphis." You look at it for two or three minutes, and then you've seen it, you know how it's constructed and so on. I think such works are less secretive, if I can put it so dramatically, than many of your works, which are very subtle and profound and thus go with the collection I've brought together here. I haven't brought together "loud" things. I wasn't aware of this at the beginning, nor that you would fit so well into this context, but it turned out that way and now it's obvious, I think. Your context, my context, can also be seen in connection with Jürgen Willen, who played a considerable role in the development of this whole thing.**

All your designs and many of your productions are simply stunning, perfect, and can't be improved upon. The gallery owner Wittrock has exhibited your furniture at the world's best art fair, Art Basel. Normally no furniture is shown there. It seems you have been put in the company of important artists. Do you search for truth, beauty, goodness? Is there, say, a connection between Goethe and Grčić going beyond the current exhibition in Rome, Weimar, and the United States? And if so, what is the link? Is there a spiritual affinity – I know this is strong phrase – between you and the classics in general or German classics? Or are you more inclined toward the Romantics? Is there a link?

KG: **It's hard for me to see such a clear link. Goethe was incredibly modern for his time, open and interested in so many things – I find this fascinating. He was surely someone who was searching for something. I don't know if it was a search for truth, because I think our age has come to the**

keine Möbel gezeigt. Du bist offensichtlich im Kreis bedeutender Künstler untergebracht worden. Suchst du selbst nach dem Wahren, Schönen, Guten? Gibt es beispielsweise eine Verbindung Goethe/Grčić, über die aktuelle Ausstellung in Rom, Weimar und USA hinaus? Und wenn ja, wo liegt diese Verbindung? Gibt es – großes Wort – eine Geistesverwandtschaft zwischen dir und der Klassik im Allgemeinen oder den deutschen Klassikern? Bist du eher den Romantikern zugeneigt? Hast du da eine Verbindung?

KG: Es würde mir schwerfallen, diese Verbindung so klar zu sehen. Goethe, das muss man sich vorstellen, war als Mensch zu seiner Zeit einfach unglaublich modern, offen und interessiert an so vielen Dinge, das finde ich faszinierend. Sicherlich war er jemand, der auf der Suche nach etwas war. Ich weiß nicht, ob es die Suche nach einer Wahrheit war, weil ich glaube, es ist eine Erkenntnis unserer Zeit , dass es nicht nur eine Wahrheit gibt, und das ist auch ganz entscheidend für meine Arbeit. Ich weiß auch nicht, ob das, was ich heute für richtig halte, auch morgen noch Gültigkeit hat und mir ist klar, dass etwas, was mir heute noch fremd ist oder unwichtig erscheint, mich plötzlich faszinieren kann. Wenn man meine Arbeit verfolgt, selbst die Arbeit der letzten zehn Jahre, gibt es Dinge, die ich damals als richtig empfunden habe und so gemacht habe, wie ich sie gemacht habe. Heute würde ich sie sicher anders machen.

AK: Für diese Goethe-Ausstellung hast du auch Gegenstände aus dem Goethe-Archiv ausgesucht?

KG: Die Einladung, diese Ausstellung zu machen, kam von der Casa di Goethe in Rom. Die hatten mit Weimar abgesprochen, dass zwei Künstler oder zwei Kuratoren kämen. Zum einen ich und zum anderen Katharina Sieverding, von der es jetzt im Herbst eine Ausstellung geben wird. Uns sollte völlige Freiheit gegeben sein, selber zu entscheiden, mit welchem Material wir eine Ausstellung machen wollten. Ich bin damals erstmal nach Weimar gefahren, ohne zu

realization that there's not just one truth, and that's very important for my work. And I don't know whether what I consider to be right today will be valid tomorrow. Something that seems foreign or unimportant to me today can suddenly fascinate me. In my work, even the work I've done over the last ten years, there are things I considered important that I would do differently today.

AK: **For the Goethe exhibition you actually selected objects from the Goethe archives?**

KG: **I was invited to stage this exhibition by the Casa di Goethe in Rome. They had agreed with Weimar that two artists or two curators would be invited. I, on the one hand, and Katharina Sieverding, on the other, who will have an exhibition in March. We were given complete freedom to decide what material to use for the exhibitions. I went to Weimar without knowing what I would find. And of course it was very difficult for me as a non-expert to select something from the Goethe collection to use in an exhibition. Goethe was a scholarly, scientific collector, passionate and very professional; he was even paid to collect. The discovery**

wissen, was ich vorfinden würde. Und natürlich finde ich es ausgesprochen schwierig, mir als Laie aus der Sammlung von Goethe etwas Schönes auszusuchen, um damit eine Ausstellung zu machen – Goethe war ja wirklich ein Sammler im wissenschaftlichen Sinne, leidenschaftlich und sehr professionell; er wurde sogar dafür bezahlt zu sammeln. Die Entdeckung oder, ich kann fast sagen, die Erlösung, kam eigentlich durch einen Fehler oder Unfall: Die nette, sehr behutsame Dame, die das Archiv von Goethes Dingen verwaltet, hat mir aus Versehen etwas gezeigt, was sie mir gar nicht zeigen wollte, nämlich einen Teil des Bestandes von Dingen, die nach Goethes Tod übrig geblieben waren, aber keinen kunsthistorischen, wissenschaftlichen Wert hatten und überhaupt nicht zuzuordnen waren. Es waren Dinge, mit denen Goethe gelebt hatte, die er einfach aufbewahrt hatte, aber sie hatten weder einen materiellen Wert noch überhaupt eine Bedeutung. Es waren wirklich nebensächliche Dinge wie ein kleiner Bindfaden mit fünf Hosenknöpfen oder ein kleines Pappschächtelchen mit sechs Nägeln. Hier ging für mich plötzlich eine irrsinnige

– or you could say the relief – came for me through a mistake or accident: The nice, very gentle lady who manages the Goethe archive inadvertently showed me something she didn't intend to show me, namely, some of the things in Goethe's possession when he died. But these things didn't have any art-historical or scholarly importance and couldn't really be pinned down. They were things that Goethe lived with, that he kept, but that didn't have any material value or significance. They were peripheral items, like a piece of string with five trouser buttons or a little cardboard box with six nails. Suddenly an incredible world opened up to me, which was also part of Goethe's life and which I suddenly felt very close to, felt a close affinity with. For some reason he didn't throw away these trouser buttons; he probably found them appealing. I don't think Goethe was an old miser who couldn't part with things, he simply had an extremely modern appreciation of simple things, of things that have no material value whatsoever, but which for him had another kind of significance, a very emotional, very sensual significance. That fascinated me,

Welt auf, die auch ein Teil von Goethes Leben war, und der ich mich plötzlich sehr nahe, sehr verwandt gefühlt habe. Aus irgendeinem Grund hat er diese Hosenknöpfe nicht weggeschmissen, er fand sie wahrscheinlich schön. Ich glaube nicht, dass er nur der alte »Kauz« war, der sich nicht trennen konnte von Dingen, In Goethes Sinn für Dinge erkennt man ganz stark auch eine absolut moderne Sicht auf die einfachen Dinge, auf die Dinge, die materiell überhaupt keinen Wert haben, aber die für ihn trotzdem eine andere Art, eine ganz emotionale, eine sinnliche Bedeutung haben. Das hat mich fasziniert und so habe ich eine Ausstellung von 60 Objekten mit Dingen gestaltet, die wirklich aus der Küchenschublade von Goethe kommen: Dinge, die keinen Wert haben, die ihn aber so sehr menschlich machen hinter der Fassade der absoluten Übergröße. In seinem Haus in Weimar gibt es diese eigenartige Trennung zwischen repräsentativem Leben, den Räumlichkeiten, wo er Gäste empfangen hat, und seinem Arbeitszimmer, seiner Schreibstube – das wäre nach heutigen Maßstäben ein Workplace, eine Workstation – und das hat mich unheimlich beeindruckt.

AK: Mich hat das damals auch sehr beeindruckt, vor allem die Schlichtheit, mit der das Ganze eingerichtet, gestaltet ist. Obwohl er ja Möglichkeiten gehabt hätte, sich viel repräsentativer zu geben...

Ich komme jetzt zu meiner letzten Frage: Ich habe immer wieder Besucher hier im Haus. Keiner von Ihnen hat mich jemals gefragt, ob er dieses oder jenes Bild, diese oder jene Arbeit kaufen oder ausleihen könnte. Aber ganz viele meiner Besucher haben nicht nur deine Arbeiten bewundert, sondern oft auch um Händlernachweise gebeten, die Möbel – zum Zwecke des Nachbaus – fotografiert, oder einfach nur ganz traurig geschaut, wenn ich ihnen sagen musste, dass alle diese Möbel Einzelstücke seien, und du keine solchen Möbel mehr herstellen ließest. Warum

and so my exhibition of sixty objects comprises things that literally came from Goethe's kitchen drawers: things that have no value but that make him appear very human behind the façade of the titanic figure. In his house in Weimar there is strange division between representative life – the areas where he received guests – and his workroom, his writing den. Today it would be considered a workplace, a workstation, and that impressed me enormously.

AK: **I was incredibly impressed, too, when I was there by the plainness of the furnishings, of the design, although he could have presented himself much more representatively.**

And now I come to my last question: I've had numerous visitors to this house over the years. None of them has ever asked me if they could buy or borrow this or start painting, this or that work. But many of them have admired your work, and some have even asked me for the name of the dealer, or photographed the furniture so they could make copies, or simply looked dejected when I told them that all the pieces of furniture were one-off items that cannot be reproduced. Why don't you meet such active interest with more offers? I have to ask this question in the name of all your fans, and it has to be asked the way it will be posed to the Rolling Stones some day: Why don't you go on tour any more, for heaven's sake! There are huge numbers of people who want a table like this, or a shelf like this, or both.

KG: **I'm simply not interested. The pieces of furniture are for you and your house and they emerged from a clear context. It would be hard for me to take them out of this context and put them somewhere else. The exact opposite is true of the works that I execute today as an industrial designer. These objects are always very anonymous; they stand on some shelf in a department store and then move on to somebody's house. I don't know this house or the people who live there. I am fascinated by this, too, but the**

begegnest du dieser offensichtlichen Nachfrage nicht mit weiteren Angeboten? Diese Frage muss ich im Namen aller deiner Fans stellen, und sie muss fast genauso gestellt werden wie die Frage eines Tages an die Rolling Stones gestellt werden wird: Warum geht ihr denn um Gottes willen nicht mehr auf Tournee? Es gibt irrsinnig viele, die so einen Tisch wollen oder ein Regal oder beides.

KG: Es interessiert mich einfach nicht. Die Möbel sind für dich und dein Haus, und sie sind ganz klar umrissen und für Deine Situation entstanden. Ich fände es schwierig, sie aus diesem Kontext herauszunehmen und woanders zu platzieren. Die Arbeiten, die ich heute, eben als Industriedesigner, mache, die gehen ja genau in die andere Richtung. Die Objekte finden immer einen ganz anonymen Platz, sie stehen irgendwo im Kaufhaus im Regal und wandern zu irgendjemanden nach Hause. Dieses Zuhause kenne ich nicht und ebensowenig die Bewohner. Dieses Szenario fasziniert mich schon, aber die Arbeiten, die hier entstanden sind, haben einen ganz anderen Ursprung und eine ganz anderen Ausrichtung. Aus welchem Grund sollte ich die Dinge noch mal reproduzieren lassen? Wir könnten uns einigen, wir könnten uns absprechen, wenn du nichts dagegen hättest, das ginge schon, aber erst einmal stelle ich mir die Frage, warum überhaupt? Ich fände es richtig und sinnvoller, wenn diese Leute auf mich zukämen, um im Grunde mit mir Ähnliches zu entwickeln, wie wir zusammen damals entwickelt haben, nämlich Dinge, die für deren Ansprüche und Bedürfnisse sozusagen maßgeschneidert sind.

AK: Das ist gut, das hilft mir sehr, die Fragen meiner Freunde zu beantworten.

KG: Es ist eine interessante Entwicklung, die ich wahrscheinlich genau in diesem Zeitbogen von damals bis jetzt durchlebt habe. Damals waren das Einzelmöbel, die meiner Vorstellung von Arbeit und Qualität entsprochen haben.

works that were done here have an entirely different origin and an entirely different orientation. So why should I have them reproduced? We could come to an agreement, if you don't have any objections, it could be done. But why? I think it would make more sense if these people asked me to develop things similar to the ones we developed together, but things tailored to their needs, so to speak.

AK: **That's good. That will help me very much to answer my friends' questions.**

KG: **The development I've made – probably within exactly this time frame – is very interesting. At the time it was individual pieces of furniture that corresponded to my ideas about work and quality. Then I moved away from this and became fascinated by anonymous products, so to speak, by multiplication, not even an edition of a certain number of pieces, but any number – 1,000, 10,000, 100,000 – a very anonymous development. My objects go out into the world, and at that moment they come back to me again. I discover the significance of the works for much more special**

Dann habe ich mich abgewendet und mich hat das anonyme Produkt fasziniert, die Multiplikation. Im Moment komme ich eigentlich wieder zurück, ich entdecke diese Bedeutung von Arbeiten für viel speziellere Situationen. Das hat wieder etwas geweckt in mir: Arbeit in ganz bestimmten Situationen für einen Moment oder für eine bestimmte Person, die ich kenne. Selbst bei Projekten für die industrielle Produktion habe ich mir angewöhnt, an Menschen aus meinem persönlichen, mir vertrauten Umfeld zu denken. Das ist etwas ganz anderes, als wenn Marketingmenschen über Zielgruppen reden. Es ist also vorgekommen, dass ich mir dich vorstelle und du bist dann im Moment der Prototyp von Benutzer von so einem Ding, das ich entwerfe und das macht eigentlich großen Spaß.

situations. That triggers something in me. I imagine the works in very special situations, for certain moments or certain people I know. I imagine working on very anonymous things, creating mass-produced things for real people as virtual customers. This is different from when marketing people talk about target groups. For example, I imagine you as someone I know, who has a face and name, someone whose life I know something about. And perhaps at that moment you are the prototype of a user of a thing I design, and this is a lot of fun.

Installationen / Installations

1995
»ohne Titel« (S. Baumkötter, B. Frize, D. Judd, J. Marioni, M. McCaslin, I. Meller, W. Roeth, R. Ryman, F. Thursz)

232/233 1996
(H. Federle, H. Hamak, S. Hartel, S. Linke, M. McCaslin, L. Milroy, D. Reed, R. Ryman, A. K. Schulze, A. Uglow, P. Zimmermann, J. Zeniuk u. a.)

1996
»Shadows« (M. Balka, G. Förg, M. Francis, T. Grčić, H. Hamak, G. Richter, A. Warhol)

234/235 1997
(A. Uglow)

236/237 1998
(J. Marioni)

238/241 1999
(J. Zeniuk, W. Mundt, J. Stockholder)

242/245 2000
(T. Grčić, I. Meller)

246/249 2001
(K. Grosse, D. Reed)

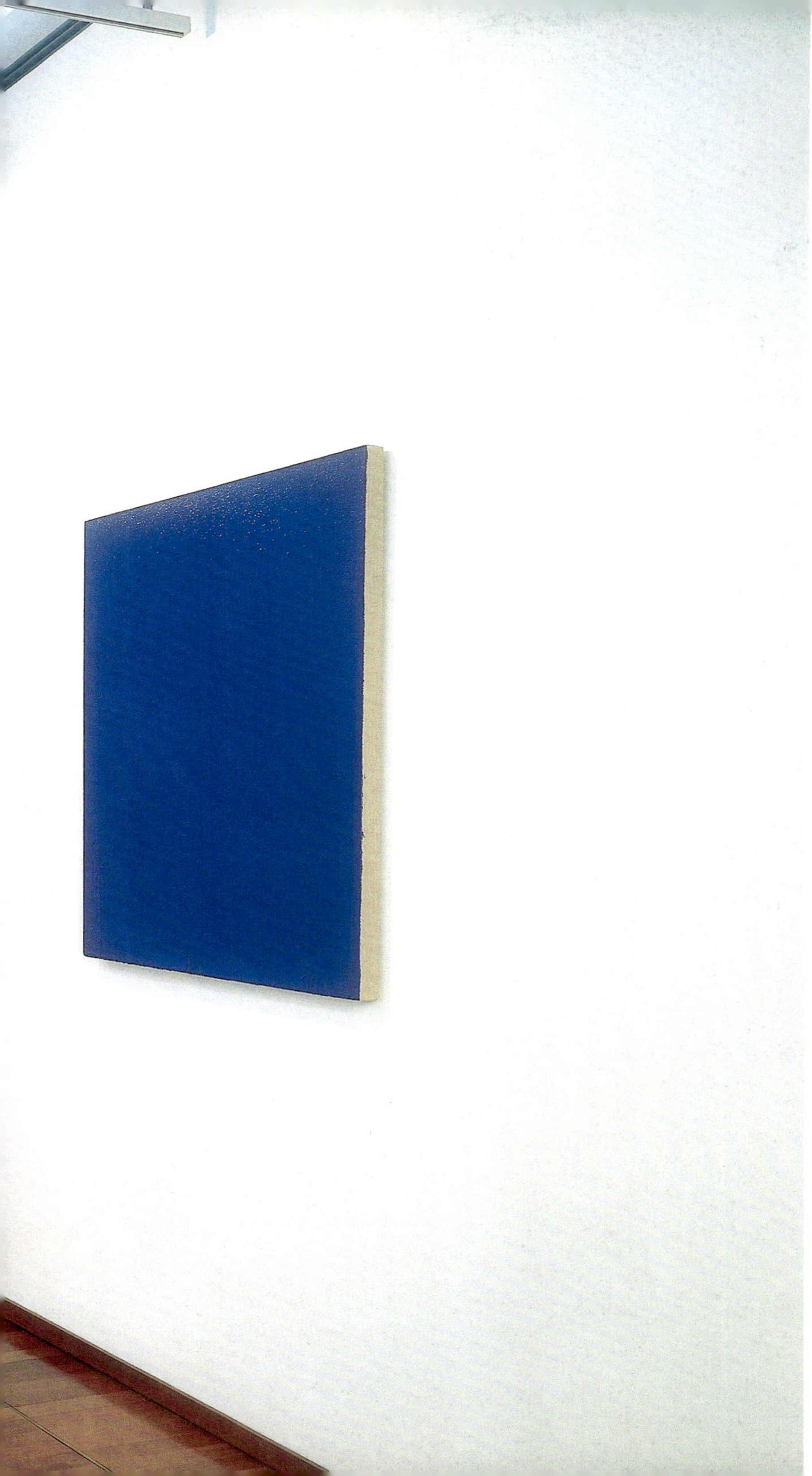

Bestandsverzeichnis /
Catalogue

Vorbemerkung

Das folgende Bestandsverzeichnis listet den Kernbestand der Sammlung Mondstudio in alphabetischer Reihenfolge der Künstlernamen, innerhalb eines Künstlereintrags chronologisch nach dem Entstehungsjahr der Arbeit. Wie im gesamten Band wurden bei den Abbildungen die tatsächlichen Größenverhältnisse der Werke untereinander so weit wie möglich berücksichtigt.

Die Werkangaben wurden größtenteils an den Originalen ermitteln, können also teilweise von bereits veröffentlichter Literatur abweichen. Literaturangaben zu den Werken geben Auskunft über deren Veröffentlichung.

Die Einträge zu den Künstlern geben neben kurzen biographischen Daten ausgewählte Literaturhinweise. Bei diesen Angaben sind für die seit 1955 geborenen Künstler jeweils fünf Einzel- und Gruppenausstellungen angeführt. Für vor diesem Jahr geborene Künstler werden drei wichtige Einzelausstellungen und umfassende jüngere Literatur angegeben.

A Note on the Catalogue

The following catalogue of the main holdings of the Mondstudio Collection ist arranged alphabetically by artist. Each artist's works are listed in chronological order. As elsewhere in this volume, the relative size of the works is reflected wherever possible in the size of the illustrations.

In most cases technical data has been checked against the original works and may therefore differ from that given in previous publications. Mentions of a work elsewhere in the literature are listed in the bibliographical references.

A brief biographical note on each artist is followed by references. For artists born after 1955, these comprise five solo and five group exhibitions. For artists born earlier, the references consist of three major solo exhibitions and extensive recent publications.

*(A) Auswahl, *Kat. Katalog

Ron Arad

Geboren 1951 in Tel Aviv. Lebt in London. Studium 1971–73 Jerusalem Academy of Art. 1974–79 Architectural Association School of Architecture, London

Einzelausstellungen (A)*
1984 One Off, Zeus, Mailand *1987* Subject Matter, Edward Totah Gallery, London *1990* Sticks & Stones, Vitra Design Museum, Weil am Rhein[Kat.]*

Bibliografie (A)
Deyan Sudjic, *Ron Arad. Restless Furniture*; New York 1989
Sticks & Stones. ONE OFFS & SHORT RUNS. Ron Arad 1980–1990, (Ausst.-Kat.) hrsg. von Alexander von Vegesack, Vitra Design Museum; Weil am Rhein 1990
Raymond Guidet, *Ron Arad*, Paris 1997

Kat. 1
ohne Titel, 1991
Edelstahl/Metallgeflecht,
86 x 81 x 40 cm

Kat. 2
ohne Titel, 1991
Edelstahl/Metallgeflecht,
182 x 69 x 40 cm

Monika Baer

Geboren 1964 in Freiburg. Lebt in Berlin. Studium 1985–92 Staatliche Kunstakademie Düsseldorf bei A. Hüppi

Einzelausstellungen (A)
1993 Luis Campaña, Köln *1997* Kunsthalle St. Gallen[Kat.] *1998* Portikus, Frankfurt am Main (mit P. McCarthy)[Kat.]

Gruppenausstellungen (A)
1992 Jablonka Galerie, Köln (mit C. Assmann, S. Höller, B. Kastner, M. Lehanka, D. Skreber) *1993* Rotterdamse Kunst Stichting, Rotterdam[Kat.] *1995* Von der Heydt Museum, Wuppertal[Kat.] *1997* Malerei V, Monika Sprüth Galerie, Köln (mit H. Krawen, G. Menke, D. Skreber). *1999* Kerstin Engholm Galerie, Wien (mit C. Föttinger, G. Menke, D. Skreber)

5

Kat. 3
ohne Titel, 1992
Öl auf Leinwand,
40 x 50 cm

Kat. 4
ohne Titel, 1992
Öl auf Leinwand,
53,2 x 66 cm

Kat. 5
ohne Titel, 1995
Öl auf Leinwand,
160 x 250 cm
Lit.: Stockholm 1997, Abb. S. 12

Bibliografie (A)

Monika Baer, (Ausst.-Kat.) hrsg. von Dorothea Strauss, Kunsthalle St. Gallen 1997
Monika Baer. Peter Mertes Stipendium, (Ausst.-Kat.) Bonner Kunstverein; Bonn 1998
Damenwahl. Monika Baer. Paul McCarthy, (Ausst.-Kat.) Siemens AG, München, und Portikus, Frankfurt/Main; 1998

3

4

6

Kat. 6
ohne Titel, o. J. (um 1999)
Acryl auf Leinwand,
41 x 47 cm

Mirosław Bałka

Geboren 1958 in Warschau. Lebt in Warschau. Studium 1985 Lizenziat an der Hochschule der Schönen Künste, Warschau

Einzelausstellungen (A)

1992 Museum Haus Lange, Krefeld[Kat.] *1994* Van Abbemuseum, Eindhoven[Kat] *1997* Selection, Museet for Samtidskunst, Oslo[Kat.] *1997* Revisión 1986–97, IVAM Centre del Carme, Valencia[Kat.]

Gruppenausstellungen (A)

1991 Metropolis, Martin Gropius Bau, Berlin *1995* Rites of Passage, Tate Gallery, London *2000* amnesia. Die Gegenwart des Vergessens, Neues Museum Weserburg, Bremen

Bibliografie (A)

Miroslaw Balka, (Ausst.-Kat.) Museum Haus Lange, Krefeld; Krefeld 1992 | *Miroslaw Balka.* 36,6 (Ausst.-Kat.) The Renaissance Society at the University of Chicago; Chicago 1992
Miroslaw Balka, (Ausst.-Kat.) Van Abbemuseum, Eindhoven und Museum Sztuki, Lodz; Eindhoven 1994

7

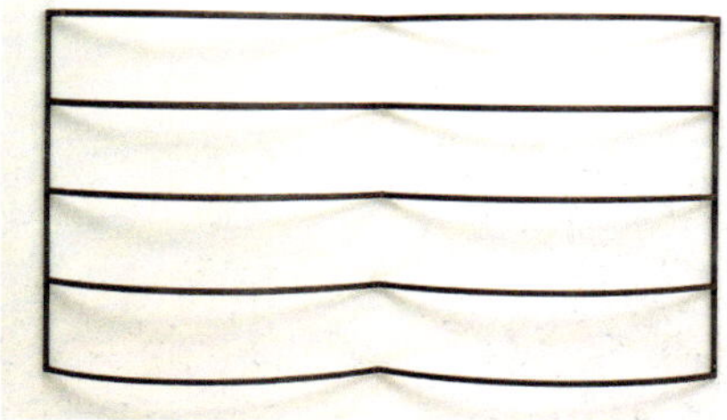
8

Kat. 7, S. 193
2 x (197 x 17 x 15) Ø 3 x 4 cm, 1992
Stahl, Salz, Plastik, Filz,
2 x (197 x 17 x 15) Ø 3 x 4 cm

Kat. 8, S. 192
ohne Titel, 1996
Stahl, Linoleum,
95 x 171 x 21 cm

Stephan Baumkötter

Geboren 1958 in Münster.
Lebt in Köln. Studium 1980–87 Staatliche Kunstakademie Düsseldorf, Abteilung Münster

Einzelausstellungen (A)
1989 Galerie Lüdke, Münster *1993* Chinati Foundation, Marfa *1996* Galerie Claes Nordenhake, Stockholm *1998* Erzbischöfliches Diözesanmuseum, Köln[Kat.] *2001* Kunstmuseum Bonn[Kat.]

Gruppenausstellungen (A)
1992 X3, Kampnagel, Hamburg[Kat.] *1995* Colour and Paint, Kunstmuseum St. Gallen. *1996* Kunstverein Arnsberg (mit I. Meller)[Kat.] *1997* Tidsrum Maleri, Kopenhagen (mit G. Tuzina). *2000* Raumvorstellungen, Künstlerhaus Lothringerstraße, München (mit S. Appelt, A. Hofer)[Kat.]

Bibliografie (A)
Stephan Baumkötter, (Ausst.-Kat.) Westfälischer Kunstverein Münster; Münster 1992 *Stephan Baumkötter,* (Ausst.-Kat.) Galerie Rupert Walser, München; München 1994 | *Stephan Baumkötter,* Plissée, Köln 1999 | *Köln zur Zeit. 12 Positionen,* (Ausst.-Kat.) Stadtgalerie im Sophienhof Kiel; Kiel 1996 | *Über die Wirklichkeit,* (Ausst.-Kat.) Erzbischöfliches Diözesanmuseum, Köln; Köln 2000

9

10

13

11

12

Kat. 9
ohne Titel, 1993
Ölstift auf Leinwand,
39,5 x 29,5 cm

Kat. 10
ohne Titel, 1993
Ölstift auf Leinwand,
92,5 x 53,5 cm
Lit.: Baumkötter 1994, Abb. o. S.

Kat. 11
ohne Titel, 1994
Ölstift auf Leinwand,
90,5 x 46 cm
Lit.: Baumkötter 1994, Abb. o. S.

Kat. 12, S. 128
ohne Titel, 2000
Ölstift auf Leinwand,
69 x 79 cm

Kat. 13, S. 129
ohne Titel, 2000
Ölstift auf Leinwand,
91 x 55,5 cm
Lit.: Baumkötter 2000, Abb. o. S.

Alighiero e Boetti

Geboren 1940 in Rom. Gestorben 1994 in Rom. 1965 Aufnahme der künstlerischen Tätigkeit

Einzelausstellungen (A)
1974 Ein Werk für einen Raum, Kunstmuseum Luzern *1996–97* Galleria Civica d'Arte Moderna e Contemporanea, Turin, Musée d'Art Moderne Villeneuve d'Ascq und Museum moderner Kunst, Stiftung Ludwig, Wien[Kat.] *1998* Museum für Moderne Kunst, Frankfurt/Main[Kat.]

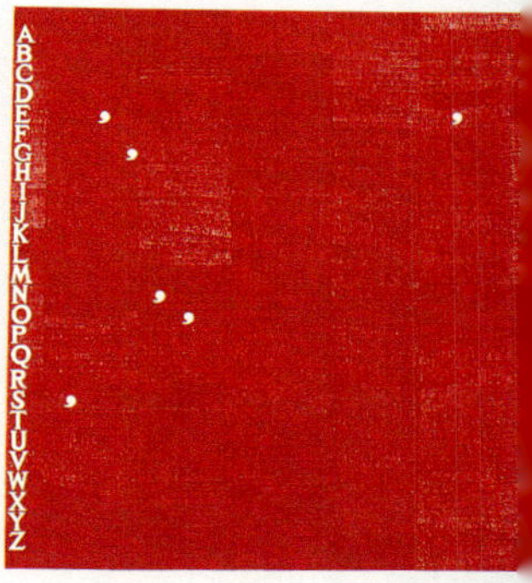

Kat. 14, S. 163
Segno e disegno, 1983
Kugelschreiber auf Papier,
3-teilig, 100 x 210 cm
Wvz. 83/BP/1

Kat. 15
Una parola al vento due parole al vento tre parole al vento cento parole al vento, 1989
Stickerei auf Leinwand,
90 x 25,5 cm
Wvz. 89/RL/79

Bibliografie (A)
Alighiero e Boetti. 1965–1991. Synchronizität als ein Prinzip akausaler Zusammenhänge, (Ausst.-Kat.) Bonner Kunstverein, Westfälischer Kunstverein Münster, Kunstmuseum Luzern; Basel, Stuttgart, Wien 1992
Alighiero e Boetti. Mettere al mondo il mondo, (Ausst.-Kat.) Museum für Moderne Kunst, Frankfurt/Main; Ostfildern 1998

14

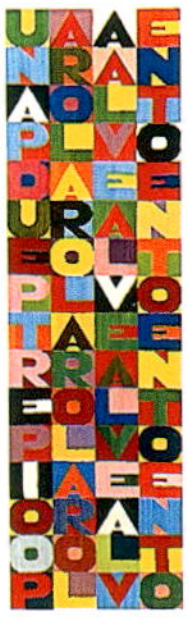

15

14–15

Greg Bogin

Geboren 1965 in New York. Lebt in New York. Studium 1987 Cooper Union, New York

Einzelausstellungen (A)
1996 Amerika, Villa Merkel und Bahnwärterhaus, Galerien der Stadt Esslingen[Kat.] | *1997* Colorland, Jablonka Galerie, Köln[Kat.] | *2001* Mary Boone Gallery, New York

Gruppenausstellungen (A)
1994 Benefit Exhibition, American Fine Arts, New York *1997* Stuttgart/Klima, Galerie der Stadt Stuttgart *1999* Malerei, INIT Kunsthalle, Berlin *2000* Glee, The Aldrich Museum of Contemporary Art, Ridgefield CT (u. a. mit Ingrid Calame)

Bibliografie (A)
Greg Bogin, (Ausst.-Kat.) Galerie der Stadt Stuttgart, 1997

Kat. 16
Colorland (Cool-el), 1997
Acryl, Emaille auf Leinwand, 119,5 x 91,5 cm

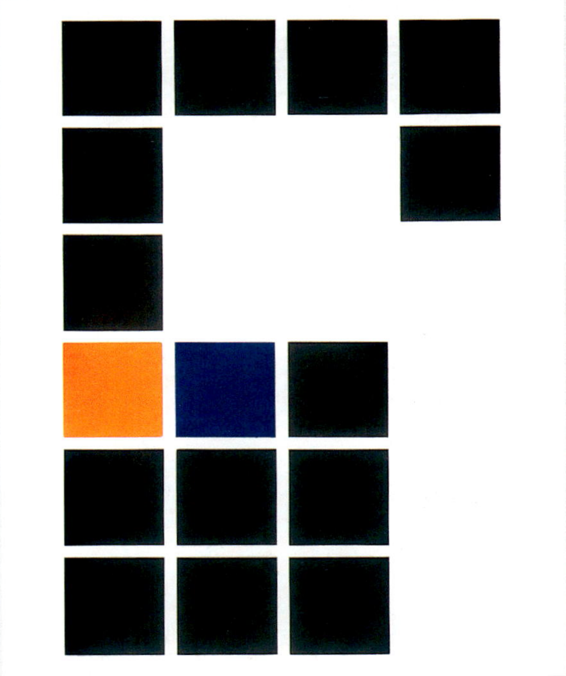

Kat. 17
Colorland (High as a kite, low as a dog), 1997
Acryl und Emaille auf Leinwand, 228,6 x 182,8 cm

16–17

Herbert Brandl

Geboren 1959 in Graz. Lebt in Wien. Studium 1978 Hochschule für angewandte Kunst, Wien

Einzelausstellungen (A)
1991 Museum van Hedendaagse Kunst, Gent[Kat.] *1998* »Sezession«, Secession, Wien[Kat.] *1999* Kunsthalle Basel[Kat.] *1999* Galerie nächst St. Stephan, Wien *2002* Retrospektive, Neue Galerie, Graz[Kat.]

Gruppenausstellungen (A)
1990 Herbert Brandl, Ernst Caramelle, Franz West, Musée d'Art Moderne de la Ville de Paris, Paris[Kat.] *1992* Documenta IX, Kassel *1993* Der zerbrochene Spiegel, Positionen zur Malerei, Museumsquartier, Kunsthalle Wien, Wien *2000* Eiszeit, Kunstmuseum Bern, Bern

Bibliografie (A)
Herbert Brandl, (Ausst.-Kat.) Neue Galerie am Landesmuseum Joanneum, Graz; 1984 *Herbert Brandl,* (Ausst.-Kat.) Museum van Hedendaagse Kunst, Gent; 1991 | *Herbert Brandl. Sezession,* (Ausst.-Kat.) Secession, Wien und Kunsthalle Basel; 1998 | *Herbert Brandl,* (Ausst.-Kat.) Galerie Academia, Salzburg 2000

18

19

21

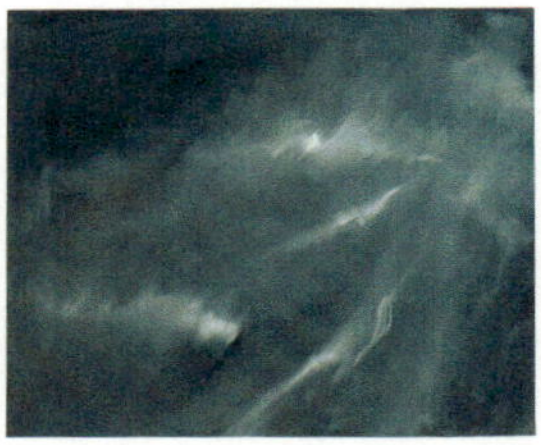

20

Kat. 18, S. 101
ohne Titel, 2000
Öl auf Leinwand,
240 x 270 cm

Kat. 19, S. 100
ohne Titel, 2000
Öl auf Leinwand,
250 x 180 cm

Kat. 20, S. 99
ohne Titel, 2001
Öl auf Leinwand,
100 x 120 cm

Kat. 21, S. 102/103
ohne Titel
(Die Annapurnas), 2001
Öl auf Leinwand,
130 x 300 cm

Matti Braun

Geboren 1968 in Berlin. Lebt in Köln. Studium 1989–96 Städelschule, Frankfurt/Main; Hochschule der Bildenden Künste, Braunschweig

Einzelausstellungen (A)
1991 Adolf Hitler – Installationen und Happenings, Friesenwall 116a, Köln *1996* Sonne, Farben, gute Laune, Luis Campaña, Köln *1999* Bonner Kunstverein[Kat.] *2000* Kunsthalle St. Gallen[Kat.]

Gruppenausstellungen (A)
1997 Ein Stück vom Himmel – Some Kind of Heaven, Kunsthalle Nürnberg *1997* Deutschlandbilder, Martin Gropius Bau, Berlin *1999* German Open, Kunstmuseum Wolfsburg

Bibliografie (A)
Matti Braun. Peter Mertes Stipendium 1999, (Ausst.-Kat.) Bonner Kunstverein, Bonn; Köln 1999 | *Matti Braun: Ghor, fön 43,* (Ausst.-Kat.) Kunsthalle St. Gallen; St. Gallen 2000

Kat. 22
Hocker, 1997
GFK und Polyester,
ca. 40 x 100 x 110 cm

Kat. 23
Hocker (hellblau), 1997
Glasfaserverstärktes Polyester,
ca. ø 54 x 51 cm

Ingrid Calame

Geboren 1965 in New York. Lebt in Los Angeles. Studium 1985–86 Studienaufenthalt in Italien. 1995 Skowhegan School of Painting and Sculpture, Skowhegan, ME

Einzelausstellungen (A)
1995 KAPOW!, Michael Beauchemin Gallery, Boston *1998* Galerie Rolf Ricke, Köln *1999* Karyn Lovegrove Gallery, Los Angeles. *2000* twlsptptpptptsl..., Deitch Projects, New York

Gruppenausstellungen (A)
1998 Hot RRRod – Eine Kunstausstellung, Forum Stadtpark, Graz *1999* Colour Me Blind! Malerei in Zeiten von Computergame und Comic, Württembergischer Kunstverein, Stuttgart; Städtische Ausstellungshalle Am Hawerkamp, Münster[Kat.] *2000* Der abgelenkte Blick – Malerei, Helmhaus Zürich[Kat.] *2000* Glee, The Aldrich Museum of Contemporary Art, Ridgefield, CT (u. a. mit Greg Bogin)

Bibliografie (A)
Der abgelenkte Blick – Malerei, (Ausst.-Kat.) Helmhaus Zürich; 2000 | *Colour Me Blind! Malerei in Zeiten von Computergame und Comic,* (Ausst.-Kat.) Württembergischer Kunstverein, Stuttgart; 1999

Kat. 24
Brrrssil, 1999
Emaille auf Aluminium,
61 x 61 cm

Kat. 25
STAP!: xool - xool s-p-h-e-w
PING! shmoo - whir
PING! swee krap om oip,
1995–97
Emaille auf Aluminium,
61 x 61 cm

Max Cole

Geboren 1937 in Kansas. Lebt in New York. Studium 1964 University of Arizona, M. F. A.

Einzelausstellungen (A)
1992 Museum Folkwang, Essen[Kat.] *1993* Museum of Art, University of Arizona[Kat.] *1998* Museum Moderner Kunst Otterndorf, Landkreis Cuxhaven[Kat.] *2000* Haus für Konstruktive und Konkrete Kunst, Zürich[Kat.] *2001* San Francisco

Bibliografie (A)
Max Cole, (Ausst.-Kat) Galerie Schlégl, Zürich und Galerie Michael Sturm, Stuttgart 1996
Max Cole, (Ausst.-Kat.) Haus für Konstruktive und Konkrete Kunst, Zürich 2000
Max Cole, hrsg. von Edizioni Charta, Mailand 2000
Max Cole, (Ausst.-Kat.) Galleri I 8, Reykjavik 2000

26

27

Kat. 26
Fadipur, 1990
Acryl auf Leinwand,
83,5 x 124,5 cm

Kat. 27
ohne Titel, 1991
Kolorierte Federzeichnung auf Papier,
55,5 x 75,5 cm

Dadamaino

Geboren 1935 in Mailand. Lebt in Mailand.

Einzelausstellungen (A)
1981 Institut für moderne Kunst, Nürnberg[Kat.] *1993* Opere 1958–93, Casa del Mantegna, Mantua[Kat.] *2000* Retrospektive 1958–2000, Museum Bochum[Kat.]

Bibliografie (A)
Dadamaino. Retrospektive 1958–2000, (Ausst.-Kat.) Museum Bochum; Bochum 2000
Dadamaino. Opere 1958–93, (Ausst.-Kat.) Casa del Mantegna, Mantova; 1993

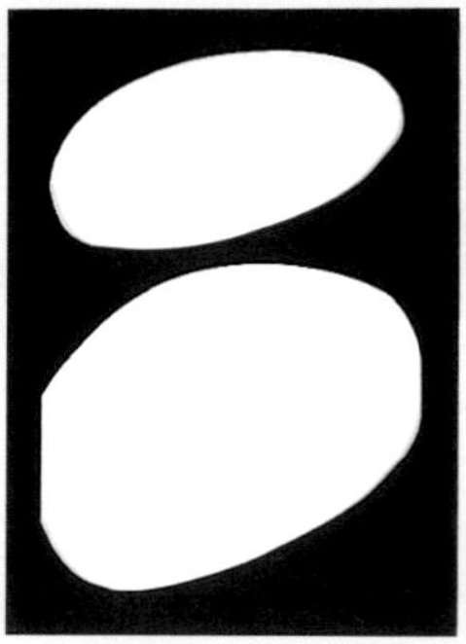

Kat. 28
Ohne Titel, 1958
Tempera auf Leinwand,
100 x 70 cm

Jürgen Drescher

Geboren 1955 in Karlsruhe. Lebt in Düsseldorf. Studium 1979–85 Staatliche Kunstakademie Düsseldorf bei Klaus Rinke

Einzelausstellungen (A)
1982 Schellmann und Klüser, München *1991* Kunsthalle Zürich[Kat.] *1994* Castello di Rivara, Rivara[Kat.] *1996* Kunstverein für die Rheinlande und Westfalen, Düsseldorf[Kat.] *1999* Luis Campaña, Köln

Kat. 29
What's young?, um 1992
Aquarell, Deckfarbe auf Papier,
70 x 50 cm

Kat. 30
FRAU, 1997
Mischtechnik auf Papier,
70 x 110 cm

Kat. 31
SEX, 1997
Mischtechnik auf Papier,
70 x 110 cm

Gruppenausstellungen (A)
1981 Junge Kunst aus Westdeutschland 81, Galerie Max Hetzler, Stuttgart (mit R. Mucha)[Kat.] *1985* Dispositiv Sculpture, ARC, Paris[Kat.] *1993* Nachtschattengewächse, Museum Fridericianum, Kassel[Kat.] *1995* körper formen, Künstlerwerkstatt, München[Kat.] *2000* Kabinett der Zeichnung, Kunstverein für die Rheinlande und Westfalen, Düsseldorf; Kunsthalle Lingen; Kunstsammlungen Chemnitz; Württembergischer Kunstverein, Stuttgart

Bibliografie (A)
Jürgen Drescher, (Ausst.-Kat.) Kunsthalle Zürich; Zürich 1991 *Jürgen Drescher. Settembre 1994,* (Ausst.-Kat.) Castello di Rivara; Rivara 1994 | *Jürgen Drescher,* (Ausst.-Kat.) Kunstverein für die Rheinlande und Westfalen, Düsseldorf; Düsseldorf 1996

Kat. 32
UND, 1997
Mischtechnik auf Papier,
70 x 110 cm

Kat. 33
GLÜCK, 1997
Mischtechnik auf Papier,
70 x 110 cm

Marlene Dumas

Geboren 1953 in Capetown. Lebt in Amsterdam. Studium 1972– 75 Visual Arts, University of Capetown. 1976–78 Ateliers '63, Haarlem. 1979–80 Psychologisches Institut, Universität von Amsterdam

Einzelausstellungen (A)
1979 Galerie Annemarie de Kruyff, Paris *1992* Stedelijk Van Abbemuseum, Eindhoven *1999* Museum van Hedendaagse Kunst, Antwerpen

Bibliografie (A)
Miss Interpreted. Marlene Dumas, (Ausst.-Kat.) Stedelijk Van Abbemuseum, Eindhoven; Eindhoven 1992 | *Marlene Dumas,* hrsg. von Dominic van den Boogerd, Barbara Bloom und Mariuccia Casadio; London 1999

Kat. 34
Underwear, 1992
Zeichenkohle, Aquarell, Ölkreide auf Papier,
29 x 20,5 cm

Kat. 35
ohne Titel, 1992
Aquarell auf Bütten,
18,5 x 18 cm

Andreas Exner

Geboren 1962 in Gelsenkirchen. Lebt in Frankfurt/Main. Studium 1985 FH Münster Design. 1986 FH Köln, Freie Kunst, Malerei bei Franz Dank. 1988 Städelschule, Kunsttheorie und Malerei bei Raimer Jochims, Malerei bei Jörg Immendorff. 1993 Meisterschüler

Einzelausstellungen (A)
1990 Galleria Giancarla Zanutti, Mailand *1994* Bahnwärterhaus, Villa Merkel, Esslingen; Goethehaus, New York (mit Tamara Grčić) *1998* Dolly, Goethe Institut Rotterdam *2000* Beten, Linding in Paludetto, Nürnberg

Gruppenausstellungen (A)
1994 Ponto Stiftung, Kunstverein Frankfurt *1998* Vollkommen Gewöhnlich, Kunstverein Freiburg *1999* Wash and Wear, Kubus Hannover, Leopold-Hoesch-Museum, Düren, Kunsthaus Hamburg *2001* Hausarbeiten, Städtische Galerie Nordhorn

Bibliografie (A)
1995 Am Rande der Malerei, (Ausst.-Kat) hrsg. von Ulrich Loock, Kunsthalle Bern; 1995
1998 Vollkommen gewöhnlich, (Ausst.-Kat.) Harald Uhr, Kunstverein Frankfurt; 1989
2001 Catalogue Monocromes, David Pestorius, University Art Museum Brisbane; 2001

Kat. 36
Jacke, o. J.
Stoff, gelb
70 x 40 x 10 cm

Nicola Falley

Geboren 1958 in Dillingen/Donau. Lebt in Sinsheim-Rohrbach. Studium Fachhochschule Köln, Meisterschülerin

Einzelausstellungen (A)
1996 Moltkerei Werkstatt, Köln *1989* Galerie am Nil, Köln *1995* Garten der Villa Ganz, Kronberg/Taunus *2000* Projekt Skulpturengarten, Museum Goch

Gruppenausstellungen (A)
1988 Köln Kunst, Josef Haubrich Kunsthalle, Köln[Kat.] *1997* Sechseck, Ausstellungsraum Hübner, Frankfurt/Main *2001* Grenzen überschreiten, Skulpturengang, Bad Rappenau

Bibliographie (A)
Nicola Falley, (Ausst.-Kat.) Projekt Werkstattausstellungen in anderen Räumen, Münster 1991 | *Nicola Falley,* in: *Tiefgang,* Bildräume im Schloßbunker, (Ausst.-Kat.) Mannheim 1992

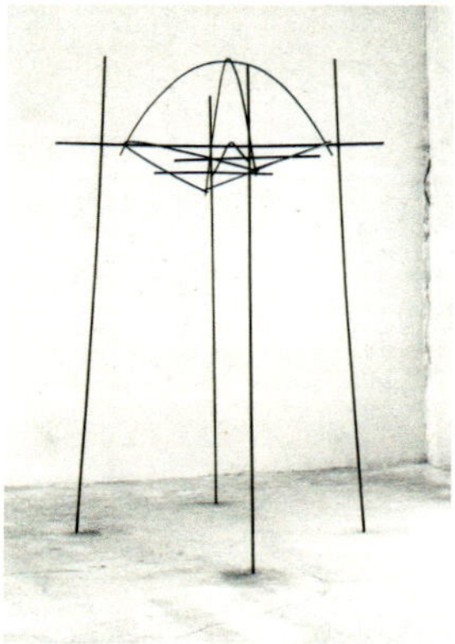

Kat. 37
ohne Titel, 1987
Rundeisen,
242 x 130 x 200

Helmut Federle

Geboren 1944 in Solothurn. Lebt in Wien. Studium 1964–66 und 1968–1969 Allgemeine Gewerbeschule Basel

Kat. 38
ohne Titel, 1985
Dispersion auf Leinwand,
274,3 x 185,4 cm

Kat. 39
5 + 1, 1989
6 Radierungen in einer Mappe,
je 75 x 54 cm, Ex. VIII/X

Einzelausstellungen (A)
1979 Kunsthalle Basel *1992–93* Kunsthalle Zürich; Moderna Museet Stockholm; Museum Fridericianum, Kassel[Kat.] *1999* Kunsthaus Bregenz[Kat.]

Bibliografie (A)
Helmut Federle. Black Series I + II und Nachbarschaft der Farben, (Ausst.-Kat.) hrsg. von Beat Wismer, Aargauer Kunsthaus, Aarau; Baden 1998

Helmut Federle, (Ausst.-Kat.) Kunsthaus Bregenz; Köln 1999

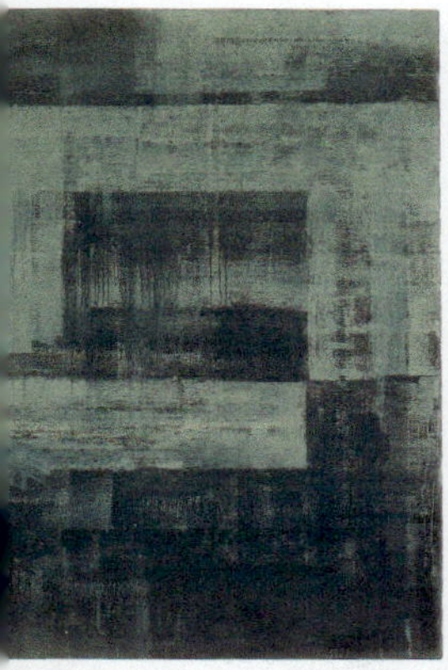

42

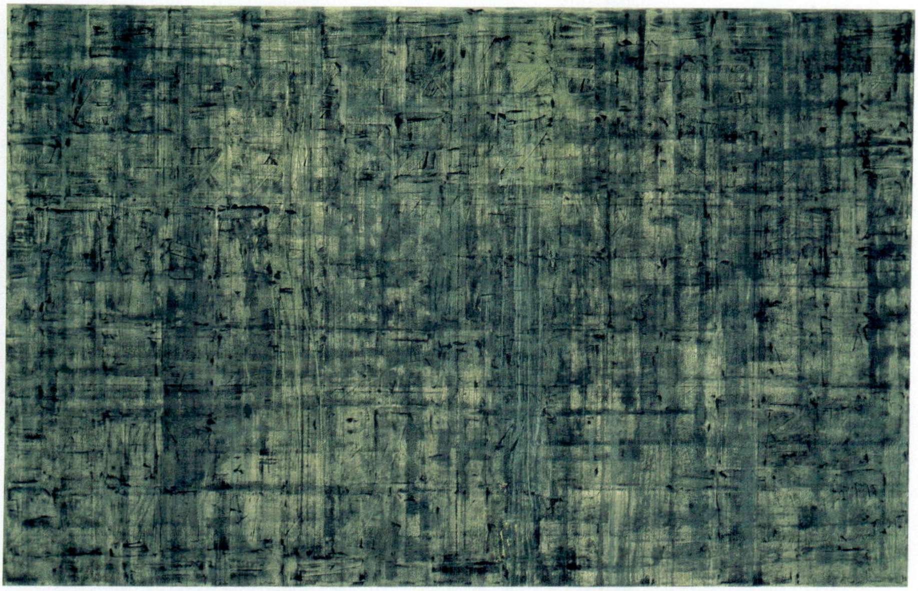

43

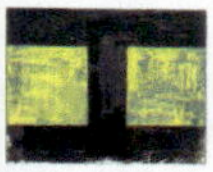

40

41

44

Kat. 40, S. 82
Basics on Composition XL (Death Row), 1992
Öl auf Leinwand, 40 x 50 cm

Kat. 41
Legion IV (Sur la place le chien hurle encore), 1996
Öl auf Leinwand, 54,5 x 48 cm
Lit.: XLVII Biennale di Venezia 1997 , o. S.

Kat. 42, S. 83
ohne Titel, 1998
Acryl auf Leinwand, 210 x 140 cm

Kat. 43, S. 84/85
Death of a Black Snake, 1999
Dispersion auf Leinwand, 320 x 480 cm
Lit.: Federle 1999, Abb. S. 99; Kunstforum 152, 2000, Abb. S. 293

Kat. 44
Legion XXXII, 2000
Öl, Kunstharz auf Leinwand, 60 x 50 cm

Günther Förg

Geboren 1952 in Füssen.
Lebt in Areuse/Schweiz.
Studium 1973–1979 Akademie der Bildenden Künste, München

Einzelausstellungen (A)
1986 Kunsthalle Bern *1994* Kunstmuseum, Bonn[Kat.] *2000* Günther Förg – Sammlung Deutsche Bank, Deutsche Bank & Solomon Guggenheim Foundation, Deutsche Guggenheim Berlin[Kat.]

Bibliografie (A)
Günther Förg, (Ausst.-Kat.) Stiftung für konstruktive und konkrete Kunst, Zürich; Zürich 1997 | *Günther Förg im Gespräch mit Siegfried Gohr*, Kunst Heute Nr. 18; Köln 1997 | *Günther Förg*, (Ausst.-Kat.) hrsg. von Eckhard Schneider, Kunsthaus Bregenz, Köln 2001

Kat. 45, S. 93
ohne Titel (aus der Reihe: Das Engadin-Projekt), 1996
Acryl auf Leinwand,
224 x 196 cm

Mark Francis

Geboren 1962 in Newtownards.
Lebt in London. Studium 1980–85 St. Martin's School of Art, London. 1985–86 Chelsea School of Art, London

Einzelausstellungen (A)
1990 Thumb Gallery, London *1992* Jill George Gallery, London *1994* Maureen Paley/Interim Art, London[Kat.] *1995* City Art Gallery, Manchester

Gruppenausstellungen (A)
1983 New Contemporaries, The Mall Gallery, London *1993* A Decade of Collecting, Tate Gallery, London
1995 Das Abenteuer der Malerei, Württembergischer Kunstverein, Stuttgart; Kunstverein für die Rheinlande und Westfalen, Düsseldorf

Bibliografie (A)
Mark Francis: Low-Cal World, (Ausst.-Kat.) Interim Art, London; London 1994 | *Das Abenteuer der Malerei. The Adventure of Painting*, (Ausst.-Kat.) Württembergischer Kunstverein, Stuttgart, Kunstverein für die Rheinlande und Westfalen, Düsseldorf; Ostfildern 1995 | *Sensation – Junge britische Kunst aus der Sammlung Saatchi*, Hamburger Bahnhof, Berlin; Ostfildern 1998

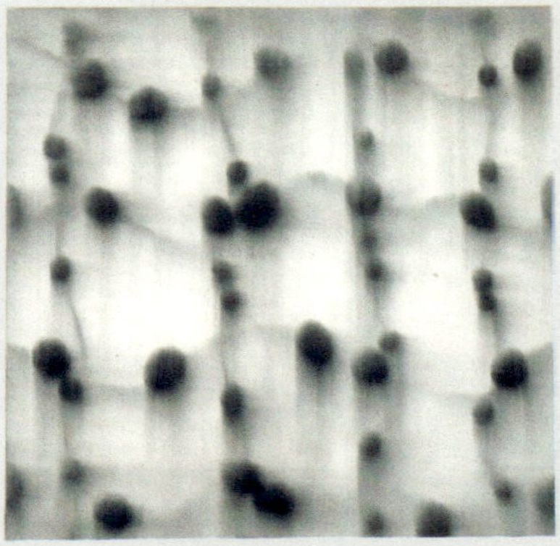

Kat. 46, S. 92
Grid 2, 1994
Öl auf Leinwand,
152,5 x 152,5 cm

Bernard Frize

Geboren 1955 in Paris.
Lebt in Paris.

Einzelausstellungen (A)
1979 Galerie Lucien Durand, Paris *1988* De là, ces Innombrables Noms, ARC Musée d'Art Moderne de la Ville de Paris[Kat.]; Galeria la Máquinà Española, Madrid[Kat.] *1993–94* Kunsthalle Zürich, DAAD-Galerie, Berlin[Kat.] *1995* Kunstverein Arnsberg *1999–2000* Carré d'Art, Musée d'Art Contemporaine, Nîmes; Museum moderner Kunst, Stiftung Ludwig, Wien; Kunstmuseum St. Gallen; Westfälisches Landesmuseum, Münster[Kat.]

Gruppenausstellungen (A)
1977 Travaux 77, ARC Musée d'Art Moderne de la Ville de Paris[Kat.] *1993* Der zerbrochene Spiegel, Kunsthalle, Wien; Wiener Messepalast; Deichtorhallen, Hamburg *1995* Pittura/Immedia. Malerei der 90er Jahre, Neue Galerie am Landesmuseum Joanneum, Graz[Kat.] *1996* Pittura, Castello di Rivara, Rivara Torino[Kat.] *2000* Body of Painting – Günter Umberg mit Bildern aus Kölner Sammlungen, Museum Ludwig, Köln

47

48

49

50

Kat. 47, S. 87
Suite segond, 1981
Acryl auf Leinwand,
129,5 x 195 cm
Lit.: Frize 1997, Abb. S. 13; Köln 2000, Abb. S. 157

Kat. 48, S. 88
Ekli, 1993
Acryl, Tusche, Perlmutt und Harz auf Leinwand,
208 x 194 cm
Lit.: Frize 2000, Abb. S. 86

Kat. 49
Rage, 1995
Acryl auf Leinwand auf Aluminium,
67 x 88 cm
Lit.: Frize 2000, Abb. S. 89

Kat. 50
Brooks, 1998
Acryl und Harz auf Leinwand,
87 x 84,5 cm

Bibliografie (A)
Bernard Frize: Suite au Rouleau, (Ausst.-Kat.) Chisenhale Gallery, London; London 1994
Bernard Frize, (Ausst.-Kat.) Kunstverein Arnsberg; Arnsberg 1995 | *Bernard Frize. Size Matters*, (Ausst.-Kat.) Nîmes 1999

52

51

Kat. 51, S. 89
Mixte, 1999
Acryl, Harz auf Leinwand, 178,5 x 159 cm

Kat. 52, S. 90
Utilités, 1999
Acryl und Harz auf Leinwand, 220 x 200 cm

Antony Gormley

Geboren 1950 in London. Lebt in London. Studium 1968–71 Trinity College, Cambridge. 1974–79 Kunststudium in London

Einzelausstellungen (A)
1981 Serpentine Gallery, London *1985* Städtische Galerie Regensburg, Frankfurter Kunstverein[Kat.] *1993–94* Field for the British Isles, Tate Gallery, Liverpool; Irish Museum of Modern Art, Dublin; Scottish National Gallery of Modern Art, Edinburgh et. al.[Kat.]

Bibliografie (A)
Antony Gormley: Field for the British Isles, (Ausst.-Kat.) Tate Gallery, Liverpool; 1993
Antony Gormley, London 1995

Kat. 53, S. 196
Together and Apart, 1999
Gusseisen, 190 x 50 x 35 cm

Tamara Grčić

Geboren 1964 in München. Lebt in Frankfurt/Main. Studium 1988–93 Städelschule, Frankfurt/Main, bei Peter Kubelka

Einzelausstellungen (A)
1994 Zwölf Stunden Ausstellung, Portikus, Frankfurt/Main *1998* Goethe-Institut Rotterdam *1998* Kunsthalle, St. Gallen[Kat.] *2000* Kunsthalle Fridericianum, Kassel[Kat.] *2001* Recent Photographs, Goethe Institut, London

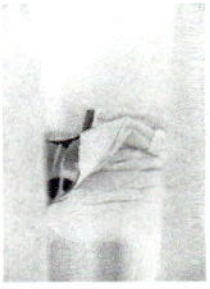

54

Kat. 54, S. 130
ohne Titel, 1990
Schwarzweißfotografie, 13,8 x 9,5 cm

Kat. 55
ohne Titel, 1993
Farbfotografie, 24 x 18,2 cm

Gruppenausstellungen (A)
1993 Invisible Touch, Galerie Martina Detterer, Frankfurt/ Main *1993* The Lure of the Object, Goethe-Institut, London *1995* Scharfer Blick, Bundes-kunsthalle, Bonn | *1998* Acht mal acht mal acht, Frankfurter Kunstverein. Dorothea von Stetten Kunstpreis 1998, Kunstmuseum Bonn

Bibliografie (A)
The Lure of the Object. Young Artists from Frankfurt/Main, (Ausst.-Kat.) Goethe-Institut, London; London 1993 | *Tamara Grčić,* (Ausst.-Kat.) Goethe Haus, New York; New York 1994 *Ordnungen. Tamara Grčić, Christopher Muller,* (Ausst.-Kat.) Kulturwissenschaftliches Institut, Essen; Essen 1999. *Tamara Grčić,* (Ausst.-Kat.) Kunsthalle Fridericianum, Kassel; Kassel 2000

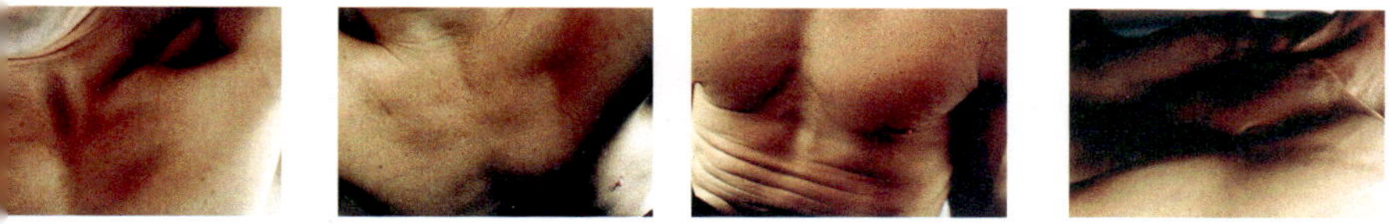

61

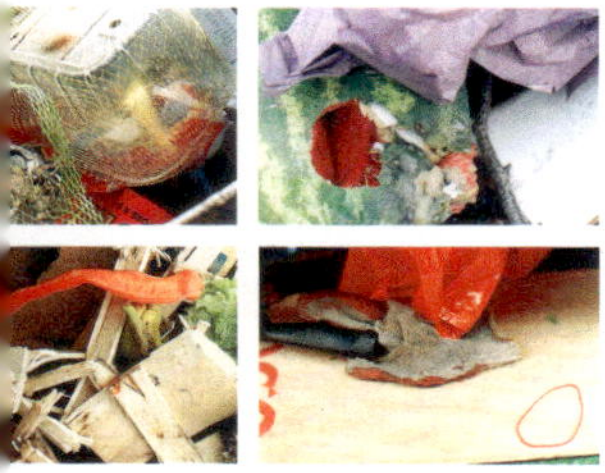

58

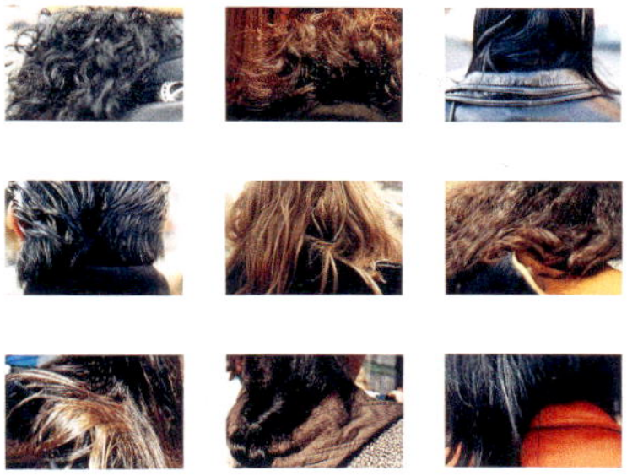

59

Kat. 56
Birnen auf Zeitungen, 1994
246 Schwarzweißfotografien (22 x 30 cm) in 21 Holzkisten (25 x 33 cm) auf Tisch (74 x 300 cm)
Lit.: Bonn 1998, Abb. S. 14f.

Kat. 57, S. 131
17. August 1994, 1994
Farbfotografie, 26 x 39 cm

Kat. 58, S. 132/133
ohne Titel, 1996
9 Fotografien,
je 51 x 61 cm

Kat. 59
Haare, N. Y. C., 1997
C-Print, 6 Serien, je 9-teilig,
je 20,3 x 25,4 cm

Kat. 60
Falten, N. Y. C., 1997
C-Print auf Dibond, 30-teilig,
je 25 x 5 x 38,5 cm
Lit.: Bonn 1998, S. 22f.
Grčić 2000a, S. 8

Kat. 61
Michael Whaites, 1999
C-Print auf Aluminium,
16-teilig, je 40 x 60 cm

Katharina Grosse

Geboren 1961 in Freiburg. Lebt in Düsseldorf. Studium 1982–86 Kunstakademie Münster bei Johannes Brus und Norbert Tadeusz. 1986–90 Staatliche Kunstakademie Düsseldorf, Meisterschülerin bei Gotthard Graubner

Kat 62, S. 106
ohne Titel, 1997
Öl-Alcydharz auf
Leinwand,
295 x 210 cm

Einzelausstellungen (A)
1992 Galerie Maria Wilkens, Köln *1994* Altes Kunstmuseum, Bonn *1998* Kunsthalle Bern, Projektraum *1999* open house, Chinati Foundation, Marfa

Gruppenausstellungen (A)
1991 Villa Romana-Preisträger, Kunsthalle Kiel *1993* Junger Westen, Kunsthalle Recklinghausen[Kat.] *1995* Karl Schmidt-Rottluff Stipendiaten, Kunsthalle Düsseldorf[Kat.] *1999* Chroma. Malerei der neunziger Jahre, Kunsthalle Nürnberg[Kat.] *2000* Raumausmalung, Kunstverein Bochum

Bibliografie (A)
Katharina Grosse, (Ausst.-Kat.) Karl Schmidt-Rottluff Stiftung; Düsseldorf 1995 | *Katharina Grosse*, (Ausst.-Kat.) hrsg. vom Institut für Moderne Kunst, Nürnberg; Nürnberg 1998 *Katharina Grosse*, (Ausst.-Kat.) Rheinisches Landesmuseum Bonn; Bonn 1999

63

65

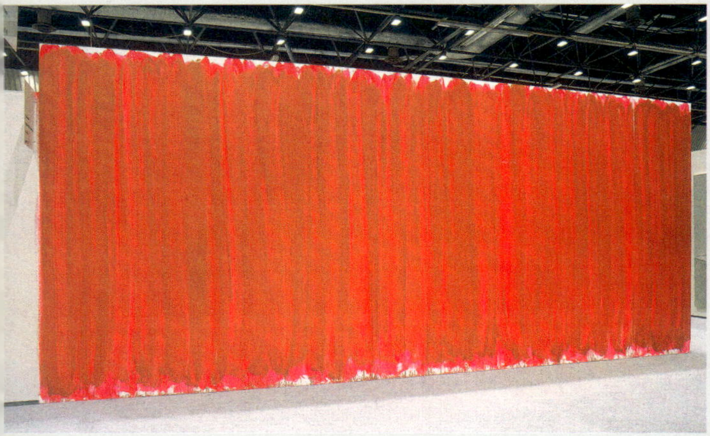

64

Kat. 63, S. 107
ohne Titel, 2000
Acryl auf Leinwand,
286 x 205 cm

Kat. 64, S. 104/105
ohne Titel, 2000
Acryl auf Papier auf Holz,
8-teilig, 350 x 800 cm

Kat. 65, S. 108/109
ohne Titel, 2001
Acryl auf Leinwand,
216 x 381 cm

Herbert Hamak

Geboren 1952 in Unterfranken. Lebt in Offenbach. Studium 1974 Städelschule Frankfurt/Main bei Dieter Krieg, Michael Croissant, Reimer Joachims

Einzelausstellungen (A)
1992 Portikus, Frankfurt/Main[Kat.] *1993* Museum für Moderne Kunst, Frankfurt/Main[Kat.] *2000* Springer & Winkler Galerie, Berlin

Bibliografie (A)
Herbert Hamak, (Ausst.-Kat.) Portikus Frankfurt; Frankfurt/Main 1992 | *Herbert Hamak*, Württembergischer Kunstverein Stuttgart, De Beyered, Gemeentelijk Centrum voor Beeldende Kunst Breda; Stuttgart/Breda 1996

Kat. 66
ohne Titel, 1992
Epoxydharz auf Leinwand,
29,5 x 29,5 x 30,5 cm

Kat. 67
ohne Titel, 1994
Epoxydharz auf Leinwand,
20 x 20 x 28,5 cm

Steffi Hartel

Geboren 1956 in Mayen.
Lebt in Frankfurt/Main.
Studium 1985– 90 Städelschule, Frankfurt/Main

Einzelausstellungen (A)
1993 Forum der Frankfurter Sparkasse, Frankfurt/Main *1994* Galerie Ute Parduhn, Düsseldorf *1996* Ausstellungsraum Konstantin Adamopoulos, Frankfurt/Main *1999* Galerie Brigitte Trotha, Frankfurt/Main

Gruppenausstellungen (A)
1987 Kunst in Frankfurt/Malerei, Frankfurter Kunstverein *1997* Silo, Fahrradhalle Offenbach *2000* One of those Days, Mannheimer Kunstverein

Bibliografie (A)
Steffi Hartel, (Ausst.-Kat.) Forum der Frankfurter Sparkasse, Frankfurt/Main; Frankfurt/Main 1993 | *Steffi Hartel, Tobias Rehberger, Enno Schmidt, Andreas Weishaupt,* (Ausst.-Kat.) Galerie ak; Frankfurt/Main 1994

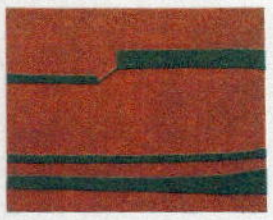
69

75

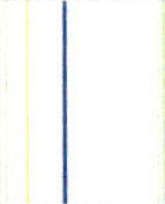

78

79

80

85

84

72

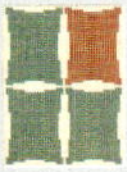
73

74

74

Kat. 68
ohne Titel, 1976/77
Acryl und Bimsmehl auf Nessel/Leinwand, 45 x 55 cm

Kat. 69
ohne Titel, 1987
Acryl und Bimsmehl auf Nessel, 45 x 55 cm

Kat. 70
ohne Titel, 1990
Aquarell auf Papier,
40,5 x 34 cm

Kat. 71
ohne Titel, o. J. (1990)
4 Zeichnungen
Aquarell auf Papier,
von 26 x 25,5 bis 40,5 x 34 cm

Kat. 72
ohne Titel, 1990
Aquarell auf Packpapier,
26 x 25,5 cm

Kat. 73
ohne Titel, 1992/93
Digitaldruck,
29,5 x 21 cm

Kat. 74
ohne Titel (Früchtekränze), um 1992/93, 7 Zeichnungen
Bleistift, Aquarell, Deckweiß auf Papier, 104 x 90 cm

Kat. 75
Blaubeerkranz, 1992/93
Stuckgips, Pigment, Acryl, Tempera, Plaka,
ø 63 x 8 cm

Kat. 76
Teppich, 1992
Wolle
286 x 220 cm

Kat. 77
ohne Titel, 1996
Digitaldruck,
44 x 63 cm

Kat. 78, S. 150
ohne Titel, 1997
Acryl, Blattgold auf Holz,
38 x 30 cm

Kat. 79, S. 150
ohne Titel, 1997
Acryl, Blattgold auf Holz,
38 x 30 cm

Kat. 80, S. 150
ohne Titel, 1997
Acryl, Blattgold auf Holz,
38 x 30 cm

Kat. 81
ohne Titel, 1997
Acryl, Blattgold auf Holz,
38 x 30 cm

Kat. 82
ohne Titel, 1998
Acryl, Blattgold auf Holz,
38 x 30 cm

Kat. 83
Fenster, 1998
Mischtechnik auf Papier,
32 x 24 cm

Kat. 84
Fenster, 1998
Acryl, Blattgold auf Holz,
77,5 x 28,5 cm

Kat. 85, S. 151
ohne Titel, 2000
Mischtechnik auf Holz (Polimentvergoldung),
31,5 x 37,3 cm

Nancy Haynes

Geboren 1947 in Waterbury/CT. Lebt in Brooklyn/NY.

Einzelausstellungen (A)
1981 David Bellman Gallery, Toronto *1985* Haags Gemeentemuseum, Den Haag *1989* John Good Gallery, New York *1991–92* The Lacuna of Certainty, The Long Beach Museum of Art, Long Beach, CA *1998* Galerie von Bartha, Basel

Bibliografie (A)
Nancy Haynes, Fondation Leschot, Bern 1998

Kat. 86
Autumn Daughter, 1998/99
Acryl, Öl auf Leinwand,
53,3 x 63,5 cm

Stefan Höller

Geboren 1964 in Hagen. Lebt in Berlin. Studium 1984–92 Staatliche Kunstakademie Düsseldorf bei G. Richter sowie an der HfBK, Dresden

Einzelausstellungen (A)
1995 ehemaliges Staatratsgebäude, Berlin *1998* Kunstverein für die Rheinlande und Westfalen, Düsseldorf (mit D. Breik) *1999* Galerie Ute Parduhn, Düsseldorf

Gruppenausstellungen (A)
1994 Treibhaus, Kunstmuseum Düsseldorf[Kat.] *1995* Pittura Immedia, Neue Galerie am Landesmuseum Joanneum, Graz[Kat.] *1996* Kulturhuset Stockholm[Kat.] *1999* Einigkeit und Recht und Freiheit 1949–1999, Martin-Gropius-Bau, Berlin

Bibliografie (A)
Treibhaus 6, (Ausst.-Kat.) Kunstmuseum Düsseldorf im Ehrenhof; Düsseldorf 1994

Kat. 87
Beuys-Vitrine im Museum Ludwig (zerstörte Batterie S -> Schwefel), 1993
Öl auf Leinwand,
30 x 82 cm
Lit.: Stockholm 1997, Abb. o. S.

Kurt Hofmann

Geboren 1954. Lebt in Frankfurt/Main. Studium 1976–1982 Staatliche Akademie der bildenden Künste, Stuttgart

Einzelausstellungen (A)
1987 Galerie Anselm Dreher, Berlin *1991* Galerie Luis Campaña, Frankfurt/Main *1994* Kunst in Frankfurt, Ausstellungshalle Zoo (mit Herbert Warmuth) in Zusammenarbeit mit dem MMK Frankfurt/Main *1998* Galerie Martina Detterer, Frankfurt/Main *2000* Galerie Martina Detterer, Frankfurt/Main

Gruppenausstellungen (A)
1981 Neorg, Galerie Tanja Grunert, Stuttgart *1987* Frankfurter Kunstverein *1990* Frank und frei, Kunstverein Freiburg *1991* Gullivers Reisen, Galerie Sophia Ungers, Köln[Kat.]

Kat. 88
ohne Titel, 1990
Acryl auf Gips auf Alumnium,
109 x 109 x 8 cm

Kat. 89
ohne Titel, 1990
Acryl auf Gips auf Sperrholz,
90 x 70 cm

Christine & Irene Hohenbüchler

Geboren 1964 in Wien. Leben in Eichgraben, Niederösterreich. Studium 1984–89 Hochschule für Angewandte Kunst Wien. 1987–88 École Nationale Supérieure des Arts Decoratives, Paris (I. H.). 1988 Institut für Kommunikationstheorie bei Roy Ascott, Wien (I. H.). 1989 Jan van Eyck Akademie, Maastricht, bei Guillaume Bijl und Henk Visch

Einzelausstellungen (A)
1989 Les Bricoleurs, Neue Galerie am Landesmuseum Joaneum, Graz *1993* Das Pelzchen, Galerie Paul Andriesse, Amsterdam *1997* Documenta X, Kassel *2001* Galerie Barbara Weiss, Berlin

Gruppenausstellungen (A)
1988 Stellt mehr Frauen aus, Galerie Gras Wien *1998* ›Berlin/Berlin‹: berlin biennale für zeitgenössische Kunst, Akademie der Künste, Berlin *1999* La casa, il corpo, il cuore, Museum Moderner Kunst Stiftung Ludwig, Wien *2001* Raum Aktueller Kunst, Wien (mit A. Czernin)

Bibliografie (A)
Christine & Irene Hohenbüchler, Remote Reverie, Maastricht 1990 *Christine & Irene Hohenbüchler, Chicago 1992–1995,* Stuttgart 1995 | *Berlin 1995–1996,* (Ausst.-Kat.); DAAD Galerie Berlin; Museum Haus Lange, Krefeld, 1995

Roni Horn

Geboren 1955 in New York. Lebt in New York. Studium 1975 Rhode Island School of Design, Providence. 1978 Yale University, New Haven

Einzelausstellungen (A)
1983 Kunstraum, München[Kat.] *1988* Chinati Foundation (permanente Installation), Marfa *1990* Museum of Contemporary Art, Los Angeles[Kat.] *1999* Events of Relation, Musée d'Art Moderne de la Ville de Paris[Kat.] *2000* Whitney Museum of Modern Art, New York

Gruppenausstellungen (A)
1989 prospect 89, Frankfurter Kunstverein[Kat.] *1987* Similia/Dissimilia, Kunsthalle Düsseldorf[Kat.] *1995* In a Different Light, University Art Museum, Berkeley[Kat.] *1998* Fast Forward, Kunstverein, Hamburg

Bibliografie (A)
Roni Horn: Surface Matters, (Ausst.-Kat.) Museum of Contemporary Art, Los Angeles; 1990 *Rare Spellings: Selected Drawings/Zeichnungen 1985–92,* (Ausst.-Kat.) Kunstmuseum Winterthur; Düsseldorf 1993 | *Roni Horn, Arctic Circles,* 1998 | *Book VII of the Encyclopaedia »To Place«,* hrsg. von Ginny Williams; Denver 1998 | *Roni Horn*, London 2000

92

Kat. 90
SoSo, 1994
Bleistift und Buntstift auf Papier, 91 x 117 cm

Kat. 91
ohne Titel, 1994
Bleistift, Farbstift, Deckweiß auf Papier, 157 x 57,5 cm

Kat. 92, S. 177
Key and Cue, Nr. 1035
BEE! I'M EXPECTING YOU!, 1996
Aluminium/ Plastik, 112 x 5 x 5 cm
Ex. 1/3

Kat. 93
ohne Titel (Kitty cat)
Fotografie/Polyester, 2-teilig, 76,2 x 76,2 cm
Ex. 2/12

Bethan Huws

Geboren 1961 in Bangor. Lebt in Paris. Studium 1981–85 Middlessex Polytechnic, London 1986–88 Royal College of Art, London

Einzelausstellungen (A)
1991 Kunsthalle Bern[Kat.] *1991* The Institute of Contemporary Arts, London[Kat.] *1993* Museum Haus Esters, Krefeld *1999* Boats, Watercolours and a New Outdoor Text Work, Oakville Galleries, Ontario[Kat.] *2000* Federn/Feathers, Städtische Galerie im Lenbachhaus, München

Gruppenausstellungen (A)
1996 New Art from Britain, Kunstraum Innsbrück[Kat.] *1997* Skulptur. Projekte in Münster 1997, Westfälisches Landesmuseum, Münster[Kat.] *2000* Am Horizont, Kaiser Wilhelm Museum, Krefeld (mit E.-L. Ahtila, R. Deacon, K. Fritsch, R. Mucha, J. Rhoades)[Kat.]

Bibliografie (A)
Bethan Huws. Works 1987–1991, (Ausst.-Kat.) hrsg. von Ulrich Loock, Kunsthalle Bern; 1991 *Uscita di Sicurezza*, (Ausst.-Kat.) Castel San Pietro Terme; 1995 *Bethan Huws. Watercolors*, (Ausst.-Kat.) hrsg. von Julian Heynen, Kaiser-Wilhelm-Museum; Krefeld u. a. 1998

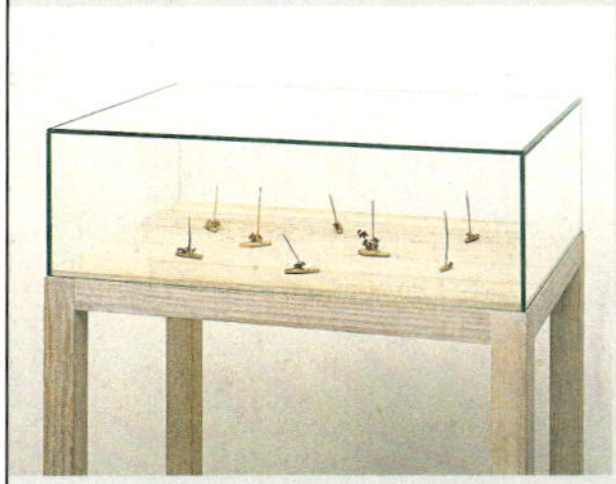

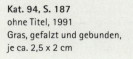

Kat. 94, S. 187
ohne Titel, 1991
Gras, gefalzt und gebunden, je ca. 2,5 x 2 cm

Kat. 95, S. 186
ohne Titel, 1992/93
20 Zeichnungen, Quer- und Hochformate
Aquarell, Bleistift auf Papier, 20 x 28 cm bis 24 x 32 cm

Donald Judd

Geboren 1928 in Excelsior Springs. Gestorben 1994 in New York. Studium 1949–53 Art Students League und Columbia University, New York. 1957–62 Columbia University, New York

Einzelausstellungen (A)
1968 Whitney Museum of American Art, New York *1986* Eröffnung der Chinati Foundation, Marfa *1987* Stedelijk van Abbemuseum, Eindhoven; Städtische Kunsthalle Düsseldorf; ARC Musée d'Art Moderne de la Ville de Paris, Paris; Fundació Joan Miró, Barcelona *1993* Furniture Retrospective, Museum Boymans-van Beuningen, Rotterdam; Villa Stuck, München

Bibliografie (A)
Donald Judd. Catalogue Raisonné of Paintings, Objects and Wood-Blocks 1960–1974, (Ausst.-Kat.) National Gallery of Canada, Ottawa; Ottawa 1975 | *Kunst und Design. Donald Judd*, (Ausst.-Kat.) Museum Wiesbaden 1993; Städtische Kunstsammlung Chemnitz 1994; Badisches Landesmuseum Karlsruhe 1994; The Museum of Modern Art Oxford, Stuttgart 1993 | *Donald Judd. Farbe*, (Ausst.-Kat.) hrsg. von Dietmar Elger, Sprengel Museum Hannover; Ostfildern-Ruit 2000

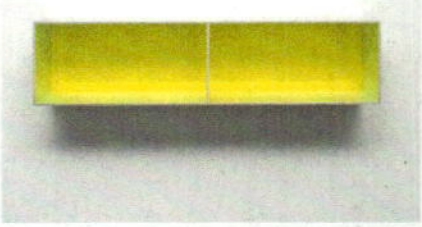

Kat. 97
ohne Titel, 1993
Pinienholz, Futonmatratze, 112,5 x 203,5 x 116 cm
Lit.: Judd 1993a, Abb. S. 137; Judd 1993b, Abb. S.45

Kat. 96, S. 137
ohne Titel, 1988
Aluminium, Plexiglas, 25 x 100 x 25 cm

Kazuo Katase

Geboren 1947 in Shizuoka.
Lebt in Kassel.

Einzelausstellungen (A)
1975 Sehbilder, Städtische Galerie Schloß Wolfsburg[Kat.] *1988* Windstille, Kunstverein für die Rheinlande und Westfalen, Düsseldorf[Kat.] *1996* Das blaue Haus (die gefangene Zeit), Museum Wiesbaden[Kat.]

Bibliografie (A)
Kazuo Katase. Nachtblumen, (Ausst.-Kat.) Shedhalle, Zürich; Zürich 1989 | *Kazuo Katase. Räume der Gegenwart,* (Ausst.-Kat.) Kasseler Kunstverein; Ostfildern-Ruit 1997 | *Kazuo Katase. Umsicht 1999–2000,* (Ausst.-Kat.) Wilhelm-Hack-Museum, Ludwigshafen; Köln 1999

98

99

Kat. 98
ohne Titel, 1989
Cibachrome in Aluminiumleuchtkasten,
48 x 40 x 10 cm

Kat. 99
ohne Titel (Straßenlaternen), 1989
Cibachrome in Aluminiumkasten,
48 x 40,5 x 11 cm

Alex Katz

Geboren 1927 in New York. Lebt in New York. Studium 1946–49 Cooper Union Art School, New York. 1949–50 Skowhegan School of Painting and Sculpture

Einzelausstellungen (A)
1971 Utah Museum of Fine Arts, Salt Lake City[Kat.] *1986* Whitney Museum of American Art, New York[Kat.] *1999* Galleria Civica di Arte Contemporanea, Trento[Kat.]

Bibliografie (A)
Alex Katz American Landscape, (Ausst.-Kat.) Staatliche Kunsthalle Baden-Baden, 1995 | *Alex Katz,* (Ausst.-Kat.) Galleria Civica di Arte Contemporanea, Trento; Trento 1999

100

102

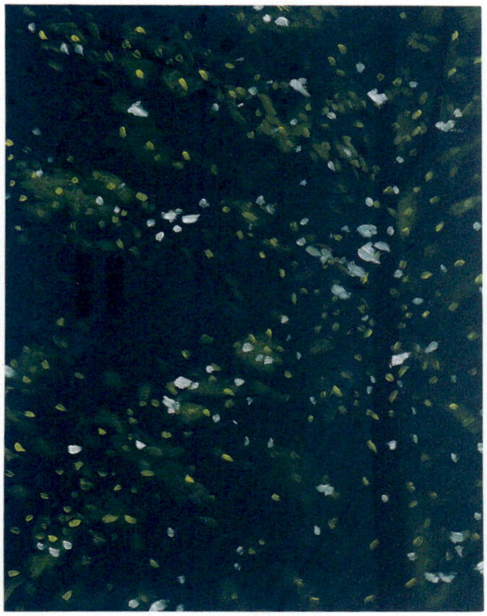
101

103

Kat. 100, S. 66/67
Forest 1, 1991
Öl auf Leinwand,
122 x 274 cm

Kat. 101, S. 69
Thick Woods, Morning, 1992
Öl auf Leinwand,
320 x 243 cm
Lit.: Katz 1993, S. 164; Katz 1998, S. 164

Kat. 102, S. 71
Snow Scene II, 1993
Öl auf Leinwand,
244,5 x 184 cm

Kat. 103, S. 65
Dogwood 2, 1996
Öl auf Leinwand,
183 x 244 cm

On Kawara

Geboren 1932 in Aichi-ken.
Lebt in New York.

Einzelausstellungen (A)
1969 Konzeption – Conception, Städtisches Museum Schloß Morsbroich, Leverkusen *1991–93* On Kawara. Date Paintings in 89 Cities, Museum Boymans-van Beuningen, Rotterdam; Deichtorhallen, Hamburg; Museum of Fine Arts, Boston; Museum of Modern Art, San Francisco | *1998* On Kawara. Whole and Parts 1964–1995, Museum of Contemporary Art, Tokio *2000* On Kawara Horizontality/Verticality, Städtische Galerie im Lenbachhaus, München[Kat.]

Bibliografie (A)
On Kawara. Date Paintings in 89 Cities, (Ausst.-Kat.) Museum Boymans-van Beuningen, Rotterdam; 1991 | *On Kawara. 1964. Paris–New York. Zeichnungen*, (Ausst.-Kat.) Kunstverein St. Gallen, Kunstmuseum; St. Gallen 1997 | *On Kawara, Horizontality/ Verticality*, (Ausst.-Kat.), hrsg. von Ulrich Wilmes, Städtische Galerie im Lenbachhaus, München, Köln 2000

Kat. 104, S. 164
June 4, 1991
Liquitex (Acrylfarbe) auf Leinwand,
25,5 x 33 cm

Kat. 105, S. 165
Jan. 23, 1995
Liquitex (Acrylfarbe) auf Leinwand,
26 x 33,5 cm

104-105

Yves Klein

Geboren 1928 in Nizza.
Gestorben 1962 in Paris.

Einzelausstellungen (A)
1961 Monochrome und Feuer, Museum Haus Lange, Krefeld *1982–83* Retrospektive, Rice Museum, Houston; Museum of Contemporary Art, Chicago; The Solomon R. Guggenheim Museum, New York; Musée National d'Art Moderne, Centre Georges Pompidou [Kat.] | *1995* Retrospektive, Museum Ludwig, Köln und Kunstsammlung Nordrhein-Westfalen, Düsseldorf; Hayward Gallery, London; Museo Nacional Centro de Arte Reina Sofia, Madrid [Kat.]

Bibliografie (A)
Yves Klein, (Ausst.-Kat.) Musée National d'Art Moderne, Centre Georges Pompidou; 1983 | *Sidra Stich: Yves Klein*, (Ausst.-Kat.) Museum Ludwig, Köln und Kunstsammlung Nordrhein-Westfalen, Düsseldorf; Stuttgart 1994

Kat. 106, S. 55
Marlene Klein Blue (ANT 34), o. J.
Öl, Pigmente und Kleber auf Papier auf Leinwand,
86,4 x 47 cm
Lit.: Klein 1969, Abb. S. 27

106

Imi Knoebel

Geboren 1940 in Dessau.
Lebt in Düsseldorf. Studium 1962–64 Werkkunstschule Darmstadt. 1964–71 Staatliche Kunstakademie Düsseldorf

Einzelausstellungen (A)
1972 Projektion 4/1–11, 5/1–11, Stedelijk Museum Amsterdam[Kat.] *1986* Staatliche Kunsthalle Baden-Baden[Kat.] *1996–97* Imi Knoebel. Retrospektive 1968–96, Haus der Kunst, München; Stedelijk Museum Amsterdam; Ivam Valencia; Kunsthalle Düsseldorf; Musée de Grenoble[Kat.]

Kat. 107, S. 147
ohne Titel, 1987/88
Acryl auf Holz (12 Platten, rückseitig verschraubt),
253 x 192 cm

Udo Koch

Bibliografie (A)
Imi Knoebel. Rot Gelb Weiß Blau, (Ausst.-Kat.) Ludwig Forum für Internationale Kunst, Aachen; Köln 1996 | *Imi Knoebel. Retrospektive 1968–1996*, (Ausst.-Kat.) hrsg. von Marja Bloem und Hubertus Gaßner, Haus der Kunst, München; Ostfildern1996

Geboren 1958 in Offenbach. Lebt in Frankfurt/Main. Studium 1982–88 Städelschule Frankfurt/Main

Einzelausstellungen (A)
1988 Galerie ak, Frankfurt/Main *1990* Stampa, Basel *1995* Kunsthalle Bern, Bern[Kat.] *1998* Portikus, Frankfurt/Main *2000* Komplementäre Raumvisionen Deutsche Gesellschaft für christliche Kunst, München mit C. Nicolai

Gruppenausstellungen (A)
1990 Oktogon II, Museum Wiesbaden[Kat.] | *1992* Qui, quoi, où, Musèe d'Art Moderne de la Ville de Paris[Kat.] *1993* | Szenenwechsel IV, Museum für Moderne Kunst, Frankfurt/Main | *1996* Views from Abroad: European Perspectives on American Art 2, Whitney Museum of American Art, New York[Kat.] *2001* | Frankfurter Kreuz, Schirn Kunsthalle Frankfurt, Frankfurt/Main

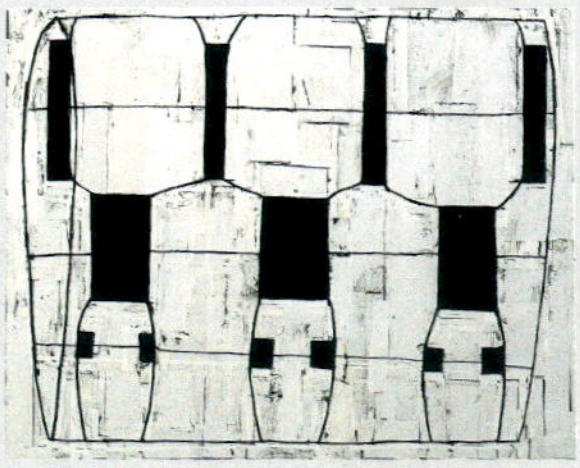

109

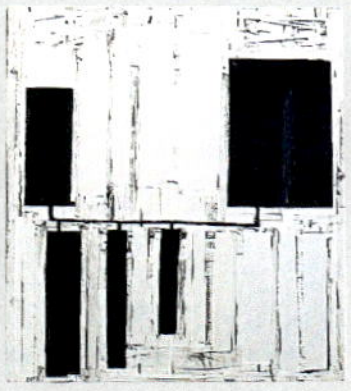

110

116

115

111

Kat. 108
ohne Titel, 1994
Öl auf Aluminium (4 Elemente verschraubt),
17 x 12 x 8,5 cm

Kat. 109
ohne Titel, 1987
Acryl, Leim, Papier auf Holz,
105 x 128,5 cm

Kat. 110
ohne Titel, 1988
Acryl, Leim, Papier auf Holz,
87 x 76 cm
Lit.: Koch 1988, Abb. S. 14

Kat. 111, S. 174/175
Wertkauf, 1989/90
32 Offsetlithographien
32 x 25,5 cm
Lit.: Wiesbaden 1990, Abb. o. S.; Koch 1994, Abb. S. 12

Kat. 112, S. 176
Milka, 1989/90
Siebdruck auf Papier, lfdm,
52 cm breit
Lit.: Koch 1994, Abb. o. S.

Kat. 113
ohne Titel (Porzellan-Serie)
1990/91
(»White Candlelight«, Domino, Mondo, Wedgewood, Sanssouci, Wild Strawberry, Kutani Crane, Castellon, Wedgewood Countryware, Traditional, Heidelberg, Collina, »Apponyi vert« S. 8 Herend, Neumarseille, Strohblume, Trend (Trend 41), Jeverland, Vecchio-Gingi, »White Candlelight«, Wedgewood, Musselmalet/ Vollspitze, S.19 Christmas Tree, S. 17 Aragon, Traditional, Amherst, Royal Copenhagen »Fächer, weiß«)
Bleistift, Tusche auf Transparentpapier, Maße verschieden,
ca. 15 x 21 cm

Kat. 114
Hand, 1991
Bleistift, Wasserfarbe auf Papier,
84 x 59 cm

mit Steffi Hartel
Kat. 115, S. 8
Vogelhaus, 1992
Holz, schwarze Farbe
22 x 19 x 25 cm
Auflage unlimitiert, signiert

Kat. 116
ohne Titel, 1996
Offsetdruck, collagiert,
28 x 21 / 42 x 32 cm

Kat. 117
Hand, 1998
Bleistift, Wasserfarbe auf Papier, 65 x 50 cm

Kat. 118
Hand, 1998
Bleistift auf Papier,
59,5 x 42 cm

Bibliografie (A)

Udo Koch, (Ausst.-Kat.) Museum für Moderne Kunst, Frankfurt/Main; Darmstadt 1994 | *Zeichnung und Raum. Ars viva 94/95. Udo Koch, Karin Sander, Beate Terfloth*, (Ausst.-Kat.) Kulturkreis der deutschen Wirtschaft im BDI; Köln 1994 | *Udo Koch. Zeichnungen*, (Ausst.-Kat.) Kunsthalle Bern; Bern 1995 | *Udo Koch, Portikus*, (Ausst.-Kat.) Frankfurt/Main 1998

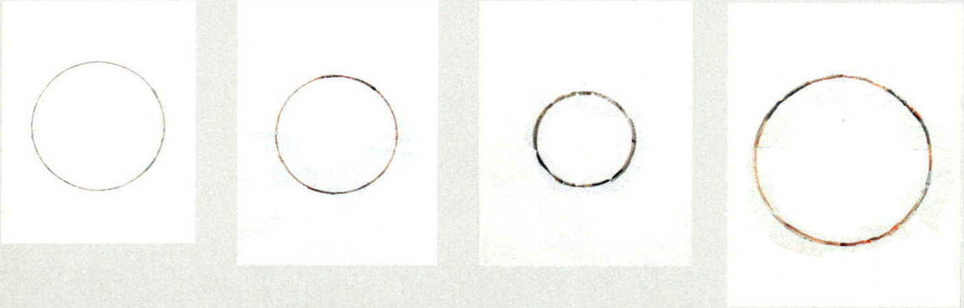

119

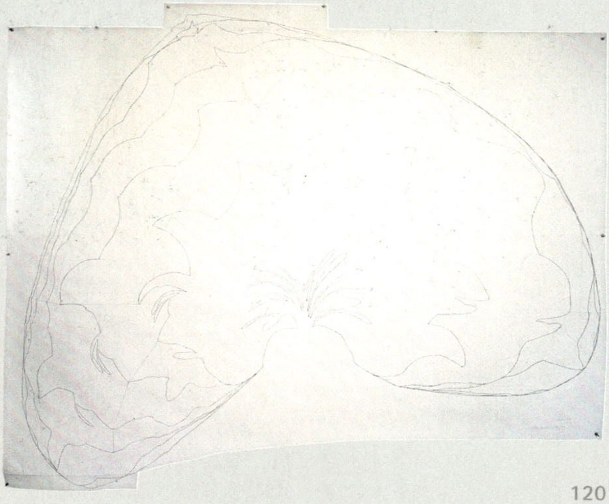

120

121

122

Kat. 119
ohne Titel, 1998/99
Collage auf Papier, 5-teilig,
von 59 x 42 bis 119 x 94 cm

Kat. 120
Clivia 1:1, 1998/99
Bleistift auf Papier,
230 x 275 cm

Kat. 121
Rotwein, 1999
Lack auf Holz,
30 x 22,8 x 15,2 cm

Kat. 122, S. 179
Gedrehte Hand, (Mittelfinger),
1999
Gips, ø 18 cm, 22 cm hoch

Jeff Koons

Geboren 1955 in York/Pensylvania. Lebt in New York. Studium 1972–1976 Maryland Institute of Art, Baltimore, und Art Institute of Chicago

Einzelausstellungen (A)

1980 New Museum of Contemporary Art, New York *1990* Biennale di Venez a *2001* Jeff Koons, Kunsthaus Bregenz

Bibliografie (A)

Jeff Koons, (Ausst.-Kat.) hrsg. von W. Beeren unc G. Inboden, Stedelijk Museum Amsterdam; Amsterdam 1992 | *The Jeff Koons Handbook*, hrsg. vcn R. Rosenblum; New York 1992 | *Jeff Koons. Celebration*, (Ausst.-Kat.) hrsg. von R. Rosenblum u.a., Solomon R. Guggenheim Museum; New York 1996

Kat. 123
Aufblasbare
Ballonblume, 1997
PVC (gelb),
128 x 148 x 180 cm
Ex. 42/100
hergestellt bei Schultes, Wien

Sherrie Levine

Geboren 1947 in Hazleton PE. Lebt in New York. Studium 1965–73 University of Wisconsin, Madison

Einzelausstellungen (A)
1974 De Saisset Art Museum, Santa Clara, CA *1991–92* Kunsthalle Zürich; Westfälisches Landesmuseum Münster; Rooseum – Center for Contemporary Art, Malmö; Hôtel des Art, Paris *1996–97* Musée d'Art Moderne et Contemporain de Genève; FRAC des Pays de la Loire, Nantes; South London Gallery; Casino, Luxemburg

Bibliografie (A)
Sherrie Levine, (Ausst.-Kat.) Kunsthalle Zürich; Zürich 1991
Sherrie Levine, (Ausst.-Kat.) Städtisches Museum Schloß Morsbroich, Leverkusen, Musée d'Art Moderne et Contemporaine, Genf; 1998

124

125

Kat. 124, S. 148/149
Melt Down (After Yves Klein), 1991
Öl auf Mahagoni, 8-teilig,
je 71,5 x 53 cm

Kat. 125
Prometheus, 1995
Graphit auf Mahagoni,
71 x 53 cm

Simon Linke

Geboren 1958 in Benalla/Australien. Lebt in London. Studium 1977–86 St. Martins School of Art, London Royal College of Art, London Goldsmiths College of Art, London

Einzelausstellungen (A)
1986 Grey Art Gallery, New York *1989* Kohji Ogura Gallery, Nagoya Japan Kat. *1996* Lisson Gallery, London *1999* Galerie Michael Janssen, Köln *2000* One in the Other, London

Gruppenausstellungen (A)
1983 Tolly Cobbold, u. a. Fitzwilliam Museum, Cambridge *1986–87* Padiglione dell'Arte Contemporanea, Mailand *1987* Stiftung Lucio Amelio, Grand Palais, Paris *1990* Real Allegories, Lisson Gallery, London *1997* Die Magie der Zahl, Staatsgalerie Stuttgart

126

127

128

Kat. 126, S. 172
ohne Titel, 1985
Öl auf Leinwand,
152,5 x 152,5 cm

Kat. 127
Abstract Painting No. 1, 1991
Acryl auf Leinwand,
122 x 122 cm

Kat. 128, S. 170
Sigmar Polke, 1991
Öl auf Leinwand,
26,5 x 26,5 cm

Simon Linke

Bibliografie (A)
Simon Linke, (Ausst.-Kat.) Lisson Gallery, London und Tony Shafrazi Gallery, New York; 1987
Pittura Immedia, (Ausst.-Kat.) Neue Galerie, Graz, 1995
Everything that's interesting is new, (Ausst.-Kat.) Deste Foundation, Athen; Museum of Modern Art, Kopenhagen, 1995

129

130

Kat. 129
ohne Titel, 1994
Öl auf Leinwand,
89 x 126 cm

Kat. 130, S. 171
Artforum/Cover Koons, 1999
Öl auf Leinwand,
150 x 150 cm

129-130

Esko Männikkö

Geboren 1959 in Pudasjärv, Finnland. Lebt in Finnland.

Bibliografie (A)
Esko Männikkö, *Mexas*, 1999
Esko Männikkö, *Naarashauki, The Female Pike*, Oulu, Finnland, 2000

Kat. 131
Kuhmo (Man standing on the jetty at sunset), 1994
Farbfotografie in Goldrahmen, 40 x 50 cm; 53 x 63 cm
Lit.: Männikkö 2000, Abb. S. 122f.

Kat. 132
Pudasjärvi (Salted fish in wooden tray), 1991
Farbfotografie in Rahmen,
49,5 x 59 cm
Lit.: Männikkö 2000, Abb. S. 27

131-132

Robert Mangold

Geboren 1937 in North Tonawanda. Lebt in New York. Studium 1956–60 Cleveland Institute of Art. 1960–63 Yale University School of Art and Architecture, New Haven

Einzelausstellungen (A)
1971 Solomon R. Guggenheim Museum, New York[Kat.] *1982* Paintings 1964–1982, Stedelijk Museum Amsterdam[Kat.]
1999 Museum Wiesbaden; Kunstverein St. Gallen Kunstmuseum[Kat.]

Bibliografie (A)
Robert Mangold. Träger des Alexej von Jawlensky-Preises. Gemälde und Zeichnungen 1984–1997, (Ausst.-Kat.) Museum Wiesbaden; Nürnberg 1998
Ulrike Lehmann: Robert Mangold. Linie Form Farbe. Werkentwicklung von 1964 bis 1994, hrsg. vom Institut für moderne Kunst Nürnberg; Nürnberg 1995

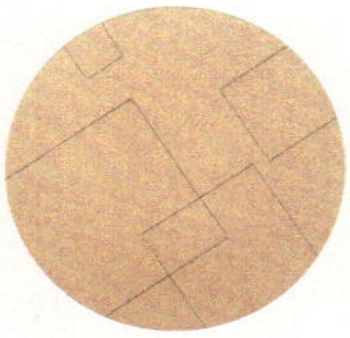

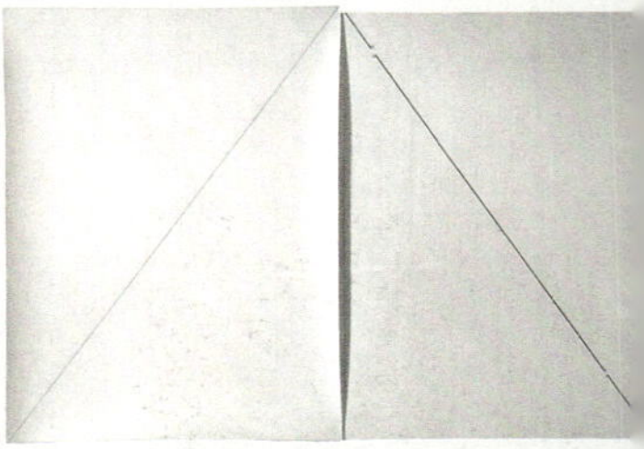

Kat. 133, S. 135
Four Squares in and out of a Circle, 1975
Acryl, Bleistift auf Leinwand,
ø 45 cm

Kat. 134
Imperfect Triangle within Two Rectangles, 1977
Bleistift, Ölkreide auf Bütten,
2 Blätter, gesamt
101 x 145 cm

133-134

Fabian Marcaccio

Geboren 1963 in Rosario de Santa Fe. Lebt in New York. Studium University of Philosophy, Rosario de Santa Fe

Einzelausstellungen (A)
1992 John Post Lee Gallery, New York *1993* Mutual Betrayal, Galerie Barbara Farber, Amsterdam[Kat] *2000* Kölnischer Kunstverein, Köln[Kat]

Gruppenausstellungen (A)
1988 Bronx Museum, New York[Kat] *1992* Slow Art, P. S.1 Contemporary Art Center, Long Island City *1997* Ca-Ca Poo-Poo, Kölnischer Kunstverein[Kat]

Bibliografie (A)
Architecture of The Mind, (Ausst.-Kat.) Galerie Barbara Farber, Amsterdam 1995 | *Fabian Marcaccio: With-jecT Spain,* (Ausst.-Kat.) Galeria Salvador Diaz, Madrid, Galeria Joan Prats, Barcelona 1998 | *Fabian Marcaccio. Paintant Storys* (Ausst.-Kat.) Württembergischer Kunstverein, Stuttgart; Bielefeld 2001

Kat. 135
Between Fronts Paintant, 2000
»Encad Go inks«, Öl und Silikon auf Leinwand,
86 x 165 cm

135

Brice Marden

Geboren 1938 in Bronxville. Lebt in New York. Studium 1957–61 Boston University School of Fine and Applied Arts. 1961–63 Yale University School of Art and Architecture

Einzelausstellungen (A)
1975 Solomon R. Guggenheim Museum, New York *1992–93* Cold Mountain, Dia Center for the Arts, New York; Walker Art Center, Minneapolis; The Menil Collection, Houston[Kat] *1997–98* Work Books 1964–1995, Staatliche Graphische Sammlung München; Kunstmuseum Winterthur; Wexner Center for the Arts, The State University of Ohio, Columbus; Harvard University Art Museums, Cambridge[Kat]

Bibliografie (A)
Brice Marden – Cold Mountain, (Ausst.-Kat.) hrsg. von Brenda Richardson; Houston 1992 | *Brice Marden. Work Books: 1964– 1995,* (Ausst.-Kat.) hrsg. von Dieter Schwarz und Michael Semff; Düsseldorf 1997

Kat. 136, S. 75
ohne Titel
(Window Study # 2), 1985
Öl, Bleistift auf Leinwand,
61 x 45 cm
Lit.: vgl. Marden 1993, Abb. S. 39

136

Joseph Marioni

Geboren 1943. Lebt in New York. Studium 1962–66 Cincinnati Art Academy. 1966–70 San Francisco Art Institute

137

138

Kat. 137, S. 113
ohne Titel, 1976
Acryl auf Leinwand auf Keilrahmen, 217 x 230 cm

Kat. 138, S. 114
Painting # 8–78, 1978
Acryl auf Leinwand,
100 x 90 cm

137-138

Einzelausstellungen (A)
1988 Joseph Marioni – Paintings, Städtisches Museum Abteiberg, Mönchengladbach[Kat.] | *1995* Kunsthalle Baden-Baden; Kunstmuseum St. Gallen[Kat.] | *1999* Columbus Museum of Art, Ohio[Kat.]

Bibliografie (A)
Joseph Marioni. Malerei, (Ausst.-Kat.) Städtisches Museum Abteiberg, Mönchengladbach; 1988 | *Joseph Marioni. Private Icons,* (Ausst.-Kat.) hrsg. von Jochen Poetter, Kunsthalle Baden-Baden; Ostfildern 1995

139

141

142

145

143

140

144

146

Kat. 139, S. 115
ohne Titel, 1981
Acryl auf Leinwand
auf Keilrahmen,
129,5 x 112 cm

Kat. 140
Painting, 1988
Acryl auf Leinwand
auf Keilrahmen,
118 x 112 cm
Lit.: Kiel 1991, Abb. S. 47

Kat. 141, S. 116
Blue Painting No. 5, 1989
Acryl auf Leinwand
auf Keilrahmen,
108 x 98 cm

Kat. 142
White Painting, 1992
Acryl auf Leinwand
auf Keilrahmen,
273 x 236 cm

Kat. 143
Red Painting, 1996
Acryl auf Leinwand
auf Keilrahmen,
61 x 58 cm
Lit.: vgl. New York 1996, Abb. S. 75

Kat. 144
Red Painting No. 18, 1998
Acryl auf Leinwand
auf Keilrahmen,
91 x 78 cm

Kat. 145, S. 117
Yellow Painting No. 21, 1998
Acryl auf Leinwand
auf Keilrahmen,
244 x 183 cm
Lit.: Art in Amerika 1999, Abb. S. 91

Kat. 146, S. 118
White Painting, 2000
Acryl auf Leinwand
auf Keilrahmen,
82 x 77 cm

Matthew McCaslin

Geboren 1957 in Bayshore, NY. Lebt in New York. Studium 1980 Parsons School of Design, New York

Einzelausstellungen (A)
1987 Bess Butler Gallery, New York *1992* The Museum of Modern Art (Projects 33), New York[Kat.] *1994* Sprengel Museum, Hannover; Städtische Ausstellungshalle Am Hawerkamp, Münster *1996* Harnessing Nature, Whitney Museum of Modern Art, New York *1998* Works – Sites, Kunstverein St. Gallen; Orange County Museum of Art, Newport Beach; Galerie für Zeitgenössische Kunst, Leipzig; Kunstverein Freiburg im Marienbad

Gruppenausstellungen (A)
1987 P. S.1, Special Projects, Long Island City *1993* Nachtschattengewächse, Museum Fridericianum, Kassel *1996* Berechenbarkeit der Welt, Bonner Kunstverein *1998* I Love New York, Museum Ludwig, Köln[Kat.] *2000* Dinge, Haus der Kunst, München

Bibliografie (A)
Not Quiet, (Ausst.-Kat.) Galerie Jennifer Flay; Paris 1992 *Matthew McCaslin,* (Ausst.-Kat.) Castello di Rivara; Rivara 1993 *Matthew McCaslin. Ausstellungen. Exhibitions,* (Ausst.-Kat.) Sprengel Museum, Hannover; Ostfildern 1994

Kat. 147, S. 190
Thing Wing
Villa Installation, 1995
4 Uhren, Ø 26 cm,
3 Lampen, 4 amerikanische Industrie-Verteilersteckdosen, verschiedene Kabel mit Metall- und Kunststoffummantelung, Schalter, Maße variabel

Kat. 148, S. 191
ohne Titel, 2000
Metall, Elektrokabel, Glühbirnen in Porzellanfassungen, Arbeitslampe, Steckdosen, Schalter, 205 x 220 x 80 cm

Ingo Meller

Geboren 1955 in Köln. Lebt in Köln. Studium 1976–1981 Fachhochschule Köln

Einzelausstellungen (A)
1985 Raum für Malerei, Köln *1991* Kunstraum, Kassel[Kat.] *1995* Städtische Galerie im Museum Folkwang, Essen[Kat.] *2000* Galerie nächst St. Stephan, Rosemarie Schwarzwälder, Wien

Gruppenausstellungen (A)
1984 Präsenz der Farbe – Radical Painting, Verein für aktuelle Kunst, Oberhausen[Kat.] *1988* Peinture Radicale – Marioni, Meller, Mosset, Umberg, Wellmann, La Criée, Halles d'Art Contemporain, Rennes[Kat.] *1995* Das Abenteuer der Malerei, Kunstverein für die Rheinlande und Westfalen, Düsseldorf; Württembergischer Kunstverein, Stuttgart[Kat.] *1999* Ausloten, Kunstverein Göttingen[Kat.]

Bibliografie (A)
Ingo Meller, (Ausst.-Kat.) Städtische Galerie im Museum Folkwang, Essen; Essen 1995
Positionen. Beobachtungen zum Stand der Malerei in den 90er Jahren, (Ausst.-Kat.), Folkwang Museum, Essen; Essen 1995
Ingo Meller. Ölfarbe auf Leinwand. Oil on Canvas, (Ausst.-Kat.) hrsg. von Reiner Speck, Gerhard Theewen, Nicola von Velsen, Galerie nächst St. Stephan, Wien; Köln 1996
Ingo Meller, (Ausst.-Kat.) Galerie S 65, Aalst, Aalst 1997

149

150

151

152

153

154

Kat. 149
1982, 4-teilige Arbeit,
29 x 147 cm
Ölfarbe auf grundiertem Papier auf Aluminiumplatten
je 29 x 21 cm
[Chromgelb, WN 110; Cadmiumgelb, WN 222; Chromgelbzitron, Mussini 211; Kadmiumorange, Mussini 230 Echtgelb dkl., Mussini 217/ Cadmium Red, WN 219; Kadmiumrot dkl., Mussini 357; Kadmiumrot hell, Mussini 356; Echt Hochrot, Mussini 349/ French Ultramarin, WN 149; Kobaltblau dkl., Mussini 481; Cölinblau, Mussini 475; Royal blue, L/B 67/Zinnobergrün hellst, Mussini 530; Licht Goldgrün, Mussini 537; Permanentgrün hell, Mussini 524; Chromoxidgrün feur., Rembrandt 616; Vert Paul Veronese, Mussini 527; Permanentgrün hell, Viktoria 672]

Kat. 150
1983, Öl auf Leinwand,
30 x 23 cm
[Kadmiumrot hellst, Mussini 355; Kadmiumrot hell, Mussini 356; Kadmiumrot dkl., Mussini 357; Königsblau hell, Mussini 485; Königsblau dkl., Mussini 486]

Kat. 151, S. 121
1983, Ölfarbe auf Leinwand,
31,1 x 21,8 cm
[Zinnobergrün hellst, Mussini 530; Zinnobergrün hell, Viktoria 679; Zinnobergrün dkl., Viktoria 680; Flesh Tint, W&N 148; Neapelgelb, L/B 191
Lit.: Meller 1991, Abb. S. 4

Kat. 152
1984, Ölfarbe auf Leinwand,
35,8 x 25,2 cm
[Kobaltblau dkl., Rembrandt 515; Neapelgelb, L+B 191; Titanweiß, Viktoria 604; Davy's Gray, W&N 147]

Kat. 153
1984, Ölfarbe auf Leinwand,
37 x 24,5 cm
[Kobaltblau dkl., Rembrandt 515; Neapelgelb, L+B 191; Titanweiß, Viktoria 604; Davy's Grey, W&N 147]

Kat. 154
1984, Ölfarbe auf Leinwand,
37,3 x 25,7 cm
[Titanweiß, Viktoria 604; Kobaltblau dkl., Rembrandt 515; Davy's Gray, W&N 147; Flesh Tint, W&N 148]
Lit.: Meller 1995, Abb. S. 21

Kat. 155
1984, Ölfarbe auf Leinwand,
33,4 x 23,4 cm
[Cadmiumgelb hell, Blockx 713; Cadmiumgelb dkl., Blockx 717; Cadmiumgelb mittel, Blockx 715; Rebschwarz, Blockx 173; Davy's Gray, W&N 147]

155

156

157

159

160

161

162

163

164

165

166

167

Kat. 156, S. 122
1984, Ölfarbe auf Leinwand, 34,6 x 24 cm
[Titanweiß, Viktoria 604; Königsblau hell, Mussini 485; Cobaltblau hell, Rembrandt 513; Flesh Tint, W&N 148]

Kat. 157
1984, Ölfarbe auf Leinwand, 34 x 23,7 cm
[Kadmiumgelborange, Blockx 811; Kadmiumorange, Mussini 230; Kadmiumrotorange, Blockx 821; Englischrot, Blockx 123; Chromgrün, Blockx 261]

Kat. 158
Farbduett, um 1985
100 Farbplättchen in Karton, Öl auf Pappe, je 6 x 6 cm, Karton: 7 x 23,5 x 7,7 cm

Kat. 159
1985, Ölfarbe auf Leinwand, 35,7 x 24,4 cm
[Königsblau hell, Mussini 485; Davy's Gray, W&N 147; French Ultramarin 149; Preussischblau, Rembrandt 508]

Kat. 160
1986, Ölfarbe auf Leinwand, 35 x 23,3 cm
[Cadmiumgelb zitron, Blockx 711; Krapplack, Blockx 421; Sevresgrün, Blockx 462; Königsblau hell, Mussini 485; Königsblau dkl., Mussini 486]
Lit.: Meller 1991, Abb. S. 8

Kat. 161
1987, Ölfarbe auf Leinwand, 40 x 24,5 cm
[Violetter Lack, Viktoria 692; Asphalt, Viktoria 719; Grüne Erde, Viktoria 664; Feurig Rot, L/B 369; Krapplack rosa, Blockx 422]
Lit.: Meller 1995, Abb. S. 58

Kat. 162
1988, Ölfarbe auf Leinwand, 42,8 x 26,5 cm
[Titaniumweiß, Rembrandt 105; Krapplack, Norma 328]

Kat. 163
1988, Ölfarbe auf Leinwand, 40,7 x 25 cm
[Chromoxidgrün feurig, Amsterdam 616; Azurblau, F. Braune (Berlin)]

Kat. 164
1988, Ölfarbe auf Leinwand, 41,7 x 25 cm
[Violetter Lack, Viktoria 692; Laque jaune, Sennelier]

Kat. 165
1989, Ölfarbe auf Leinwand, 47,8 x 30,3 cm
[Magentalack solid, Maimeri 23; Indischgelb, W&N 151; Krapplack hell, Blockx 421; Rebschwarz, Blockx 173]

Kat. 166
1989, Ölfarbe auf Leinwand, 47,9 x 30,5 cm
[Krapplack hell, Blockx 421; Rebschwarz, Blockx 173; Cobaltviolett dkl., Rembrandt 542; Granatlack, Maimeri 107]

Kat. 167
[15/90], 1990
Ölfarbe auf Leinwand, 53,6, x 32,6 cm
Lit.: Meller 1995, Abb. S. 27

168

169

170

171

172

173

174

175

176

177

Kat. 168
[12/90], 1990
Ölfarbe auf Leinwand,
53 x 33,7 cm

Kat. 169
1991, Ölfarbe auf Leinwand,
54,4 x 34,2 cm
[Indigo extra, Scheveningen 33; Krapplack hell, Maimeri 10; Neapelgelb, Sennelier]

Kat. 170
1992, Ölfarbe auf Leinwand,
55,5 x 34,9 cm
[Manganviolett rötlich, Scheveningen 190; Zinnoberton, Mussini 364; Fleischfarbe, W&N 148; Rembrandtgrün, Rembrandt 634; Fleischfarbe 4, Mussini 222]

Kat. 171
1992, Ölfarbe auf Leinwand,
54,5 x 33,8 cm
[Grünlack dkl., Mussini 517; Chromgrün dkl., W&N 108; Kobaldviolett hell, Rembrandt 540 Fleischfarbe 4, Mussini 222; Fleischfarbe, W&N 148]

Kat. 172
1993, Ölfarbe auf Leinwand,
55,3 x 34,3 cm
[Chromgelb dkl., Rembrandt 219; Anilinviolett bläulich, Scheveningen 196; Chromoxydgrün feurig, W&N 211, Chromoxydgrün, W&N 226; Kaltgrau 2, Mussini 786]

Kat. 173
1993, Ölfarbe auf Leinwand,
54,6 x 34,2 cm
[Indischgelb, Sennelier; Barytgelb, Blockx 211; Fleischfarbe 1, Mussini 219; Grünlack dkl., Mussini 517; Indigo, Mussini 478]

Kat. 174
1993, Ölfarbe auf Leinwand,
62,9 x 37,3 cm
[Koraal, Scheveningen 145; Neapelgelb dkl. extra; Scheveningen 316; Nickeltitangelb, Scheveningen 121; Alt Hollandrotgoldlack, Scheveningen 133; Neapelgelb extra, Scheveningen 313; Kobaldgrün, W&N 205; Kobaldviolett imit., Goya 679; Payne's Gray, Sennelier]
Lit.: Meller 1995, Abb. S. 31

Kat. 175
1993, Ölfarbe auf Leinwand,
62 x 37,3 cm
[Ultramarinrot-Rosa, Scheveningen 187; Neapelgelb rötl. extra, Scheveningen 112; Koraal, Scheveningen 145; Nickeltitangelb, Scheveningen 121; Alt-Hollandhellviolett, Scheveningen 193; Severesgrün, Blockx 462]

Kat. 176
1994, Ölfarbe auf Leinwand,
59,9 x 38,2 cm
[Maigrün, Akademie 532; Saftgrün, Winton 37; Permanentgrün hell, Winton 48 Cobaltgrüntürkis, Scheveningen 266; Cobaltgrün dkl., Scheveningen 267]

Kat. 177
1995, Ölfarbe auf Leinwand,
63,3, x 41,4 cm
[Caribischblau, Scheveningen 232; Cobaltgrün dunkel, Scheveningen 267; Neapelgelb dunkel extra, Rembrandt 223; Königsblau hell, Mussini 488]
Lit.: Meller 1995, Abb. S. 37

178

179

182

183

184

185

186

187

Kat. 178, S. 123
1995, Ölfarbe auf Leinwand,
63,3 x 41,5 cm
[Ultramarin dunkel, Rembrandt 506; Cobaltgrün dunkel, Scheveningen 267; Neapelgelb dunkel, Rembrandt 223; Fleischfarbe, Scheveningen 115]

Kat. 179
1996, Ölfarbe auf Leinwand,
67 x 44,9 cm
[Neapelgelb dunkel extra, Scheveningen 316; Alt Holland-hellviolett, Scheveningen 183; chromoxidgrün feurig, Winsor & Newton 692]

Kat. 180
ohne Titel, 1996
Öl auf Leinwand,
15 x 10,5 cm

Kat. 181
auf Reisen, 1996
Ölfarbe auf Leinwand,
15,9 x 10,8 cm

Kat. 182
1997, Ölfarbe auf Leinwand,
68,1 x 48 cm
[Scheveningengelb dunkel, Scheveningen 15; Indischgelb-orangelack, Scheveningen 127; Karmesinlack, Rowney Georgian 574]
Lit.: Meller 1997, Abb. S. 45

Kat. 183
1997, Ölfarbe auf Leinwand,
66,2 x 48,2 cm
[Karmesinlack, Rowney Georgian 514, Neapelgelb hell extra, Rembrandt 222, Fleischfarbe 1, Mussini 219]
Lit.: Meller 1997, Abb. S. 10

Kat. 184
1998, Ölfarbe auf Leinwand,
68,5 x 48,2 cm
[Manganese Violet, Williamsburg; Brilliant Yellow Extra Pale, Williamsburg]
Lit.: Meller 1999, Abb. o. S.

Kat. 185, S. 124
1998, Ölfarbe auf Leinwand,
69,9 x 50,7 cm
[Cadmium Lemon, Williamsburg Cadmium; Vermillioned, Williamsburg Neaples Yellow; Williamsburg Cerulian Blue Hue, Gamblin]
Lit.: Meller 1999, Abb. o. S.

Kat. 186
1998, Ölfarbe auf Leinwand,
67,5 x 48,5 cm
[Phthalo Turquoise, Williamsburg Kings; Blue, Williamsburg Quinacridone Violet; Williamsburg]
Lit.: Meller 1999, Abb. o. S.

Kat. 187
1998, Ölfarbe auf Leinwand,
68 x 49,9 cm
[Manganese Violett, Williamsburg; Prussian Blue, Williamsburg; Brilliant Yellow Extra Pale, Williamsburg]

188

189

190

192

193

195

196

197

Kat. 188
1998, Ölfarbe auf Leinwand,
69 x 48,8 cm
[Cinnebar Green Light,
Willaimsburg Viridian;
Williamsburg Nickel Yellow,
Williamsburg]

Kat. 189
1999, Ölfarbe auf Leinwand,
69 x 48 cm
[Permantzitron, Williamsburg;
Cobalttürkis grünlich, Williamsburg; Ultramarinviolett,
Williamsburg]

Kat. 190
1999, Ölfarbe auf Leinwand,
68,6 x 48,5 cm
[Cobaltviolett hell, Williamsburg; Phtalogrün, Williamsburg;
Preussischblau, Williamsburg]

Kat. 191
1999, Ölfarbe auf Leinwand,
69,1 x 49 cm
[Brilliantgelb extra hell,
Williamsburg; Dianthusrosa,
Williamsburg; Cadmiumzitron,
Williamsburg; Neapelgelb,
Rowney Georgian 635]

Kat. 192
1999, Ölfarbe auf Leinwand,
68,7 x 48,5 cm
[Nickeltitangelb, Williamsburg;
Dianthusrosa, Williamsburg;
Permanentpurpurrot, Williams-
burg]

Kat. 193
1999, Ölfarbe auf Leinwand,
70,1 x 49,5 cm
[Königsblau, Williamsburg;
Zinobergrün hell, Williamsburg;
Quinacridonemagenta,
Williamsburg]

Kat. 194
12 Zeichnungen I, 2000
Graphit (B 6) und blauer
Farbstift auf Papier,
12 Zeichnungen à 4 Blätter
zu 59,4 x 42 cm,
Einzelblatt je 29,7 x 21 cm
in Kassette: 32,7 x 24,4 x 2,3 cm
Lit.: Meller 2001

Kat. 195
2000, Ölfarbe auf Leinwand,
69,4 x 50,2 cm
[Phtalogrün, Williamsburg;
Provenceviolett rötlich,
Williamsburg]

198

199

200

201

202

203

Kat. 196
2000, Ölfarbe auf Leinwand,
70 x 50,5 cm
[Brillantrosa, Michael Harding;
Zitrongelb, Michael Harding;
Chromoxidgrün, Michael Harding]

Kat. 197, S. 125
2000, Öl auf Leinwand,
69,4 x 50,2 cm
[Phtalogrün, Williamsburg;
Brilliantgelb extra hell,
Williamsburg]

Kat. 198
2000, Ölfarbe auf Leinwand,
69,3 x 49,6 cm
[Provenceviolett bläulich,
Williamsburg; Quinacridonemagenta, Williamsburg; Türkis,
Williamsburg]

Kat. 199
2000, Ölfarbe auf Leinwand,
69,5 x 49,9 cm
[Cadmiumzitron, Williamsburg;
Cadmiumvermillioned,
Williamsburg; Manganviolett
rötlich, Scheveningen 190]

Kat. 200
2000, Ölfarbe auf Leinwand,
69,4 x 50 cm
[Phtalogrün, Williamsburg;
Nickelgelb, Williamsburg;
Provenceviolett rötlich,
Williamsburg]

Kat. 201
2001, Ölfarbe auf Leinwand,
70,6 x 52,2 cm
[Cadmiumgelb hell, Blockx 713;
Dianthusrosa, Williamsburg;
Kobaltgrün dunkel, Scheveningen 267]

Kat. 202, S. 127
2001, Ölfarbe auf Leinwand,
70,5 x 52,6 cm
[Zitronengelb-Farbton, Winston
20; Brilliantgelb extra hell,
Williamsburg; Manganviolett,
Williamsburg]

Kat. 203
2001, Ölfarbe auf Leinwand,
71,3 x 55,1 cm
[Manganviolett, Gamblin;
Permanentgelb dunkel,
Williamsburg; Viridian,
Williamsburg]

Lisa Milroy

Geboren 1959 in Vancouver. Lebt in London. Studium 1977–79 St. Martins School of Art, London. 1979–82 Goldsmith's College of Art, London

Einzelausstellungen (A)
1984 Cartier Art Foundation, Paris *1990* Kunsthalle Bern[Kat.] *1993* Museum Schloß Hardenberg, Velbert[Kat.] *1995–96* Chisenhale Gallery, London; The Fruitmarket Gallery, Edinburgh; Ikon Gallery, Birmingham[Kat.] *2001* Tate Gallery, Liverpool[Kat.]

Gruppenausstellungen (A)
1984 Problems of Picturing, Serpentine Gallery, London *1988* The New British Painting, The Contemporary Art Center, Cincinnati; Chicago Cultural Center; Southeast Center for Contemporary Art Winston Salem; Museum of Grand Rapids, Michigan[Kat.] *1993* Der zerbrochene Spiegel, Museumsquartier Messepalast und Kunsthalle Wien; Deichtorhallen, Hamburg[Kat.] *1995* Life Patterns, Tate Gallery, London *1999* go away artists and travel, Royal College of Art, London

Bibliografie (A)
Lisa Milroy, (Ausst -Kat.) Kunsthalle Bern; Bern 1990
Lisa Milroy, (Ausst.-Kat.) Waddington Galleries, London; London 1993
Lisa Milroy. Rocks, Crowds, Cities and Flowers, (Ausst.-Kat.) Museum Schloß Hardenberg, Velbert; 1993

204

206

207

208

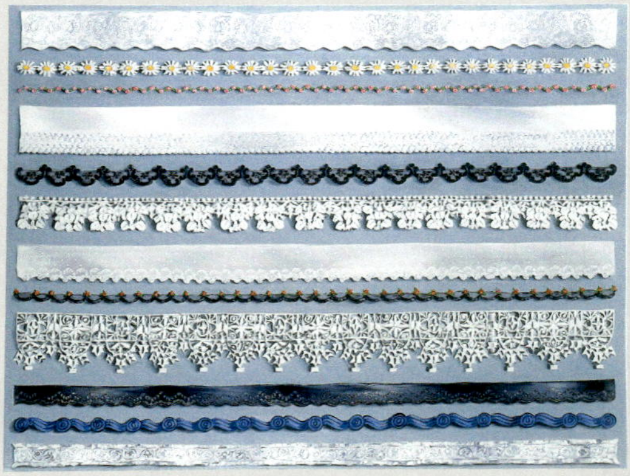
211

215

Kat. 204, S. 160
Squares, 1991
Öl auf Leinwand,
193 x 249 cm
Lit.: Milroy 2001, Abb. S. 85

Kat. 205
ohne Titel, um 1992
Öl auf Leinwandkarton, rückseitig verklebt, 2seitig bemalt, 13 x 17 cm

Kat. 206, S. 161
Crowd, 1992
Öl auf Polyester,
28 x 33 cm
Lit.: Milroy 1993, Abb. o. S.

Kat. 207
City, 1992
Öl auf Polyester,
23 x 28 cm

Kat. 208
City, 1992
Öl auf Polyester,
23 x 28 cm

Kat. 209
ohne Titel, o. J.
Öl auf Leinwand,
12,5 x 17,5 cm

Kat. 210, S. 157
Landscape, 1993
Öl auf Leinwand,
45 x 105 cm

Kat. 211, S. 159
Lace, 1993
Öl auf Leinwand,
193 x 249 cm
Lit.: Milroy 2001, Abb. S. 89

Lisa Milroy. Travel Paintings, (Ausst.-Kat.) Chisenhale Gallery, London; 1996 | *Lisa Milroy,* (Ausst.-Kat.) Tate Gallery, Liverpool; London 2001

212

213

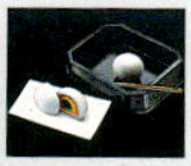
214

210

Kat. 212
Japanese Sweets, 1996/97
Öl auf Leinwand,
39 x 43,5 cm

Kat. 213
Japanese Sweets, 1996/97
Öl auf Leinwand,
47,5 x 52,5 cm

Kat. 214
Japanese Sweets, 1996/97
Öl auf Leinwand,
39 x 43,5 cm

Kat. 215, S. 158
Painting a Picture, 2000
Öl auf Leinwand,
152 x 223 cm
Lit.: Milroy 2001, Abb. S. 148

Olivier Mosset

Geboren 1944 in Bern.
Lebt in New York.

Einzelausstellungen (A)
1985 Musée Sainte-Croix, Poitiers; Centre d'Art Contemporain, Châteauroux; Musée des Beaux-Arts, La Chaux-de-Fonds[Kat.] *1989* Galerie Sollertis Toulouse, Galleria Massimo De Carlo Mailand, Julian Pretto Gallery New York

Bibliografie (A)
Olivier Mosset, hrsg. von Sophie Ott; Baden 1990

Kat. 216
ohne Titel, 1996
Acryl auf Leinwand,
181 x 61 cm

216

Wilhelm Mundt

Geboren 1959 in Grevenbroich.
Lebt in Rommerskirchen.
Studium 1979–86 Staatliche Kunstakademie Düsseldorf

Einzelausstellungen (A)
1988 Wilhelm Hack Museum, Ludwigshafen[Kat.] *1993* Kunstverein für die Rheinlande und Westfalen, Düsseldorf[Kat.] *1996* Luis Campaña, Köln *2000* Von der Heydt Museum, Wuppertal[Kat.]

Gruppenausstellungen (A)
1985 Die sich verselbständigenden Möbel, Von der Heydt Museum, Wuppertal[Kat.] *1992* X3 – Tendenzen aktueller Skulptur, Kampnagel, Hamburg[Kat.] *1993* Am Beispiel Plastik, Konzeption und Form, Städtisches Museum Leverkusen Schloß Morsbroich; Städtische Kunsthalle Mannheim; Haus am Waldsee, Berlin[Kat.] *1995* Kunst in Deutschland, Kunst- und Ausstellungshalle Bonn[Kat.] *1999* Zoom – Ansichten zur deutschen Gegenwartskunst, Forum Landesbank Baden-Württemberg Stuttgart und Galerie der Stadt Stuttgart; Galerien der Stadt Esslingen, Villa Merkel und Bahnwärterhaus; Württembergischer Kunstverein, Stuttgart; et al.

217

219

218

Kat. 217, S. 197
Trashstone 012, 1992
Produktionsrückstände in GFK,
60 x 100 x 90 cm
Lit.: Mundt 1993, Abb. S. 41

Kat. 218
Trashstone 065, 1993
Produktionsrückstände in GFK,
18 x 25 x 15 cm

Kat. 219
Trashstone 172, 1998
Produktionsrückstände in GFK,
91 x 62 x 59 cm

217-219

Wilhelm Mundt

Bibliografie (A)
Mundt, (Ausst.-Kat.) Museum Fridericianum, Kassel; Kassel 1989 | *Wilhelm Mundt,* (Ausst.-Kat.) Kulturforum Alte Post, Neuss; Neuss 1992 | *Wilhelm Mund und Martin Schwenk. Skulpturen,* (Ausst.-Kat.) Kunstverein für die Rheinlande und Westfalen, Düsseldorf; Düsseldorf 1993

220

Kat. 220, S. 198
Trashstone 186, 2000
Produktionsrückstände in Aluminium, 67 x 92 x 75 cm

220

Noir

Geboren 1958 in Lyon. Ab April 1984 beginnt Thierry Noir, Bilder auf die Berliner Mauer zu malen. Lebt in Berlin.

Kat. 221
ohne Titel,
Acryl, Lackspray auf Karton,
49 x 29,5 cm

221

Carl Ostendarp

Geboren 1961 in Amherst. Lebt in New York. Studium 1982 Yale/Norfolk. 1983 Boston University, School for the Arts. 1996 Yale School of Art, New Haven

Einzelausstellungen (A)
1989 White Columns, New York *1992* Daniel Weinberg Gallery, Los Angeles *1995* Galerie Rolf Ricke, Köln *1999* Shoshana Wayne Gallery, Los Angeles

Gruppenausstellungen (A)
1991 Slow Art: Painting in New York Now, P.S. 1 Contemporary Art Center, Long Island City, New York *1995* Pittura/Immedia. Malerei der 90er Jahre, Neue Galerie im Landesmuseum Joanneum, Graz *1999* Colour Me Blind!, Württembergischer Kunstverein, Stuttgart; Städtische Ausstellungshalle Am Hawerkamp, Münster; Dundee Contemporary Art, Dundee[Kat.] *2000* The Figure: Another Side of Modernism, Newhouse Center for Contemporary Art, Staten Island

Bibliografie (A)
Pittura/Immedia. Malerei der 90er Jahre, (Ausst.-Kat.) hrsg. von Peter Weibel, Neue Galerie am Landesmuseum Joanneum, Graz; Klagenfurt 1995 | *Colour Me Blind! Malerei in Zeiten von Computergame und Comic,* (Ausst.-Kat.) Württembergischer Kunstverein, Stuttgart; 1999

224

222

Kat. 222
Show and Tell, 1992
Kasein auf Leinwand,
34,5 x 91 cm

223

Kat. 223
Shout and Shimmy, 1997
Kasein auf Leinwand,
69 x 99 cm

Kat. 224, S. 156
1 Hands, 1997
Kasein auf Leinwand,
127 x 195,5 cm

222-224

Susanne Paesler

Geboren 1963 in Darmstadt. Lebt in Berlin. Studium 1986–92 Städelschule, Frankfurt/Main

Einzelausstellungen (A)
1995 Künstlerhaus Bethanien, Berlin *1996* »homewear«, Galerie Zwinger, Berlin *2000* »private painting«, Galerie Zwinger, Berlin

Gruppenausstellungen (A)
1993 »junger Westen« Kunsthalle Recklinghausen *1995* »9. Jürgen Ponto-Stiftung«, Kunstverein Frankfurt *1997* »Abstraction/ abstraction« Musée d'Art Moderne, St. Etienne *1999* »rosa für Jungs, hellblau für Mädchen«, NGBK, Berlin

Bibliografie (A)
Susanne Paesler, Künstlerhaus Bethanien, Berlin 2000

Kat. 225
ohne Titel, 1994
Lack auf Aluminium,
32 x 37,5 cm

225

Verner Panton

Geboren 1926 in Gamtofte auf Fünen. Gestorben 1998 in Kopenhagen. Studium 1944–47 Technische Schule, Odense. 1947–51 Königliche Kunstakademie Kopenhagen

Einzelausstellungen (A)
1966 Gewebte Dekorationsstoffe, Haus der Kunst, München *1994* Verner Panton – Stühle, Museum für Angewandte Kunst, Köln *2000* Vitra Design Museum, Weil am Rhein[Kat.]

Bibliografie (A)
Verner Panton. Notes on Colour/Lidt om Farver, hrsg. vom Dansk Design Center, Kopenhagen; Kopenhagen 1997
Verner Panton. Das Gesamtwerk, (Ausst.-Kat.) hrsg. von Alexander von Vegesack und Mathias Remmele, Vitra Design Museum; Weil am Rhein 2000

Kat. 226
Hillary, 1998
Siebdruck auf PVC (Vikunyl),
128 x 128 cm

226

Steven Parrino

Geboren 1958 in New York. Lebt in New York. Studium 1979 SUNY, Farmingdale. 1982 Parson's School of Design, New York

Einzelausstellungen (A)
1984 Nature Morte Gallery, New York *2000* Massimo de Carlo Arte Contemporanea, Mailand

Gruppenausstellungen (A)
1986 Uplifted Atmospheres Barrowed Taste, Hallwalls, Buffalo, New York *1989* Gallery 1709 St. Louis, Missouri

Bibliografie (A)
Olivier Mosset & Steven Parrino, Two or three Things we know about them, Gallery Pierre Huber, Genf 1990

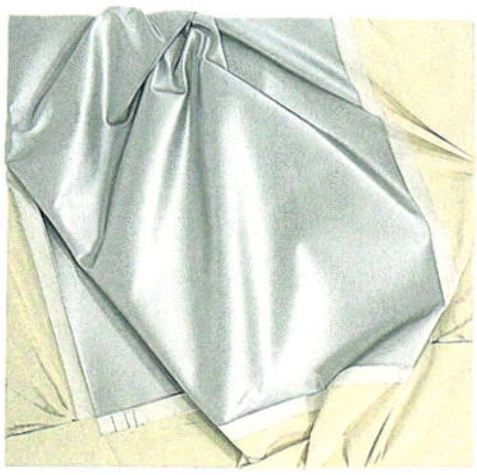

Kat. 227
ohne Titel, 1992
Lack auf Leinwand,
92 x 92 cm

227

Evangelia Pitsou

Geboren 1955 in Athen. Lebt in Frankfurt/Main.

Einzelausstellungen (A)
Galerie Ursula Walbröl, Düsseldorf

Bibliografie (A)
Evangelia Pitsou, Oktagon II., (Ausst.-Kat.), Museum Wiesbaden, Wiesbaden 1990

Kat. 228
ohne Titel, 1991
Aquarell, Sand auf Pappe,
21 x 27 cm

Kat. 229
ohne Titel, 1991
Acryl auf Presspappe,
49,5 x 32 cm

228-229

David Reed

Geboren 1946 in San Diego. Lebt in New York. Studium 1966 Skowhegan School of Painting and Sculpture. 1966–67 New York Studio School. 1968 Reed College, Portland, OR

Einzelausstellungen (A)
1980 The Institute for Art and Urban Resources/The Clocktower, New York *1992* San Francisco Art Institute[Kat.] *1998* Museum of Contemporary Art, San Diego[Kat.]

Bibliografie (A)
David Reed, hrsg. von Wiliam S. Bartman; Los Angeles 1990 *David Reed*, (Ausst.-Kat) San Francisco Art Institute, San Francisco, CA; 1992 | *David Reed*, (Ausst.-Kat.) Kölnischer Kunstverein, Köln; Ostfildern-Ruit 1995 | *David Reed. Paintings Motion Pictures*, (Ausst.-Kat.) Museum of Contemporary Art, San Diego 1998 | *David Reed. You look good in blue*, (Ausst.-Kat.) Kunstverein St. Gallen Kunstmuseum; Nürnberg 2001

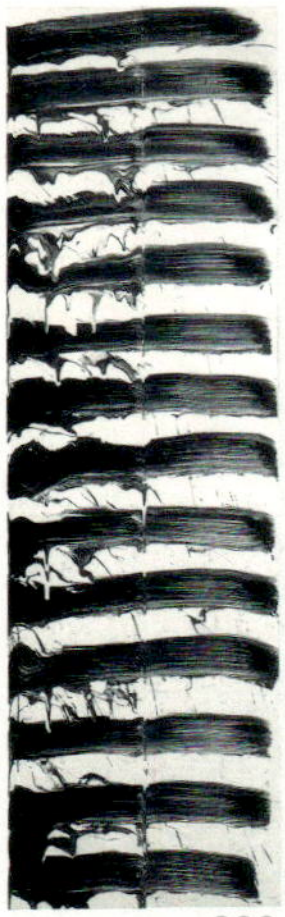
230

231

232

233

234

235

Kat. 230, S. 76
ohne Titel (# 45), 1974
Öl und Alkyd auf Leinwand,
193,5 x 56,3 cm

Kat. 231, S. 77
323, 1990–93
Öl und Alkyd auf Leinwand,
284,5 x 117 cm
Lit.: Reed 1995, Abb. S. 52/53

Kat. 232, S. 78/79
347-2, 1994–2000
Öl und Alkyd auf Leinwand,
122 x 284 cm
Lit.: Kunstforum 152,
Abb. S. 300; Reed 2001,
Abb. S. 48

Kat. 233
Color Study for Vampire
Paintings for Graz #20, 1996
Metallfarbe, Alcyd
auf Kunststoffplatte,
15 x 20 cm

Kat. 234
Color Study for Vampire
Paintings for Graz #21, 1996
Metallfarbe, Alcyd auf
Kunststoffplatte,
20 x 15 cm

Kat. 235
398, 1997
Öl, Alkyd auf Kunststoff,
71 x 106,5 cm

Kat. 236
372, 1997
Öl, Acryl auf Kunststoff,
76 x 132 cm

Håkan Rehnberg

Geboren 1953 in Göteborg. Lebt in Stockholm. Studium 1975–80 Kunsthochschule Stockholm

Einzelausstellungen (A)
1986 Centre culturel suédois, Paris *1990* Kunsthalle Malmö *1995* Galerie Nordenhake, Stockholm; Borås Konstmuseum; Malmö Museer, Konstmuseet[Kat.]

Bibliografie (A)
Håkan Rehnberg, Moira; Stockholm und Münster 1991
Håkan Rehnberg, (Ausst.-Kat.) Galerie Nordenhake, Stockholm; Stockholm 1995

238

236

237

239

Kat. 237
413, 1998
Öl, Alkyd auf Kunststoff,
76,2 x 122 cm

Kat. 238, S. 80/81
457, 1999/2000
Öl und Alkyd auf Leinwand,
91 x 366 cm
Lit.: Reed 2001, Abb. S. 51

Kat. 239
460, 1999/2000
Öl und Alkyd auf Leinwand,
76 x 147 cm

Kat. 240
ohne Titel, 1994
Öl auf Acrylglas,
75 x 62 cm
Lit.: Rehnberg 1995, Abb. o. S.

Kat. 241
ohne Titel, 1994
Öl auf Acrylglas,
75 x 62 cm
Lit.: Rehnberg 1995, Abb. o. S.

240–241

James Reineking

Geboren 1937 in Minot, North Dakota. Lebt in München. Studium 1967 Master of Fine Arts

Einzelausstellungen (A)
1967 San Francisco Art Institute *1972/73* Biennale, Whitney Museum New York *1982* Kunsthalle Hamburg *1992* Künstlerwerkstatt Lothringerstraße, München (mit Jerry Zeniuk) *2001* »Leveling« Skulpturen, Römer- und Pelziaeus-Museum, Hildesheim

Bibliografie (A)
Logical Space: James Reineking, hrsg. von Luigi Ballerini, New York 1975
James Reineking: Skulpturen, (Ausst.-Kat.) Kunsthalle Bielefeld; Bielefeld 1980
James Reineking, (Ausst.-Kat.) Kunstraum Fuhrwerkswaage, Köln 1991
James Reineking, (Ausst.-Kat.) Galerie Rupert Walser, München 1996

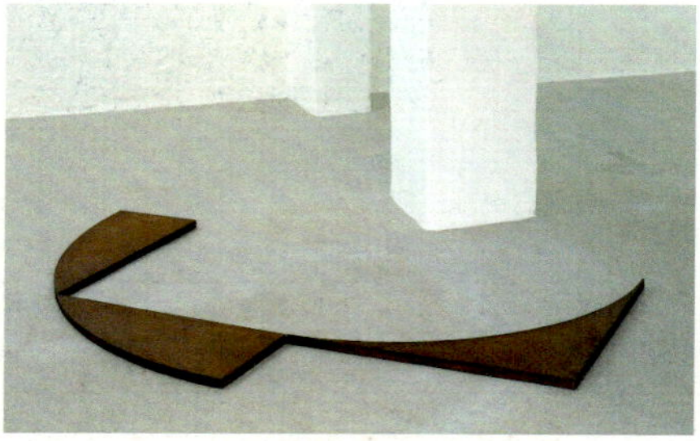

242

243

Kat. 242, S. 195
ohne Titel (for Rupert), 1982
Stahl, 3-teilig,
3,5 x 140 x 240 cm
Lit.: Köln 1986, o. S.

Kat. 243, S. 194
Double Mass
Displacement, 1985
Stahl, Ø 200 cm, Rechtecke je 128 x 33 cm, Höhe 3,5 / 7 cm
Lit.: Bremen 1986, o. S.; Reineking 1989, Abb. S. 31

Gerhard Richter

Geboren 1932 in Dresden. Lebt in Köln. Studium 1952–60 Hochschule für Bildende Künste, Dresden. 1961 Staatliche Kunstakademie Düsseldorf bei K. O. Götz

Einzelausstellungen (A)
1969 Kunstmuseum, Luzern[Kat.] *1993–94* Musée d'Art Moderne de la Ville de Paris; Kunst- und Ausstellungshalle der Bundesrepublik, Bonn; Moderna Museet, Stockholm; Museo Nacional Centro de Arte Reina Sofía, Madrid[Kat.] *1998* Atlas, Städtische Galerie im Lenbachhaus, München; Museum Ludwig, Köln[Kat.]

Bibliografie (A)
Gerhard Richter, (Ausst.-Kat.) Kunst- und Ausstellungshalle der Bundesrepublik Deutschland, Ostfildern-Ruit 1993
Gerhard Richter. Atlas der Fotos, Collagen und Skizzen, (Ausst.-Kat.) hrsg. von Helmut Friedel und Ulrich Wilmes, Städtische Galerie im Lenbachhaus, München; München 1998

244

245

Kat. 244, S. 73
Abstraktes Bild 725-5, 1990
Öl auf Leinwand,
200 x 200 cm
Lit.: Richter 1993, Bd. III, Abb. o. S.

Kat. 245, S. 72
Fuji (839-58), 1996
Öl auf Alucobond,
29 x 37 cm

Winston Roeth

Geboren 1945 in Chicago.
Lebt in New York.

Einzelausstellungen (A)
1980 The Ben Shan Gallery, William Patterson College, Wayne, NJ *1993* Stark Gallery, New York; Ars Nova Galleri, Göteborg[Kat.] *1997* Stark Gallery, New York *2001* Palazzo Ducale di Sassuolo; Paintings, Stark Gallery, New York

Bibliografie (A)
Winston Roeth, (Ausst.-Kat.) Stark Gallery, New York 1993
Winston Roeth, (Ausst.-Kat.) Stark Gallery, New York; Galleri Ars Nova, Göteborg; New York 2000

246

248

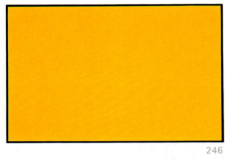

249

247

250

Kat. 246
Volunteer, 1993
Tempera auf Leinwand auf Holz,
127 x 190 cm

Kat. 247, S. 144
Reno, 1994
Tempera auf MDF,
81,5 x 81,5 cm

Kat. 248
Catalina, 1996
Baumwolle auf Holz,
71,1 x 106,7 cm

Kat. 249
Five o'Clock, 1996
Tempera auf Leinwand,
76,5 x 114 cm

Kat. 250, S. 145
Sahara, 2000
Tempera auf
Honigwaben-Platte,
152,4 x 228,6 cm

Stephen Rosenthal

Geboren 1935 in Washington, D. C. Studium 1953–54 Rhode Island School of Design. 1954–55 Tyler School of Fine Art, Temple University. 1958/61 Yale University, School of Fine Art

Einzelausstellungen (A)
1963 Durlacher Brothers, New York *1975* La Jolla Museum of Contemporary Art, La Jolla, California *1999* Stark Gallery, New York

Bibliografie (A)
Stephen Rosenthal, (Ausst.-Kat.) La Jolla Museum of Contemporary Art; La Jolla, California 1975 | *Stephen Rosenthal*, (Ausst.-Kat.) University of Rhode Island; Kingston, Rhode Island 1985 | *Stephen Rosenthal*, (Ausst.-Kat.) Stephen Rosenberg Gallery, New York; New York 1987

251

253

Kat. 251
Pelham, 1990
Öl auf Leinwand,
167,5 x 82 cm

Kat. 252
Patuxent, 1996/97
Öl auf Leinwand,
172,5 x 101 cm

Kat. 253, S. 91
Pamet Point, 1998
Öl auf Leinwand,
244 x 120 cm

Edward Ruscha

Geboren 1937 in Omaha, Nebraska. Lebt in Kalifornien. Studium 1956– 60 Chouinard Art Institute, Los Angeles; School for Walt Disney Illustrators, Los Angeles

Einzelausstellungen (A)
1972 Edward Ruscha (Ed-werd Rew-Shay). Young Artist, The Minneapolis Institute of Arts, Minneapolis[Kat.] *1982* I Don't want no Retrospective. The Works of Edward Ruscha, San Francisco Museum of Modern Art; Whitney Museum of American Art, New York; Vancouver Art Gallery; San Antonio Museum of Art; Los Angeles County Museum of Art[Kat.] *1999–2001* Editions 1995–1999, Walker Art Center, Minneapolis; Los Angeles County Museum of Art; University South Florida Contemporary Art Museum, Tampa[Kat.]

Bibliografie (A)
Ed Ruscha: Editions 1959–1999. Catalogue Raisonné, (Ausst.-Kat) Walker Art Center, Minneapolis; Los Angeles County Museum of Art; University of South Florida Contemporary Art Museum; 1999
Ed Ruscha: They Called Her Styrene; London 2000
Ed Ruscha, Neal Benezra, Kerry Brougher, Hirshhorn Museum and Sculpture Garden, Smithsonian Institution, Washington, D. C., Museum of Modern Art Oxford; Zürich, Berlin und New York 2000

Kat. 254
Two Glasses, 1993
Aquarell, Deckweiß
auf Papier (Strathmore),
36,5 x 29 cm

Robert Ryman

Geboren 1930 in Nashville, Tennessee. Lebt in New York. Studium 1948 Tennessee Polytechnic Institute, Cookville George Peabody College for Teachers, Nashville

Einzelausstellungen (A)
1972 Solomon R. Guggenheim Museum, New York *1993–94* Tate Gallery, London; Museo Nacional Centro de Arte Reina Sofia, Madrid; The Museum of Modern Art, New York; Museum of Modern Art, San Francisco; Walker Art Center, Minneapolis[Kat.] *2000–01* Haus der Kunst, München; Kunstmuseum Bonn[Kat.]

Bibliografie (A)
Robert Storr: Robert Ryman, (Ausst.-Kat.) Tate Gallery, London, The Museum of Modern Art, New York; New York 1993
Robert Ryman, (Ausst.-Kat.) Haus der Kunst, München; Kunstmuseum Bonn; Ostfildern/Ruit 2000

255

256

257

Kat. 255, S. 59
ohne Titel, 1965
Öl auf Leinwand,
26 x 26 cm
Lit.: Tokio 1995, Abb. S. 254;
Köln 2000, Abb. S. 167

Kat. 256, S. 57
ohne Titel, 1965
Emaille auf Leinwand,
28,5 x 28,5 cm
Lit.: Ryman 1972, Abb. o. S.;
Köln 2000, Abb. S. 166

Kat. 257, S. 58
ohne Titel #2, 1965
Öl auf grober Leinwand,
28,3 x 28,3 cm
Lit.: Ryman 1993a, S. 116;
Ryman 1993b, S. 134;
Tokio 1995, S. 254

Karin Sander

Geboren 1957 in Bensberg. Lebt in Stuttgart und New York. Studium 1979 Freie Kunstschule Stuttgart. 1981 Staatliche Akademie der Bildenden Künste Stuttgart bei Baumgarten, Brodwolf, Michon

Einzelausstellungen (A)
1992 Städtisches Museum Abteiberg, Mönchengladbach[Kat.] *1994* The Museum of Modern Art, New York *1995* Sprengel Museum, Hannover *1999* Pfalzgalerie, Kaiserslautern[Kat.] *2002* Staatsgalerie Stuttgart[Kat.]

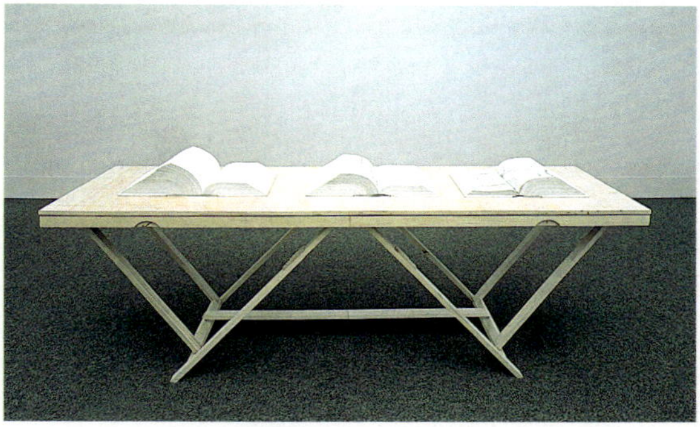

258

259–261

Kat. 258
3 Räume, Wien 1996, Galerie nächst St. Stephan, 1996
drei Bücher, leinengebunden,
Graphit auf Papier,
Raum 1, 247,66 m², 3672 Seiten,
21 x 29,7 x 20,3 cm
Raum 2, 175,97 m², 2616 Seiten,
21 x 29,7 x 14 cm
Raum 3, 123,04 m², 1836 Seiten,
21 x 29,7 x 12 cm

Kat. 259, S. 183
Antonia, 2000
3 D-Bodyscan der originalen Persion im Maßstab 1:10 FDM (Fused Deposition Modelling)
ABS (Acryl-Nitryl-Butadien-Styrol), Airbrush
Lit.: San Francisco 2000, Abb. S. 131

Gruppenausstellungen (A)
1991 Out of Site, P. S.1 Museum, Institute of Contemporary Art, New York *1994–95* ars viva 94/95–Zeichnung und Raum, Kunsthalle Baden-Baden; Städtische Sammlungen Chemnitz; Kölnischer Kunstverein[Kat.] *1996* Linien und Zeichen, Künstlerhaus Bethanien, Berlin[Kat.] *1997* Skulptur. Projekte, Münster *1998* MINIMAL–MAXIMAL, Neues Museum Weserburg, Bremen *2000* 010101: Art in Technological Times, (Ausst.-Kat.) San Francisco Museum of Modern Art[Kat.]

Bibliografie (A)
Karin Sander, hrsg. von Sabine Dylla, Marianne Stockebrand und Harald Welzer, Ostfildern/Ruit 1993 | *Karin Sander – Ausstellung als Situation und Ausstellung der Situation,* Johannes Meinhard, Kunstforum International, Nr. 144, Ruppichteroth 1996

262

263

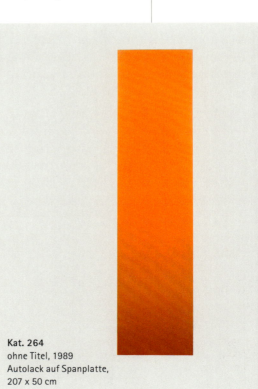

Kat. 260, S. 183
Adrian, 2000
3 D-Bodyscan der originalen Person im Maßstab 1:10
FDM (Fused Deposition Modelling) ABS (Acryl-Nitryl-Butadien-Styrol), Airbrush

Kat. 261, S. 183
Elisa, 2000
3 D-Bodyscan der originalen Person im Maßstab 1:10
FDM (Fused Deposition Modelling) ABS (Acryl-Nitryl-Butadien-Styrol), Airbrush
Lit.: San Francisco 2000, Abb. S.131

Kat. 262, S. 180
Wandstück 24 x 30, 2000
Wandfarbe, poliert
24 x 30 cm

Kat. 263, S. 181
Ithalic Eggs oder
Keine 2 Eier sind gleich, 1995–2000
Hühnerei, weiß, Größe 0, roh, luftgetrocknet; Hühnerei, braun, Größe 0, roh, luftgetrocknet jeweils auf Sockel,
125 x 30 x 30 cm

Adrian Schiess

Geboren 1959 in Zürich.
Lebt in Mouans-Sartoux.
Studium Schule für Gestaltung, Zürich

Einzelausstellungen (A)
1981 Galerie Bob Gysin, Düsseldorf[Kat.] *1990* Aargauer Kunsthaus, Aarau[Kat.] *1994* Kunsthalle Zürich[Kat.] *1996* Neue Galerie im Landesmuseum Joanneum, Graz *2001* Neues Museum für Kunst und Design, Nürnberg

Gruppenausstellungen (A)
1989 Aus meiner Sicht, Kölnischer Kunstverein, Köln *1992* Kunstverein Braunschweig (mit Günter Umberg, Ulrich Wellmann)[Kat.] *1996* Farbe. Malerei der 90er Jahre, Kunstmuseum Bonn[Kat.] *1998* Die Schärfe der Unschärfe, Kunstmuseum Solothurn[Kat.] *2000* Das Gedächtnis der Malerei, Aargauer Kunsthaus, Aarau[Kat.]

Bibliografie (A)
Adrian Schiess, (Ausst.-Kat.) Biennale di Venezia; Baden 1990
Das offene Bild, (Ausst.-Kat.) Westfälisches Landesmuseum Münster; Stuttgart 1992
Positionen, (Ausst.-Kat.) Museum Folkwang, Essen; 1995
Im Kontext, (Ausst.-Kat.) Kunstmuseum St. Gallen; 1999

Kat. 264
ohne Titel, 1989
Autolack auf Spanplatte,
207 x 50 cm

Andreas Karl Schulze

Geboren 1955 in Rheydt.
Lebt in Köln.

Einzelausstellungen (A)
1985 Galerie Sonne, Berlin *1987* Kunsthalle Recklinghausen *1993* Chinati Foundation, Marfa *1995* Living Art Museum, Reykjavik *1999* Kunst- und Kulturverein Osnabrück[Kat.]

Gruppenausstellungen (A)
1984 Kunstlandschaft Bundesrepublik, Neuer Berliner Kunstverein[Kat.] *1990* Malerei 90, Kunsthalle Recklinghausen[Kat.] *1991* ars viva – gestaltete Räume, Westfälischer Kunstverein, Münster; Museum Bochum[Kat.] *1995* Das Abenteuer der Malerei, Kunstverein für die Rheinlande und Westfalen, Düsseldorf; Württembergischer Kunstverein, Stuttgart[Kat.]

Bibliografie (A)
Andreas Karl Schulze, (Ausst.-Kat.) Kunstverein Arnsberg; 1992 | *19 Räume,* (Ausst.-Kat.) Kölnischer Kunstverein; Köln 1994 | *Andreas Karl Schulze,* (Ausst.-Kat.) Japanisches Kulturinstitut, Köln; Köln 1997 *Hommage an Vordemberge-Gildenwart,* (Ausst.-Kat.) Kunst- und Kulturverein Osnabrück; 1999

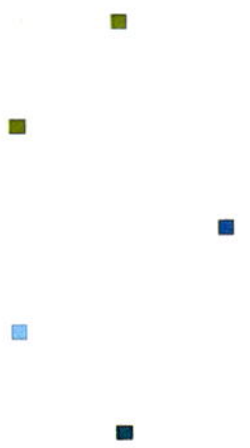
265

266

267

Kat. 265
ohne Titel, 1992
Acryl auf Baumwolle,
105 x 65 cm

Kat. 266
ohne Titel, 1992
Acryl und Bleistift
auf Baumwolle,
105 x 65 cm

Kat. 267
ohne Titel, 1992
Acryl auf Baumwolle,
105 x 65 cm

265–267

Dirk Skreber

Geboren 1961 in Lübeck.
Lebt in Düsseldorf. Studium 1982–88 Kunstakademie Düsseldorf, bei Prof. A. Hüppi. 1994–95 Lehrauftrag an der Kunstakademie in Karlsruhe

Einzelausstellungen (A)
1987 Föderkoje Art Cologne bei Galerie Schmela, Düsseldorf *1991* Galerie Schmela, Düsseldorf *1992* Kunstraum München e. V.[Kat.] *1994* Kunsthalle Rostock *1996* Galerie Sfeir-Semler, Kiel

Gruppenausstellungen (A)
1988 Kunst aus westdeutschen Ateliers, Sofia[Kat.] *1990* Paradise and Other Parks, Maatschappij Arti et Amicitae, Amsterdam, Jablonka Galerie Köln *1992* Bloom Gallery, Amsterdam *1995* Das Abenteuer der Malerei, Kunstverein für die Rheinlande und Westfalen, Düsseldorf[Kat.] *1996* Kulturhuset, Stockholm[Kat.]

Bibliografie (A)
Corinne Wasmuth, Martin Gerwers, Dirk Skreber, Ars Viva Galerie am Fischmarkt, Erfurt 1997

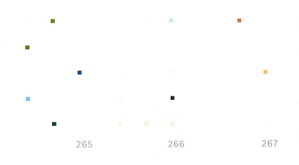

268

Kat. 268
ohne Titel, 2000
Mixed Media,
140 x 230 cm

Kat. 269
ohne Titel, 2001
Mischtechnik,
70 x 290 cm

268–269

David Simpson

Geboren 1928 in Pasadena, Kalifornien. Studium 1949–58 California School of Fine Arts und San Francisco State College

Einzelausstellungen (A)
1980 Fine Arts Gallery, California State University, Los Angeles *1994* David Simpson – Silvers, Blues and Greys, John Berggruen Gallery, San Francisco *2001* David Simpson. Paintings of the 70's and 80's, Modernism, San Francisco

Bibliografie (A)
David Simpson, (Ausst.-Kat.) San Francisco Museum of Art; 1967
David Simpson, (Ausst.-Kat.) Sheldon Memorial Art Gallery, New York; 1990
David Simpson, (Ausst.-Kat.) Studio la Città, Verona 1999

270

271

272

Kat. 270
Red/Blue Shift 6, 1995
Metallfarbe auf Leinwand,
15,5 x 15,5 x 6 cm

Kat. 271
Blue Shift 6, 1995
Metallfarbe auf Leinwand,
15,5 x 15,5 x 6 cm

Kat. 272
Blue Silver, 1995
Metallfarbe auf Leinwand,
15,5 x 15,5 x 6 cm

Andreas Slominski

Geboren 1959 in Meppen/Ems. Lebt in Hamburg. Studium 1983–86 Hochschule für Bildende Künste, Hamburg

275

273

Kat. 273, S. 184
ohne Titel, 1987
Staubtücher und Schachtel,
20 x 20 x 10 cm
Lit.: vgl. Slominski 1993,
Kat. 13-15

Kat. 274, S. 47
ohne Titel, 1990
Pappe, Papier, Kunstleder,
76 x 54 cm
Lit.: vgl. Slominski 1993, Abb.
Kat. 6

Kat. 275, S. 185
Eichelhäherfalle, 1999
Rohrbast, Eicheln, 2-teilig,
je ø 100 cm, 60 cm hoch
Lit.: vgl. Slominski 1993,
S. 17–21

274

277

Kat. 276
Zollstock, 1999
Zollstock,
Länge: 200 cm

Kat. 277
Gerät zum Zerkratzen von Autos, 1999
Metall, 80 x 80 x 38 cm

Ettore Spaletti

Geboren 1940 in Capelle sul Tavo. Lebt in Capelle sul Tavo.

Einzelausstellungen (A)
1981 Museum Folkwang, Essen *1991* Musée d'Art Moderne de la Ville de Paris[Kat.] *2000* Fundación la Caixa, Madrid[Kat.]

Bibliografie (A)
Ettore Spaletti, (Ausst.-Kat.) Museum van Hedendaagse Kunst, Antwerpen; 1995
Ettore Spaletti, (Ausst.-Kat.) Fundación la Caixa, Madrid; 2000

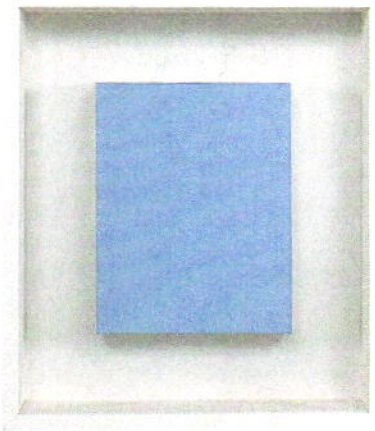

Kat. 278
Carta compressa, 1992
Papierblock farbig bemalt,
24 x 32 x 5 cm

Jessica Stockholder

Geboren 1959 in Seattle. Lebt in New York. Studium 1977–80 University of British Columbia, Vancouver. 1980–82 University of Columbia, Canada. 1983–85 Yale University, New Haven, CT

Einzelausstellungen (A)
1989 The Mattress Factory, Pittsburgh *1991* The Renaissance Society, University of Chicago[Kat.] *1992* Westfälischer Kunstverein, Münster; Kunsthalle Zürich[Kat.] *1995* Dia Center for the Arts, New York[Kat.] *2000* Kunstverein St. Gallen, Kunstmuseum[Kat.]

Gruppenausstellungen (A)
1989 P.S. 1 Contemporary Art Center, Long Island City, New York *1993* Simply Made in America, The Aldrich Museum of Contemporary Art, Ridgefield, CT *1995* Pittura/Immedia: Malerei in den 90er Jahren, Neue Galerie am Landesmuseum Joanneum, Graz

Bibliografie (A)
Formalism and Its Other: Jessica Stockholder, (Ausst.-Kat.) Witte de With, Rotterdam in Zusammenarbeit mit The Renaissance Society; Chicago; 1991
Jessica Stockholder, (Ausst.-Kat.) Westfälischer Kunstverein, Münster, Kunsthalle Zürich; 1992
Jessica Stockholder, London 1995

279

279

280

281

Kat. 279
[Inventory JS #280], 1996
Holzkisten, roter Teppich, Holz, Seil, Acrylfarbe, Acrylgarn, Eisenwaren, 143,5 x 217,1 x 241,3 cm

Kat. 280, S. 188
[Inventory JS # 286], 1997
LKW-Plane, Wolken-Pyjama, Acryl, Öl, Plastik-Elektrokabel, Seil, Eisenwaren, »Flashing«, Schnürsenkel, Garn, Plastikdosen, Linoleum, Lampe, 3 grüne Glühbirnen, Holz, Gummimatte, 345 x 335 x 240 cm
Lit.: Kunstforum 152, Abb. S. 284
Köln 2000, Abb. S. 127

Kat. 281, S. 189
[Inventory JS # 313], 1998
Acryl- und Ölfarben, in Plastik eingeschweißte Zeichnung, Heftzwecken, Metallwinkel, Maschendraht, Stoff, Ledergeldbörse, Schnürsenkel, Eisenwaren, 220 x 68 x 35 cm

Hiroshi Sugimoto

Geboren 1948 in Tokio. Lebt in New York. Studium 1970 St. Paul's University, Tokio 1972 Art Center College of Design, Los Angeles

Einzelausstellungen (A)
1989 The National Museum of Contemporary Art, Osaka *1995* Time Exposed, Kunsthalle Basel[Kat.] *2000* Portraits: Fotografie, Deutsche Guggenheim Berlin[Kat.]

Bibliografie (A)
Hiroshi Sugimoto. Time Exposed, (Ausst.-Kat.) Kunsthalle Basel; 1995 | *Sugimoto,* (Ausst.-Kat.) The Museum of Contemporary Art, Los Angeles; 1993

Kat. 282
Meeransicht bei Nacht,
Ionisches Meer,
Santa Cesarea, 1990
Miniaturfotografie, Pauwlonia-Holzschachtel, Schutzfilz mit Reispapierbelag und Silbergriff (jap. Handarbeit), 5,2 x 4,0 cm,
Schachtel: 15,8 x 12,8 x 4,6 cm
Ex. 23/35

Kat. 283
Meeransicht bei Tag,
Ärmelkanal, Weston Cliff, 1994
Miniaturfotografie, Pauwlonia-Holzschachtel, Schutzfilz mit Reispapierbelag und Silbergriff, 5,2 x 4,0 cm; Schachtel:
15,8 x 12,8 x 4,6 cm
Ex. 23/35

282-283

Yuji Takeoka

Geboren 1946 in Kyoto. Lebt in Düsseldorf. Studium 1968–72 Kyoto City University of Fine Arts. 1973–79 Staatliche Kunstakademie Düsseldorf bei Heerich und Rinke

Einzelausstellungen (A)
1980 Heidelberger Kunstverein[Kat.] *1987* Bonner Kunstverein[Kat.] *1997* Württembergischer Kunstverein, Stuttgart, Westfälischer Kunstverein, Münster[Kat.]

Bibliografie (A)
Yuji Takeoka, (Ausst.-Kat.) Galerij S65, Aalst; 1989 | *Yuji Takeoka,* (Ausst.-Kat.) hrsg. von Martin Hentschel, Württembergischer Kunstverein Stuttgart und Westfälischer Kunstverein, Münster; Stuttgart 1997

Kat. 284
Zitronenfalter, 1992
MDF-Platte, lackiert, poliert,
40 x 120 x 50 cm

284

Susa Templin

Geboren 1965 in Hamburg. Lebt in New York. Studium 1985–1988 Hochschule der Künste, Berlin. 1989–1991 Städelschule, Frankfurt/Main

Einzelausstellungen (A)
1998 Galerie AK, Frankfurt/Main *1999* Cato Jans, Der Raum Galerie, Hamburg[Kat.] *2001* Einsiedler – Vorübergehend, Folkwang Museum, Essen[Kat.]

Gruppenausstellungen (A)
1994 Künstler in Frankfurt, Deutsche Bank Art, Frankfurt/Main[Kat.] *1998* Biennale de l'Image, Paris[Kat.] *2000* Architectural Constructs in Contemporary Photography, Julie Saul Gallery, New York

Bibliografie (A)
Susa Templin, (Ausst.-Kat.) Forum der Stadtsparkasse, Frankfurt/Main; 1994 | *Susa Templin, 3 Feet 6 Inches Deep,* hrsg. von Cato Jans; Hamburg und München 2000

287

Kat. 285
Pinguin, 1993
Fotografie,
29,9 x 23,9 cm
Ex. 1/5

Kat. 286
Putzen, 1993
22 Bilder auf Barytpapier,
Leporello, je 20 x 28,5 cm

Kat. 287
Fuß/Room, 2000
Colour-Print auf Mylar UV-Folie,
450 x 300 cm

285-287

Frédéric Matys Thurzs

Geboren 1930 in Casablanca. Gestorben 1992 in Köln. Studium 1953–55 Arts Students League, Queens College, New York. 1955 Columbia University, New York. 1956–57 Université de Paris

Einzelausstellungen (A)
1960 University of Kentucky Gallery of Art, Lexington, KY *1989* Musée d'Art Moderne, St. Etienne[Kat.] *1999* Galerie Lelong, Zürich *2000* Staatliche Museen Kassel, Neue Galerie, Kassel[Kat.]

Bibliografie (A)
Frédéric Matys Thursz, (Ausst.-Kat.) Musée d'Art Moderne, Saint-Etienne 1989 | *Frédéric Matys Thursz,* (Ausst.-Kat.) Galerie Lelong, New York 1991

Kat. 288, S. 111
Isenheim Diary # 39, 1986–88
Öl auf Leinwand, mit Karton hinterlegt, 54 x 55,5 cm
Lit.: Thursz 1989, Kat.-Nr. 23

288

Michael Toenges

Geboren 1952 in Bayern. Lebt in Köln. Studium 1970–74 Werkkunstschule Krefeld

Einzelausstellungen (A)
1982 Kunstverein Krefeld *1988* Galerie Udo Bugdahn, Düsseldorf; Artothek, Köln[Kat.] *2001* Malerei, Galerie Ulrich Mueller, Köln

Bibliografie (A)
Michael Toenges, (Ausst.-Kat.) Galerie Udo Bugdahn, Köln 1980 *Michael Toenges,* (Ausst.-Kat.) Galerie Udo Bugdahn, Düsseldorf 1988

Kat. 289
ohne Titel, 1987
Öl auf Nessel auf Presspappe, 2-teilig,
32,5 x 50,5 cm

289

Peter Tollens

Geboren 1954 in Köln. Lebt in Köln. Studium 1976–81 Fachhochschule Köln

Einzelausstellungen (A)
1987 Städtisches Museum Haus Koekkoek, Kleve[Kat.] *1994* Kunstraum G7, Mannheim *1995* Farbmalerei, Forum Bildender Künstler, Essen

Bibliografie (A)
Zwischen zwei Deckeln. Zeichnungen in Heften, Kladden und Büchern, Köln 1993 | *Peter Tollens,* (Ausst.-Kat.) Galerie G, Freiburg; Köln 1995

290

Kat. 290
ohne Titel, 1987
Öl auf Leinwand,
24,5 x 21,5 cm

Kat. 291
ohne Titel, 1988
Öl auf Leinwand,
28 x 25,5 cm

Kat. 292
ohne Titel, 1988
Öl auf zwei Schieferplatten auf Holz, 27 x 35,5 cm

Kat. 293
ohne Titel, 1988
Öl auf Leinwand,
28 x 25,5 cm

Kat. 294, S. 112
ohne Titel, 1988
Öl auf Leinwand,
181 x 166 cm

290-294

Rosemarie Trockel

Geboren 1952 in Schwerte. Lebt in Köln. Studium 1974–78 Werkkunstschule, Köln, bei W. Schriefers

Einzelausstellungen (A)
1985 Rheinisches Landesmuseum, Bonn[Kat.] *1998* Werkgruppen 1986–1998, Hamburger Kunsthalle; Staatsgalerie Stuttgart[Kat.] *2000* Skulpturen, Videos, Zeichnungen, Kunstbau Lenbachhaus, München[Kat.]

Bibliografie (A)
Rosemarie Trockel. Werkgruppen 1986–1998, (Ausst.-Kat.) Hamburger Kunsthalle; Köln 1998 | *Rosemarie Trockel,* (Ausst.-Kat.) hrsg. von Helmut Friedel, Kunstbau Lenbachhaus, München; Köln 2000

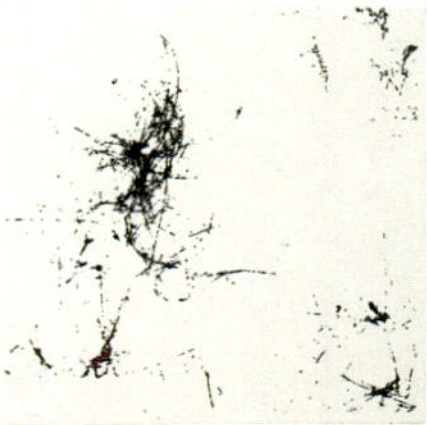

Kat. 295
ohne Titel (Hairdrawing), 1992
Email auf Metall,
40 x 40 x 1,5 cm
Lit.: Gent 1992, Abb. o. S.

295

Alan Uglow

Geboren 1941 in Luton/GB.
Lebt in New York.

Einzelausstellungen (A)
1983 Galerie Nordenhake, Malmö *1989* Galerie Onrust, Amsterdam[Kat.] *1992* Kölnischer Kunstverein[Kat.] *2001* Grieder von Puttkamer, Berlin

Bibliografie (A)
Alan Uglow. Hotel Series 1987–89, (Ausst.-Kat.) Galerie Onrust, Amsterdam, 1990
Alan Uglow, (Ausst.-Kat.) Kölnischer Kunstverein; Köln 1992 | *Alan Uglow. Paintings,* (Ausst.-Kat.) Galerie Nordenhake, Stockholm, o. J.

296

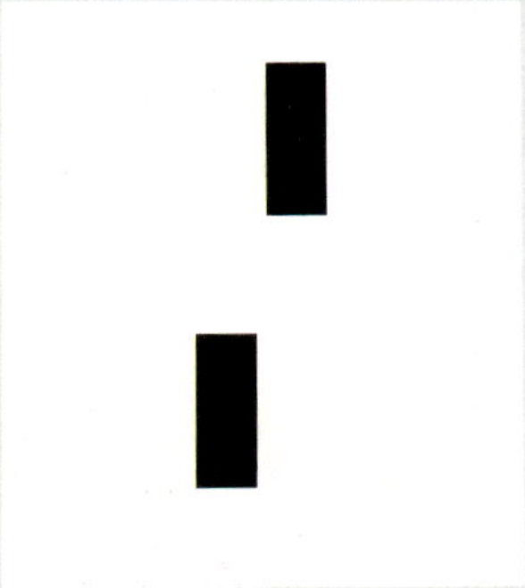
298

301

304

297

299

300

303

303

Kat. 296
ohne Titel, 1974/75
Öl auf Leinwand,
213,4 x 182,9 cm

Kat. 297
ohne Titel (Drawing), 1980/81
Ölkreide auf Papier,
70 x 57 cm

Kat. 298, S. 138
ohne Titel, 1986
Öl auf Leinwand,
216 x 183 cm

Kat. 299
Boston, 1989
Acryl auf Leinwand,
53 x 45 cm
Lit.: Uglow 1990, Abb. o. S.

Kat. 300, S. 139
Midnight Blue –
Alfa Romeo, 1990
Alkydlack auf Aluminium,
121,5 x 243,5 cm
Lit.: Uglow 1992, Abb. S. 26

Kat. 301, S. 140
S. R., 1992
Acryl auf Baumwolle,
214 x 183 cm
Lit.: Uglow 1992, Abb. S. 43

Kat. 302
Interval #7, 1992
Polyurethan, Acryl, Dispersion
auf MDF-Platte, 2-teilig,
je 49,4 x 48,5 cm
Lit.: Uglow 1992, Abb. S. 35

Kat. 303
Müngersdorfer Stadion. Köln.
Kölner FC, 1992
Müngersdorfer Stadion. Köln.
Kölner FC, 1992
De Meer. Amsterdam.
Ajax FC, 1994
Stamford Bridge. London.
Chelsea FC, 1996
4 Farbfotografien, 32 x 49 cm

Kat. 304, S. 142
Standard, 1993
Acryl auf Baumwolle,
214 x 183 cm

309–312

314

305

306

308

315

Kat. 305
H. T. H. Hard to handle, 1993
Emaille auf Metall,
49,5 x 48 x 1,5 cm

Kat. 306, S. 141
ohne Titel, 1993
Acryl auf galvanisiertem Metall,
41 x 38 cm

Kat. 307
ohne Titel, 1994
Gouache auf Papier,
27 x 20 cm

Kat. 308, S. 141
C. FC, 1994
Acryl auf galvanisiertem Metall,
41 x 38 cm

Kat. 309
Bootleg Series No. 1 (Green),
1994. Acryl auf
galvanisiertem Metall,
35,5 x 35,5 cm

Kat. 310
Bootleg Series No. 4 (Yellow),
1995. Acryl auf galvanisiertem
Metall, 35,5 x 35,5 cm

Kat. 311
Bootleg Series No. 14 (Blue),
1996. Acryl auf galvanisiertem
Metall, 35,5 x 35,5 cm

Kat. 312
Bootleg Series No. 15
(Metalic Grey), 1996
Acryl auf galvanisiertem Metall,
35,5 x 35,5 cm

Kat. 313, S. 143
Coach's Bench, 1997/98
Holz, gewelltes Fiberglas, Farbe,
183 x 221 x 94 cm
hergestellt von Craig Watson,
New York

Kat. 314
Romario, 1998
Acryl auf Leinwand,
50 x 40 cm

Kat. 315
Portrait of Red Standard, 2000
Siebdruck auf Leinwand
214 x 183 cm

Günter Umberg

Geboren 1942 in Bonn.
Lebt in Köln.

Einzelausstellungen (A)
1985 Städtische Galerie im Städel, Frankfurt/Main[Kat.] *1991* Staatliche Kunsthalle Baden-Baden *2000* Body of Painting: Günter Umberg mit Bildern aus Kölner Sammlungen, Museum Ludwig, Köln[Kat.]

316

317

Kat. 316, S. 119
ohne Titel, 1981–84;
überarbeitet 1987
Pigment, Dammar auf Aluminium,
ca. 93 x 92 cm

Kat. 317
ohne Titel, 1985
Polymer, Pigment und
Dammar auf Polyvinyl,
30 x 40 cm

Bibliografie (A)
Günter Umberg, (Ausst.-Kat.) hrsg. von Jochen Poetter, Staatliche Kunsthalle Baden-Baden; Baden-Baden 1991
Günter Umberg mit Bildern aus Kölner Sammlungen. Body of Painting, (Ausst.-Kat.) Museum Ludwig Köln; Ostfildern-Ruit 2000

318

Kat. 318, S. 120
ohne Titel, 1999
Polymer, Pigment
und Dammar auf Polyvinyl,
40 x 25 cm

Michael Venezia

Lebt in New York und Trevi, Italien.

Einzelausstellungen (A)
1963 Salon Select 1963, Zuni Gallery, Buffalo NY *1983* Bruce Nauman, Mario Merz, Michael Venezia, Sperone Westwater, New York *1999* Galerie Meert-Rihoux, Brüssel

Bibliografie (A)
Michael Venezia/ Malerei 1970–1995, hrsg. von Dieter Schwarz und Heinz Liesbrock, Düsseldorf 1996
Ansichten – Einblicke, Museum für moderne Kunst, Landkreis Cuxhaven, Studio für konkrete Kunst, Otterndorf 1998

319

320

Kat. 319
R I 1, 1994
Alkyd auf Holzbalken,
6-teilig, je 9 x 50 x 9 cm,
gesamt: 18 x 150 x 9 cm

Kat. 320
ohne Titel # 21198, 1998
Acryl auf Holz,
205 x 9 x 9 cm

Not Vital

Geboren 1948 in Sent/Schweiz. Lebt in New York. Studium 1968 Centre Universitaire Expérimental de Vincennes

Einzelausstellungen (A)
1991 Bündner Kunstmuseum Chur *1995* Galerie Rachel Lehmann. Lausanne, Sperone Westwater, New York *2000* Meine Schafe, Galerie Luciano Fasciati, Chur *2001* Galerie Thaddaeus Ropac, Salzburg

Bibliografie (A)
Thomas Kellein, Not Vital, New York 1996 | *Not Vital. Totem und Tabu,* Kunsthalle Bielefeld; Bielefeld 1997 | *Not Vital, Skulptur/ Sculpture,* (Ausst.-Kat.) Malmö Konsthall; Malmö 1997

Kat. 321
ohne Titel, 1983
Öl auf Papier,
43 x 35,5 cm

Andy Warhol

Geboren 1928 in McKeesport. Gestorben 1987 in New York. Studium 1945–49 Carnegie Institute of Technology, Pittsburgh

Einzelausstellungen (A)
1989–90 Retrospektive, Museum of Contemporary Art, New York; Centre George Pompidou, Paris; Palazzo Grassi, Venedig *1994* Eröffnung Andy Warhol Museum, Pittsburgh

Bibliografie (A)
Andy Warhol. A Retrospective, (Ausst.-Kat.) hrsg. von Kynaston McShine, Museum of Modern Art, New York; 1989 | *Andy Warhol: A Factory* (Ausst.-Kat.) Kunstmuseum Wolfsburg; Wolfsburg 1998 | *The Andy Warhol Museum,* (Sammlungs-Kat.); Ostfildern 1994

326

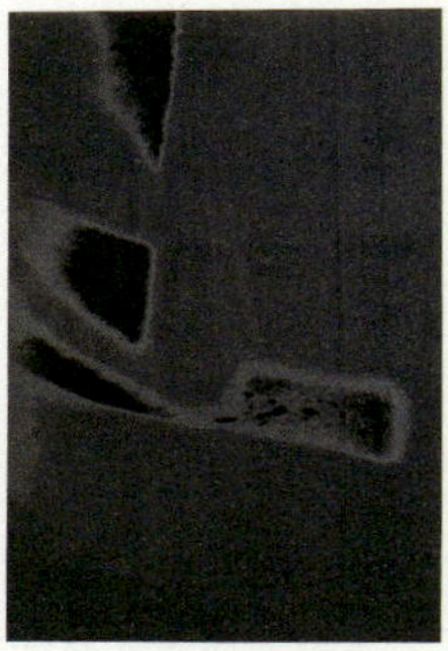

325

323

327

322

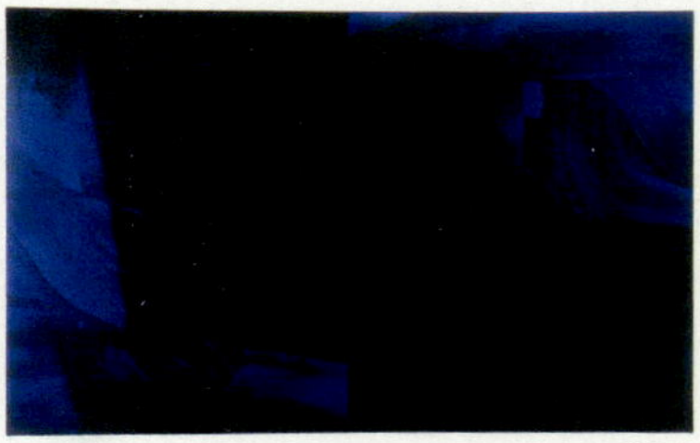

324

Kat. 322
ohne Titel (Wolfschmidt's Original Genuine Vodka), ca. 1956
Silberfolie, Tusche, Zeitungscollage auf Papier, 58 x 36,2 cm

Kat. 323, S. 60
Self-portrait, 1967
Synthetische Polymerfarbe und Siebdruckfarbe auf Leinwand, 57 x 57 cm

Kat. 324, S. 62
Shadow, 1978
Synthetische Polymere und Siebdruckfarbe auf Leinwand, 127 x 198 cm

Kat. 325
Shadow, um 1979
Synthetische Polymere und Siebdruckfarbe auf Leinwand, 193 x 127 cm

Kat. 326, S. 61
Eggs, 1982
Synthetische Polymere und Siebdruckfarbe auf Leinwand, 228,6 x 177,8 cm
Lit.: Warhol 1993, Abb. S. 43; Warhol 1997, Abb. S. 29

Kat. 327, S. 63
Self-Portrait (blue), 1986
Siebdruck und synthetische Polymere auf Leinwand, 56 x 56 cm
Lit.: Warhol 1996, Abb. S. 172

Herbert Warmuth

Geboren 1960 in Schweinfurt. Lebt in Frankfurt/Main. Studium 1982–83 Städelschule Frankfurt/Main bei Thomas Bayrle, J. Schreiter, B. McLean und J. Heens, Meisterschüler

Einzelausstellungen (A)
1990 Forum Stadtsparkasse, Frankfurter Sparkasse 1822, Frankfurt/Main[Kat.] *1995* Museum Kruithuis, Hertogenbosch *1996* Haus am Lützowplatz, Berlin *1998* Mein schöner Garten Konstantin Adamopoulos, Frankfurt/Main[Kat.] *1999* Fahnenbilder, Galerie Rehbein, Köln *2000* Haut, Galerie Rehbein, Köln

Gruppenausstellungen (A)
1993 Zeitgenössische Kunst in der Deutschen Bank, Frankfurt/Main[Kat.]

329

Kat. 328
(Kopf quer) Kopf geteilt V, 1989
Acryl auf bedrucktem Stoff auf Holztafel aufgezogen, 21,5 x 30 cm
Lit.: Warmuth 1990, Abb. o. S.

Kat. 329
Drei Köpfe, 1989
Lack, Öl auf Hartfaserplatte, 61 x 82,5 cm
Lit.: Warmuth 1990, Abb o. S.

Kat. 330
Kopfpaar 9, 1990
Acryl auf farbigem Stoff auf 6 Holztafeln, gesamt 62 x 63 cm
Lit.: Warmuth 1991, Abb. o. S.

1995 Stadtbild, Karmeliterkloster, Frankfurt/ Main[Kat.] *1997* Labor Pop, WBK, Essen[Kat.] *2001* Frankfurter Kreuz, Schirn Kunsthalle Frankfurt, Frankfurt/Main[Kat.]

Bibliografie (A)

Herbert Warmuth, (Ausst.-Kat.) Forum der Frankfurter Sparkasse, Frankfurt/Main; Frankfurt/Main [1990] | *Herbert Warmuth,* (Ausst.-Kat.) Galerie ak, Frankfurt/ Main; Frankfurt/Main 1991 | *Herbert Warmuth,* (Ausst.-Kat.) Dresdner Bank, Frankfurt/ Main; 1993 | *Zeitgenössische Kunst in der Deutschen Bank,* (Ausst. Kat.) hrsg. von Ariane Grigoteit, Deutsche Bank; Frankfurt/Main 1994 | *Frankfurter Kreuz,* (Ausst.-Kat.), hrsg. von Burkhard Brunn, Schirn Kunsthalle Frankfurt; Frankfurt/Main 2001

330

331

Kat. 331
Solia – Litauen 1: 2, 1994
Dispersion/Öl auf Nessel,
150 x 150 cm

Andreas von Weizsäcker

Geboren 1956 in Essen. Lebt in München. Studium 1980–84 Akademie der Bildenden Künste, München, bei Hubertus von Pilgrim, Robert Jacobsen, Eduardo Paolozzi

Einzelausstellungen (A)

1986 Museum Schloß Salder, Salzgitter *1990* Märkisches Museum der Stadt Witten[Kat.] *1996* vis-à-vis, Kloster Unser Lieben Frauen, Magdeburger Museen, Magdeburg; Royal College of Art, London; Halle K3 auf Kampnagel, Hamburg; Kunsthalle Rostock, Städtische Museen der Hansestadt Rostock *2000* Galerie Buschlinger, Wiesbaden.

Gruppenausstellungen (A)

1984 Papier zu Papier gebracht, Leopold-Hoesch-Museum, Düren[Kat.] *1995* Wunden der Erinnerung. Ein europäisches Projekt, Haus der Kunst, München; Deutsches Historisches Museum, Berlin; Centrum Sztuki, Warschau; Kunsthalle Rotterdam (mit Beate Passow)[Kat.]

Bibliografie (A)

Andreas von Weizsäcker. Zellstoffskulpturen, (Ausst.-Kat.) Künstlerwerkstatt Lothringerstraße, München; 1987 | *Andreas von Weizsäcker. Zellstoffskulpturen, Wasserzeichen, Prägedrucke,* (Ausst.-Kat.) Märkisches Museum der Stadt Witten; 1990 *Papier und Raum: Andreas von Weizsäcker. Atlas,* (Ausst.-Kat.) Emschertal-Museum, Herne; 1993 | *Andreas von Weizsäcker. Vis-à-vis,* (Ausst.-Kat.) Norddeutsche Landesbank; Mannheim 1996

335

334

Kat. 332
ohne Titel, 1986
Bronze,
21 x 18 x 9 cm

Kat. 333
ohne Titel, o. J.
Schwarzweißfotografie
auf Kunststoffplatte
mit Stahlrahmen,
94,5 x 143,5 cm

Kat. 334
Hase, um 1995
handgeschöpftes
Pappmaché, geweißt,
65 x 61 x 27 cm

Kat. 335
Spielhölle, 1999
Installationen: Leinentücher,
Spielzeug, Positivalformung 1:1
Lit.: Weizsäcker 2000, Abb.
Umschlag vorne und S. 117–121

Ulrich Wellmann

Geboren 1952 in Herford. Lebt in Köln. Studium 1975–80 Fachhochschule für Kunst und Design, Köln, bei Stefan Wewerka

Einzelausstellungen (A)
1983 Raum für Malerei, Köln *1995* Kunstverein Wolfenbüttel[Kat.] *1996* Diözesanmuseum, Köln

Bibliografie (A)
Ulrich Wellmann, (Ausst.-Kat.) Kunstverein Wolfenbüttel; 1995 *Farbe. Malerei der 90er Jahre*, (Ausst.-Kat.) Kunstmuseum Bonn; Bonn 1996

337

Kat. 336
ohne Titel, 1984
Öl, Bleistift auf Leinwand,
57 x 65 cm

Kat. 337
ohne Titel, 1991
Öl, Druckfarbe auf Kunststoffplatte (Druckerplatte),
59 x 63 cm

John Wesley

Geboren 1928 in Los Angeles. Lebt in New York. Studium 1947–50 Los Angeles City College und U. C. L. A.

Einzelausstellungen (A)
1963 Robert Elkon Gallery, New York *1983* Eröffnung des John Wesley Museum, Chinati Foundation, Marfa *1993* Stedelijk Museum Amsterdam; Portikus, Frankfurt/Main; DAAD-Galerie, Berlin; Kunstverein Ludwigsburg[Kat.] *1999* John Wesley Irish Paintings, Jessica Fredericks Gallery, New York *2000* John Wesley Paintings 1961–2000, Contemporay Art Center, Long Island City New York[Kat.]

Bibliografie (A)
John Wesley. Paintings 1963–1992. Gouaches 1961–1992, (Ausst.-Kat.) Stedelijk Museum Amsterdam; München, Stuttgart 1993 *John Wesley, Paintings 1961–2000*, (Ausst.-Kat.) hrsg. von Alanna Heiss, P. S. 1 Contemporary Art Center, Long Island City, New York 2000

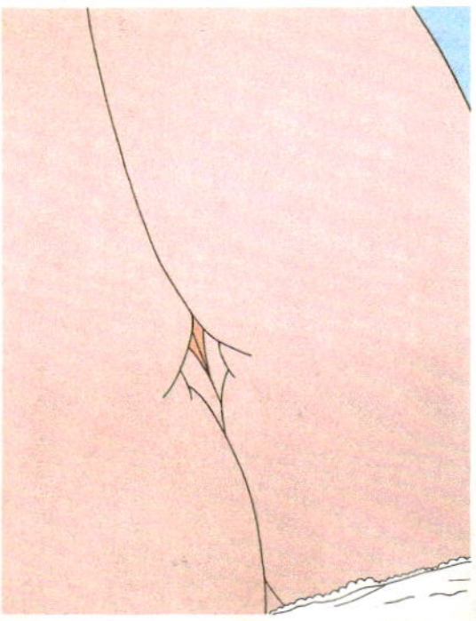

338

340

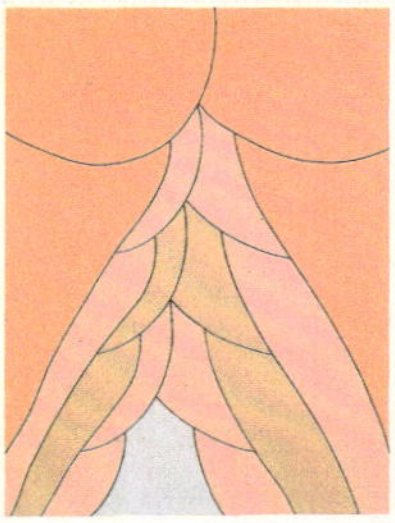

339

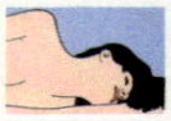

341

Kat. 338, S. 154
Pink Woman in a Half Slip, 1979
Acryl auf Leinwand,
185 x 100 cm
Lit.: Köln 2000, Abb. S. 113

Kat. 339
Getting off the Subway at St. Tropez, 1979
Acryl auf Leinwand,
120 x 89 cm
Lit.: Wesley 1993, Abb. S. 63; Wesley 2000, Abb. S. 12

Kat. 340, S. 155
Vol de Nuit, 1982
Öl auf Leinwand,
122 x 183 cm

Kat. 341, S. 153
Rest, 1990
Gouache auf Papier,
24,5 x 36 cm

Robert Zandvliet

Geboren 1970 in Terband. Lebt in Rotterdam. Studium 1987–92 Constantin Huygens, Christelijke Hogeschool voor de Kunsten, Kampen. 1992–94 De Ateliers, Amsterdam

Einzelausstellungen (A)
1995 Galerie Onrust, Amsterdam *1996* Dordrechts Museum, Dordrecht[Kat.] *2000* Musée d'Art Moderne et Contemporain, Straßburg

Gruppenausstellungen (A)
1994 Prix de Rome, Arti et Amicitiae, Amsterdam *1997* Around Europe, Stedelijk Museum, Amsterdam *2000* Der abgelenkte Blick – Malerei, Helmhaus Zürich[Kat.]

Bibliografie (A)
Robert Zandvliet, (Ausst.-Kat.) Dordrechts Museum, Dordrecht 1996 | *Robert Zandvliet*, (Ausst.-Kat.) Galerie Onrust, Amsterdam; Amsterdam 1998 | *Robert Zandvliet*, (Ausst.-Kat.) Galerie nächst St. Stephan Rosemarie Schwarzwälder, Wien 1999

Kat. 342
ohne Titel, 1998
Tempera auf Leinwand,
30 x 50 cm

Kat. 343
ohne Titel, 1998
Tempera auf Leinwand,
30 x 60 cm

342-343

Rémy Zaugg

Geboren 1943 in Courgenay. Lebt in Basel und im Elsass. Studium 1963–68 Allgemeine Gewerbeschule, Basel

Einzelausstellungen (A)
1972 Dedans – Dehors, Dehors – Dedans 1968–1972, Kunst-Museum Basel[Kat.] *1993* Jemand, Westfälisches Landesmuseum Münster; Draußen, Gesellschaft für aktuelle Kunst e. V., Bremen[Kat.] *1999* Über die Blindheit, Kunsthalle Basel[Kat.]

Bibliografie (A)
Rémy Zaugg. Vom Bild zur Welt, (Ausst.-Kat.) hrsg. von Eva Schmidt, Westfälisches Landesmuseum, Münster und Gesellschaft für aktuelle Kunst, Bremen; Köln 1993 | *Rémy Zaugg. Retrospektive, ein Fragment*, (Ausst.-Kat.) Kunsthalle Nürnberg; Nürnberg 1997

REGARDE, MOI JE TE REGARDE ET TOI TU DEVIENS, REGARDE.
REGARDE, JE TE REGARDE ET TOI TU DEVIENS, REGARDE.
REGARDE, TU ME REGARDES ET J'ADVIENS.
REGARDE, TOI LE MONDE TU ME REGARDES ET MOI LE TABLEAU JE DEVIENS, REGARDE.

Kat. 344, S. 166
REGARDE, / JE TE / REGARDE / ET TOI TU / DEVIENS. / REGARDE., 1993–2000
Autolack auf Aluminium,
118,3 x 105,6 x 4 cm

Kat. 345, S. 166
REGARDE / JE TE / REGARDE / ET TOI TU / DEVIENS / REGARDE, 1993–2000
Autolack auf Aluminium,
118,3 x 100 x 4 cm

Kat. 346, S. 166
REGARDE, / MOI JE TE /REGARDE/ ET TOI / TU DEVIENS,/ REGARDE, 1993–2000
Autolack auf Aluminium,
141,7 x 126,5 x 4 cm

Kat. 347, S. 166
REGARDE, / TU ME / REGARDS / ET / J'ADVIENS, / REGARDE., 1993–2000
Autolack auf Aluminium,
131,3 x 117,2 x 4 cm

Kat. 348, S. 166
REGARDE / MOI JE TE / REGARDE / ET TOI TU / DEVIENS, / REGARDE., 1993–2000
Autolack auf Aluminium,
118,3 x 105,6 x 4 cm

Kat. 349, S. 166
REGARDE, / TU ME REGARDE / ET / J'ADVIENS., 1993–2000
Autolack auf Aluminium,
195,2 x 174,3 x 4 cm

Kat. 350, S. 166
REGARDE, / MOI / L'IMAGE / JE TE/ REGARDE / ET TOI TU / DEVIENS, / REGARDE., 1993–2000
Autolack auf Aluminium,
153,7 x 108,8 x 4 cm

Kat. 351, S. 166
REGARDE, / TOI LE MONDE / TU ME / REGARDES / ET MOI / LE TABLEAUX / JE DEVIENS, / REGARDE., 1993–2000
Autolack auf Aluminium,
162,2 x 145 x 4 cm

344-351

Kat. 352, S. 168
LOOK, IN A FLASH
I AM BLIND, LOOK. (No. 6), 1998
Emaille auf Edelstahl,
92 x 149,5 cm

Kat. 353, S. 169
LOOK, IN A FLASH
I AM BLIND, LOOK. (No. 7), 1998
Emaille auf Edelstahl,
92 x 149,5 cm

Kat. 354, S. 169
LOOK, IN A FLASH
I AM BLIND, LOOK. (No. 1), 1998
Emaille auf Edelstahl,
92 x 149,5 cm

Jerry Zeniuk

Geboren 1945 in Bardowick.
Lebt in New York und München.

Einzelausstellungen (A)
1972 Paley & Lowe, New York
1990–91 Bilder. Paintings. *1971–1989*, Kunsthalle Bremen; Kunstmuseum Winterthur; Neue Galerie, Staatliche und Städtische Kunstsammlungen Kassel; DAAD-Galerie, Berlin[Kat.]
1999 Oil and Water, Kunstmuseum Winterthur; Städtische Galerie im Lenbachhaus, München; Brandenburgische Kunstsammlungen, Cottbus; Neue Galerie, Staatliche und Städtische Kunstsammlungen Kassel[Kat.] *2001* Watercolors, Oldenburger Kunstverein

Bibliografie (A)
Jerry Zeniuk. Bilder. Paintings. 1971–1989 (Ausst.-Kat.) hrsg. von Siegfried Salzmann, Kunsthalle Bremen; Bremen 1990 | *Jerry Zeniuk. Oil and*

355

359

357

358

361

356

360

362

Kat. 355
ohne Titel, 1990
Öl auf Leinwand, 84 x 76,5 cm

Kat. 356
ohne Titel, 1991
Öl auf Leinwand, 77 x 69 cm

Kat. 357
ohne Titel, 1991
Öl auf Leinwand, 77 x 69 cm

Kat. 358
ohne Titel, 1993
Öl auf Leinwand,
76 x 69,5 cm
Lit.: Zeniuk 1999, Abb. S. 113

Kat. 359, S. 95
ohne Titel (Nr. 177), 1994
Öl auf Leinwand,
160 x 152 cm
Lit.: Zeniuk 1994, Abb. o. S.;
Zeniuk 1999, Abb. 91

Kat. 360, S. 94
ohne Titel (Nr. 196), 1996
Öl auf Leinwand,
160 x 153 cm
Lit.: Zeniuk 1999, Abb. S. 145

Kat. 361, S. 96
ohne Titel, 1996
Öl auf Leinwand,
77 x 69 cm
Lit.: Zeniuk 1999, Abb. S. 135

Water, (Ausst.-Kat.) hrsg. von Dieter Schwarz und Ulrich Wilmes, Kunstmuseum Winterthur und Städtische Galerie im Lenbachhaus, München; Nürnberg 1999

Peter Zimmermann

Geboren 1956 in Freiburg. Lebt in Köln. Studium 1978–83 Kunstakademie Stuttgart

Einzelausstellungen (A)
1983 Galerie Tanja Grunert, Stuttgart *1992* Westfälischer Kunstverein Münster; Kunstforum der Städtischen Galerie im Lenbachhaus, München; Kunstverein Ludwigsburg[Kat.] *1998* Eigentlich könnte auch alles anders sein, Kölnischer Kunstverein *1999* Galerie Gasser Grunert New York *2001* Galerie 20o21, Essen

Gruppenausstellungen (A)
1988 Kontexte, Badischer Kunstverein, Karlsruhe[Kat.] *1992* Avantgarde und Kampagne, Kunsthalle Düsseldorf[Kat.] *1994* Aura, Wiener Secession[Kat.] *1995* Pittura/Immedia. Malerei der 90er Jahre, Neue Galerie im Landesmuseum Joanneum und Künstlerhaus Graz[Kat.] *1999* Billboard-project, Liverpool Biennal of Contemporary Art[Kat.] *2000* Reality bites, Kunsthalle Nürnberg *2001* art & economy, Siemens Kulturprogramm, Deichtorhallen Hamburg

Bibliografie (A)
Peter Zimmermann. Bilder, Objekte und Skizzen, (Ausst.-Kat.) Westfälischer Kunstverein, Münster; 1992 | *Aura – die Realität des Kunstwerks zwischen Autonomie, Reproduktion und Kontext,* (Ausst.-Kat.) Wiener Secession; Wien 1994

364

365

366

368

Kat. 362, S. 97
ohne Titel (Nr. 220), 1999
Öl auf Leinwand,
188 x 234 cm

Kat. 363
ohne Titel, 1999
Öl auf Leinwand,
34 x 32 cm

Kat. 364
ohne Titel, 2001
Öl auf Leinwand,
75 x 70 cm
Lit.: Zeniuk 2001, Abb. o. S.

Kat. 365
ohne Titel, 2001
Öl auf Leinwand,
75 x 70 cm
Lit.: Zeniuk 2001, Abb. o. S.

Kat. 366, S. 173
»Das Kunstwerk im Zeitalter seiner technischen Reproduzierbarkeit«, 1990
Acryl auf Leinwand,
60 x 37 cm
Ex. 2/5

Kat. 367
Plakatwand – Posterwall, 1994
41 Plakate aus der Ausstellung in der Galerie Annette Gmeiner, Stuttgart 1994
Lit.: Graz 1995, Abb. S. 158

Kat. 368
Reiseführer »Köln«, 1997
Epoxydharz auf Leinwand,
65 x 40 cm
Ex. 17/30

Ausgewählte Literatur / Selected Bibliography

Art in America 1999
Berry Schwabsky, Colors and Their Names, in: *Art in America*, 1999, Nr. 6

Baumkötter 1992
Stephan Baumkötter, (Ausst.-Kat.) Galerie Rupert Walser, München 1994

Baumkötter 2000
Stephan Baumkötter, (Ausst.-Kat.) Künstlerhaus Palais Thurn und Taxis, Bregenz o. J. [2000]

Bonn 1998
Dorothea von Stetten-Kunstpreis. Tamara Grčić, Eberhard Havekost, Liet Heringa, Manfred Pernice, Junior Toscanelli, (Ausst.-Kat.) hrsg. von Friedrich Meschede, Kunstmuseum Bonn, 1998

Bremen 1986
Bodenskulptur, (Ausst.-Kat.) Kunsthalle Bremen, 1986

Federle 1997
Helmut Federle. XLVII. Biennale di Venezia, (Ausst.-Kat.) Venedig 1997

Federle 1999
Helmut Federle, (Ausst.-Kat.) Kunsthaus Bregenz, Köln 1997

Frize 1997
Bernard Frize, (Ausst.-Kat.) Association Française Artistique, Paris 1997

Frize 2000
Bernard Frize. Size Matters, (Ausst.-Kat.) Carré d'Art, Musée d'art contemporain de Nîmes; Museum moderner Kunst Stiftung Ludwig, Wien; Kunstverein St. Gallen Kunstmuseum; Westfälisches Landesmuseum für Kunst und Kulturgeschichte, Münster, 1999/2000

Gent 1992
The Langcat Series, (Ausst.-Kat.) Dorp & Dal, Gent 1992

Graz 1995
Pittura/Immedia. Malerei in den 90er Jahren, (Ausst.-Kat.) hrsg. von Peter Weibel, Neue Galerie am Landesmuseum Joanneum, Graz 1995

Grčić 1998
Verena Kuni, Gebändigte Wildheit, gezähmte Natur. Zu den Zeit-Bilder von Tamara Grčić, in: *Kunst-Bulletin*, 1998, Nr. 6, S. 10–17

Grčić 1999
Tamara Grčić, (Ausst.-Kat.) hrsg. von Heinz Liesbrock, Westfälischer Kunstverein, Münster 1999

Grčić 2000
Tamara Grčić, (Ausst.-Kat.) Kunsthalle Fridericianum, Kassel 2000

Judd 1993a
Kunst + Design. Donald Judd. Preisträger der Stankowski-Stiftung 1993, (Ausst.-Kat.) Museum Wiesbaden, 1993

Judd 1993b
Donald Judd. Furniture. Retrospective, (Ausst.-Kat.) Museum Boymans-van Beuningen, Rotterdam 1993

Kiel 1991
Malerei pur, (Ausst.-Kat.) Gesellschaft für akustische Lebenshilfe, Kiel 1991

Klein 1969
Paul Wember, *Yves Klein*, Köln 1969

Koch 1988
Udo Koch, (Ausst.-Kat.) Galerie ak, Frankfurt a. M. 1988

Koch 1994
Udo Koch, (Ausst.-Kat.) Museum für Moderne Kunst, Frankfurt a. M. 1994

Koch 1995
Udo Koch. Zeichnungen, (Ausst.-Kat.) Kunsthalle Bern, 1995

Köln 1986
Acht in Köln, (Ausst.-Kat.) Kölnischer Kunstverein, Köln 1986

Köln 2000
Günter Umberg mit Bildern aus Kölner Sammlungen. Body of Painting, (Ausst.-Kat.) Museum Ludwig Köln, 2000

Kunstforum 152, 2000
Kunstforum International, Bd. 152, Ruppichteroth 2000

Männikkö 2000
Esko Männikkö, Naarashauki. The female pike, o. O. 2000

Marden 1993
Brice Marden, (Ausst.-Kat.) Museum für Gegenwartskunst, Basel 1993

Meller 1991
Ingo Meller, (Ausst.-Kat.) Kunstraum Kassel, Kassel 1991

Meller 1995
Ingo Meller, (Ausst.-Kat.) hrsg. von Gerhard Finckh, Städtische Galerie im Museum Folkwang, Essen 1995

Meller 1997
Ingo Meller, (Ausst.-Kat.) Gallery S65, Aalst 1997

Meller 1999
Ingo Meller, (Ausst.-Kat.) Kunstverein Göttingen, 1999 [Ausloten: 5 Positionen autonomer Malerei, Bd. 3]

Meller 2001
Ingo Meller. Portfolio: 12 Zeichnungen, Köln 2001

Milroy 1993
Lisa Milroy, (Ausst.-Kat.) Waddington Galleries, London 1993

Milroy 2001
Lisa Milroy, (Ausst.-Kat.) Tate Gallery, London 2001

New York 1996
In quest of the absolute, (Ausst.-Kat.) Peter Blum Gallery, New York o. J. [1996]

Reed 1995
David Reed, (Ausst.-Kat.) Kölnischer Kunstverein, Köln 1995

Reed 2001
David Reed. You look good in blue, (Ausst.-Kat.) Kunstverein St. Gallen Kunstmuseum; Nürnberg 2001

Rehnberg 1995
Håkan Rehnberg, (Ausst.-Kat.) Galerie Nordenhake, Stockholm 1995

Richter 1993
Gerhard Richter, (Ausst.-Kat.) Kunst- und Ausstellungshalle der Bundesrepublik Deutschland, Bonn 1993 [Bd. 3: Werkverzeichnis]

Ryman 1972
Robert Ryman, (Ausst.-Kat.) Solomon R. Guggenheim Museum, New York 1972

Ryman 1993a
Robert Ryman, (Ausst.-Kat.) Tate Gallery, London, The Museum of Modern Art, New York 1993

Ryman 1993b
Robert Ryman, (Ausst.-Kat.) Museo Nacional Centro de Arte Reina Sofia, Madrid 1993
San Francisco 2001
Art in technological times 010101, (Ausst.-Kat.) Museum of Modern Art, San Francisco 2001
Slominski 1993
Andreas Slominski, (Ausst.-Kat.) Museum für Moderne Kunst, Frankfurt a. M. 1993 [Schriften zur Sammlung des MMK, Frankfurt a. M.]
Stockholm 1997
En helvetes förvandling – Tysk konst från Nordrhein Westfalen, (Ausst.-Kat.) Kulturhuset, Stockholm 1997
Thursz 1989
Frédéric Matys Thursz, (Ausst.-Kat.) Musée d'art moderne, Saint-Etienne 1989
Tokio 1995
Revolution: Art of the sixties. From Warhol to Beuys, (Ausst.-Kat.) Museum of Contemporary Art, Tokio 1995
Uglow 1990
Alan Uglow. Hotel Series 1987–1989, (Ausst.-Kat.) Galerie Onrust, Amsterdam 1990
Uglow 1992
Alan Uglow, (Ausst.-Kat.) hrsg. von Saul Ostrow, Marianne Stockebrand, Kölnischer Kunstverein, Köln 1992
Warhol 1993
Andy Warhol. Abstracts, hrsg. von Thomas Kellein, München/ New York 1993
Warhol 1997
Eggs by Andy Warhol. Paintings, Polaroids and Dessert Drawings, (Ausst.-Kat.) Jablonka Galerie, Köln; Bielefeld 1997
Warmuth 1990
Herbert Warmuth, (Ausst.-Kat.) Forum der Frankfurter Sparkasse, Frankfurt a. M. o. J. [1990]
Warmuth 1991
Herbert Warmuth, (Ausst.-Kat.) Galerie ak, Frankfurt a. M. 1991
Weizsäcker 2000
Andreas von Weizsäcker. Omerta, (Ausst.-Kat.) Marstall des Schlosses Rastatt, Rastatt 2000
Wesley 1993
John Wesley. Paintings Gemälde Schilderijen 1963–1992. Gouaches Gouachen 1961–1992, (Ausst.-Kat.) Portikus u. a., Frankfurt a. M. 1993
Wesley 2000
John Wesley. Paintings 1961–2000, (Ausst.-Kat.) P. S. 1 Contemporary Art Center, Long Island, New York 2000
Wiesbaden 1990
Oktogon II. Udo Koch, (Ausst.-Kat.) Museum Wiesbaden, o. J. [1990]
Zeniuk 1994
Jerry Zeniuk. Bilder 1994, (Ausst.-Kat.) Galerie Rupert Walser, München 1994
Zeniuk 1999
Jerry Zeniuk. Oil and Water, (Ausst.-Kat.) hrsg. von Dieter Schwarz und Ulrich Wilmes, Kunstmuseum Winterthur; Neue Galerie, Staatliche und Städtische Kunstsammlung, Kassel; Nürnberg 1999
Zeniuk 2001
Jerry Zeniuk, (Ausst.-Kat.) Galerie Rupert Walser, München 2001

Impressum / Colophon

Redaktion, Lektorat und Koordination
Gimlet & Partner, Köln

Layout
Anna Wesek, Düsseldorf

Lithobetreuung
Matias Möller, Ratingen

Übersetzung
Burke Barrett, Michael Foster, Birgit Herbst, Alexisniki Theodoro

Fotos
Olaf Bergmann (S. 106),
Marc Domage (S. 159);
Dieter Leistner (S. 50/51, 221, 222, 225, 226, 228, 232/233);
Franz Schachinger (S. 83, 84);
Axel Schneider (S. 272, Kat. 121);
Lothar Schnepf (S. 120, 121, 122, 123, 124, 125);
Wolfgang Woesner (S. 88, S. 99-103)
alle übrigen:
Wolfgang Günzel, Offenbach und Jörg Hejkal, Köln

Datenbank und Sachrecherchen
Roland Nachtigäller, Angelika Thill und Nicola von Velsen
Mitarbeit: Astrid Bäse, Nadja Kadoch

Gesamtherstellung
Druckhaus Cramer, Greven

Frontispiz
Not Vital, ohne Titel, 1983
Vorsatzpapiere
Antonia Marie Koerfer

Die Deutsche Bibliothek - CIP-Einheitsaufnahme

Blasser Schimmer : Sammlung Mondstudio = A pale gleam / [Übers. Burke Barrett ...]. - Köln : Gimlet-Verl., 2001

Dieses Buch erscheint im **Gimlet Verlag**
ISBN 3-9803661-3-8

Printed in Germany